LETTRE OUVERTE
AUX BANDITS DE LA FINANCE

DU MÊME AUTEUR

AUX ÉDITIONS ALBIN MICHEL

Tous coupables
(Dossier O.R.T.F., 1944-1974), 1974

Les Finances du P.C.F., 1977

La France communiste, 1978

Les Secrets de la banque soviétique en France, 1979

La Mafia des syndicats, 1981

850 jours pour abattre René Lucet, 1982

Lettre ouverte d'un « chien » à François Mitterrand...
au nom de la liberté d'aboyer, 1993

Mitterrand et les 40 voleurs..., 1994

Rendez l'argent !, 1995

Le Gang du cancer, 1996

Main basse sur l'or de la France, 1998

Les Voyous de la République
Carnets secrets 1, 2001

Le Marché aux voleurs, 2003

Chirac et les 40 menteurs, 2007

CHEZ D'AUTRES ÉDITEURS

Les Corrompus
La Table Ronde, 1971

Dossier S... comme Sanguinetti
Éditions Alain Moreau, 1973

Jean Montaldo

LETTRE OUVERTE AUX BANDITS DE LA FINANCE

Albin Michel

« Chez moi, quand on tue le cochon, tout le monde est content ! Sauf le cochon ! »

EDGAR FAURE, ancien président du Conseil, membre de l'Académie française, prince consort de l'humour et du cynisme ludique, ami politique de mon père, René Montaldo

1.

Au bord de votre tombe...
sans fleurs ni couronnes

MESSIEURS les bandits de la finance, tueurs entêtés de la Bourse, de l'épargne et de nos économies, ah ! mes bons amis, à quelle pénible tâche vous m'obligez, vous retrouvant ici à la queue-leu-leu, tous en loques, tous en sang... pour une ultime raclée collective, ô combien méritée ! Maigre consolation, me direz-vous, au regard de celle que vous nous avez infligée.

Cette fois, en raison de votre avidité et de votre cupidité qui ont précipité le monde dans la plus vaste destruction de valeurs de tous les temps, vous ne pourrez vous dire victimes d'un injuste procès. Observateur tenace de vos pratiques secrètes, illicites et pour tout dire effrayantes, je vous avais déjà mis en garde, dès janvier 2003, dans l'un de mes précédents livres au titre approprié, *Le Marché aux voleurs.*

C'était à la suite des trois années de krach boursier consécutif à l'éclatement de la bulle Internet, survenu le 20 mars 2000, après une spéculation jubilatoire née du prodigieux essor, au long des cinq années précédentes, de la « nouvelle économie » et de la ruée sur les actions des entreprises technologiques. J'y relatais, sans charitables circonlocutions, les extravagances et complots malhonnêtes, multiformes, qui avaient déjà fait perdre aux investisseurs de toutes les Bourses mondiales, entre les années 2000 et 2002, des sommes considérables.

Comme à l'accoutumée, n'ayant ni l'esprit ni les usages d'une justice toujours réveillée sur le tard par les grondements de plaignants en colère, j'écrivais que le temps était venu de fixer les responsabilités des uns et des autres dans la gigantesque arnaque qui avait ruiné des millions de personnes. À en croire leurs pronostics, à prendre pour argent comptant leurs prévisions de résultats (à court, moyen et long terme !), les start-up garantissaient aux investisseurs avisés de fabuleux profits. Partie d'Amérique avec un marketing assassin, fait de mots à la mode... que personne ne comprenait, la vague avait déferlé sur le monde. D'où la mêlée générale, confuse, des candidats à l'achat de milliers d'entreprises fantomatiques qui avaient marqué les années du mythe des « nouvelles technologies ».

Délire total ! Et enrichissement subséquent, fabuleux, de gamins « branchés », passés maîtres dans l'art de répondre à la demande d'une foule d'azimutés, pressés de ne pas rater le dernier train pour l'eldorado. Habiles jeunes gens chaussés de rollers et confectionneurs, en cagibis et sur de simples ordinateurs portables offerts par maman et papa, de coquilles vides... que les plus grands banquiers d'affaires ou capitaines d'industrie courtisaient – sans distinction ! –, leur offrant des dizaines, voire des centaines de millions. En échange de leurs start-up reposant, le plus souvent, sur des business plans de quelques lignes, et autant de modèles économiques fumeux, annonciateurs de pertes récurrentes.

Ainsi se forment les bulles... faites pour éclater, dès lors que ces acquisitions ont pour principale source de financement « l'appel public à l'épargne », par l'entremise d'introductions en Bourse parrainées, à Paris (comme ailleurs), par les stars de la cote (Bernard Arnault de LVMH, Michel Bon de France Télécom ou Jean-Marie Messier de Vivendi Universal) et les plus hautes personnalités de la politique ou des affaires.

Résultat : des cours en folie ; des valorisations extravagantes ; une spéculation effrénée, contaminante, finissant par déborder sur toutes les activités économiques, même les plus étrangères à l'Internet. En France comme aux États-Unis, première puissance économique du monde. Ce qui avait contraint la Banque centrale américaine, la Federal Reserve (Fed), à relever ses taux d'intérêt, jusqu'à 6,5 %, afin de freiner l'économie en surchauffe et arrêter cette foire aux start-up. D'où des lendemains de fête douloureux – de mars 2000 à 2003 – avec une purge drastique des marchés, un effondrement des actions liées à l'informatique et aux télécommunications, des faillites à répétition, la découverte de scandales immenses, allant de la mise au jour d'enrichissements honteux, voire illicites, d'endettements massifs, d'acquisitions ruineuses, de stocks inutiles ou inexistants, à des comptes fabriqués sur mesure, des faux bilans, des dissimulations et des malversations financières ahurissantes, par le recours (notamment) aux paradis fiscaux les plus exotiques.

À défaut d'un quelconque mea-culpa – je ne vous ai pas entendus, ni vous les banquiers, ni vous les P-DG impliqués dans ce ravage, fustiger les brebis galeuses qui envahissaient vos conseils d'administration, vos salons et salles de marchés –, je m'étais fait un devoir de les identifier à votre place. Non, bien sûr – et quoi que vous prétendiez –, en procureur, mais en explorateur tenace, pointilleux, de votre exemplaire épanouissement ; en révélateur de vos dérives, de vos violations systématiques de la loi, de votre corruption ou de vos détournements de fonds publics et privés en bandes organisées, « maux terribles qui chaque jour davantage, écrivais-je alors, enfoncent nos sociétés dans les noires profondeurs de la sentine ».

De ces constats accablants, de ces avertissements d'il y a six ans, vous n'avez tenu aucun compte, messieurs des banques et des grandes institutions financières. Vous avez préféré, au contraire, vous complaire dans votre course effrénée aux trésors.

Après le choc provoqué, en septembre 2001, par les attaques du World Trade Center à New York et du Pentagone à Washington, n'obéissant à aucun code de conduite, vous avez profité de la décision de la Banque centrale américaine d'abaisser ses taux d'intérêt (jusqu'à 1 %) afin de relancer la machine économique, lutter contre la récession, arrêter la dégringolade moutonnière des marchés. À l'affût, vous aviez là, à portée de main, une nouvelle proie. Grâce à cette chute providentielle du coût de l'argent, vous avez recommencé et développé (jusqu'en 2006) – cette fois dans l'immobilier et à une bien plus grande échelle – ce que vous aviez déjà expérimenté lors de votre précédente épopée Internet, faisant croître de 80 % le prix moyen du mètre carré des logements.

Vous saviez cette entreprise condamnée à finir dans le décor, aussi bien vous, messieurs les banquiers, que vous les bandits de la finance, dangereux malfaisants embarqués dans la galère des subprimes et autres produits vénéneux dépassant toute imagination !

Oui, vous le saviez ! Et je vais vous le prouver... en entrant dans le réseau inextricable de vos complots !

Honte à vous !

Honte aussi aux politiques, aux magistrats et aux armées de contrôleurs et auditeurs en tous genres qui ont tout vu, tout su et tout laissé faire... se rendant complices, de facto, du plus grand hold-up de l'Histoire !

Honte encore à tous ceux qui, dans l'actuel gâchis planétaire – dont nous subirons les effets durant de longues années, tout en laissant des montagnes de dettes aux générations futures –, auront fait perdre aux populations de tous les continents des fortunes inimaginables, fruits de leur travail et de leur épargne. Selon mes estimations, puisées aux meilleures sources – dont deux Prix Nobel américains d'économie (Linda Bilmes de l'Université de Harvard et Joseph Eugene Stiglitz de l'Université Columbia) –, l'addition provisoire de vos derniers exploits – je veux parler de la ruine de nos bas de laine, portefeuilles boursiers et autres investissements mobiliers, immobiliers, d'assurances vie ou de retraites – dépasse déjà les **50 000** milliards d'euros (et davantage en dollars), soit bien plus que les coûts additionnés des deux guerres mondiales du XXe siècle, de Corée, du Vietnam, d'Afrique, du Moyen-Orient, d'Afghanistan, sans oublier, pour faire bon poids, les deux récentes guerres d'Irak... pourtant hors de prix.

Honte à vous tous, qui avez délibérément exploité et massacré la « mondialisation heureuse » chère à

Alain Minc[1], acculé les économies des États (même les plus riches !) à la banqueroute, plongé dans le malheur, mis au chômage et sur la paille des milliards de victimes innocentes... jusque dans les contrées les plus démunies.

À ce résultat consternant, vous êtes parvenus – c'est là votre plus grand crime ! – en usurpant les pouvoirs légitimes des gouvernements, tous coupa-

---

1. Alain Minc : conteur qui compte, essayiste français (de plus petite taille que moi, mais plus intelligent que le Premier ministre espagnol José Luis Rodríguez Zapatero) ; palabreur installé et chèrement payé, autant pour son carnet d'adresses que pour souvent se tromper. Président du conseil de surveillance et de la Société des lecteurs du journal *Le Monde*, jusqu'en février 2008. Le tribunal de grande instance de Paris l'a condamné, le 28 novembre 2001, pour... « plagiat, reproduction servile et contrefaçon ». Énarque typique, de la promotion Léon Blum (1975), Alain Minc a fait sienne la lumineuse maxime de feu le président Edgar Faure, parlant de lui-même : « Ce n'est pas la girouette qui tourne, c'est le vent. » Ainsi soutint-il le gaulliste Édouard Balladur (lors de l'élection présidentielle de 1995), puis le candidat socialiste Lionel Jospin (en 2002) et enfin Nicolas Sarkozy (en 2007). Conseiller des plus grands patrons du politburo du CAC 40, à travers sa société Alain Minc Conseil... dont les factures sont aussi lustrées que ses chaussures, également abonné aux jetons de présence dans on ne sait plus combien de conseils d'administration, parmi les plus huppés, ce commandeur de la Légion d'honneur – la distinction qui donne le plus confiance ! – ne craint pas de se ridiculiser, en déclarant, le 8 mars 2009, au Grand Jury RTL-*Le Figaro*-LCI (qui l'avait invité pour commenter la crise), avoir « la plus grande admiration pour le travail que fait actuellement Bernard Thibault à la tête de la CGT » – la grande confédération syndicale révolutionnaire, d'obédience communiste – et être, lui-même, « le dernier marxiste de la planète ». Textuel ! Ah ! le beau sage que voilà, qui sait se ménager les « potes » d'entrées... éventuellement nécessaires à ses activités mêlées d'intellectuel et d'homme d'affaires !

bles de tacite bienveillance, vous ayant laissés libres de pratiquer le culte de l'argent facile et l'adoration du veau d'or.

Certes, face à vous, diablotins de la manigance financière sans frontières, je ne suis qu'une mouche sur la trompe d'un éléphant, mais un diptère entêté qui toujours revient sur les plaies... pour les cautériser.

Autant vous le dire d'emblée : je ne me ferai jamais à votre commerce cynique, à votre impuissance tribale à vous affranchir de vos sorciers dont les amulettes vous promettent, depuis des lustres, toujours plus de titres et de richesses en papier-monnaie, ces ornements sacrés de l'enfer où vous nous avez tous conduits.

En enfer ? Nous y sommes.

Alors, au bord de votre tombe, parlons-en sans détour... sans fleurs ni couronnes. Avec les mots qui conviennent. Des mots comme je les aime. Des mots crus pour fustiger votre petit monde défunt qui emporte, hélas, avec lui, chez Satan les économies des pauvres gens que vous avez spoliés, en même temps que celles des États dont ils sont les contribuables.

Tandis que les braises de Lucifer commencent à brûler vos espoirs de lucre, vous comprendrez en me lisant, maudits « génies », que je ne compatisse pas à votre misérable destin et n'y perde pas mes larmes.

Je croyais pourtant avoir tout dit dans *Le Marché aux voleurs,* tout découvert : vos fraudes ; vos aberrations ; les dysfonctionnements des marchés financiers que vous aviez organisés partout dans le monde, et pas seulement en France ; la cupidité des professionnels de la finance ; l'avidité de trop de patrons (petits et grands) emportés par la folie des grandeurs et les délices de l'argent roi ; le laxisme des autorités gouvernementales et de contrôle ; les centaines de milliards d'euros et de dollars envolés ou perdus ; la complicité avérée des analystes financiers payés à prix d'or... pour ne rien voir et toujours se fourvoyer ; les agences internationales de notation – « tares majeures du système ! » – censées être indépendantes, mais en réalité juges et parties... étant rémunérées par ceux-là mêmes qu'elles doivent passer au crible.

Le titre *Le Marché aux voleurs,* certes décoiffant, me valut une volée de bois vert. Que n'ai-je pas lu et entendu alors, sans bien sûr sourciller, ni renoncer au devoir de continuer à prendre le pouls de votre corps malade, gangrené de la tête aux pieds !

« Excessif ! Critique outrancière, populiste », me répondait-on, çà et là.

Aux sarcasmes de quelques P-DG, banquiers et spécialistes adulés des médias, s'ajoutaient les leçons de grands pontifes cathodiques : « Vous y allez trop fort, vous avez tort », s'écriait un « prévisionniste », lors d'un débat organisé, à Paris, à deux pas de l'Élysée, par l'Association française de la presse étrangère. « Je ne sais si j'ai tort, mais, dans mes torts, il est toujours une raison qui sommeille », lui avais-je lancé, plutôt que de répondre, à la manière de Beaumarchais : « Vous prouver que j'ai raison serait vous accorder que je puis avoir tort. »

« Excessif ! », me disiez-vous ?

Que non !

Au contraire, par excès de confiance dans la nature humaine, je n'avais pas vu que vos yeux hypocrites, perpétuellement tournés vers le ciel, cachaient vos croquenots, déjà irrémédiablement englués dans la fange. Il m'aura fallu des mois de travail, à la recherche de vos *combinazione*, pour découvrir que, dès cette époque, vous étiez dûment, secrètement, précisément prévenus de l'imminence d'une explosion cataclysmique. Arrogants, inconscients, abasourdis par la magnificence des fausses monnaies empilées dans vos coffres, vous vous êtes enfermés dans une surdité mentale dont nous payons, aujourd'hui, les conséquences... à votre place.

Nous le savons tous, messieurs les bandits de la finance et banquiers du diable, il n'est pire sourd que celui qui ne veut pas entendre. Désolé de ne pas avoir réussi à vous rallier à la raison, en 2003, alors qu'il était encore temps, vous ne pourrez maintenant me reprocher de rappeler vos fautes passées, annonciatrices du fléau qui s'abat depuis 2008 sur toutes les populations du monde. Occasion propice de montrer que dans votre univers de prédations, les acteurs ne sont pas « tous pourris », loin s'en faut. Encore aurait-il fallu que vous vous en remettiez à leur sagesse, plutôt que de promouvoir, à coups de gros chèques, des bataillons de golden boys sans foi ni loi.

« Tous pourris » ? Au contraire de ce que vous prétendiez, pour me disqualifier, éluder vos fautes et égarer lecteurs, auditeurs et téléspectateurs, ce discours n'a jamais été mien. À preuve, ce que j'écrivais à propos des patrons, banquiers et professionnels de vos métiers qui n'avaient pas démérité. À preuve encore ceux d'entre eux – rares, il est vrai – qui osaient me rejoindre dans le blâme de vos vilenies.

Un exemple, parmi d'autres : le 14 février 2003, dans l'hebdomadaire *Le Point* – dont la rédaction me faisait l'honneur de consacrer un dossier spécial au

Marché aux voleurs qui sortait en librairie –, j'avais le plaisir de recevoir les compliments d'Yvon Gattaz, membre de l'Académie des sciences morales et politiques, ancien grand entrepreneur et ex-président du CNPF, le Conseil national du patronat français, ancêtre de l'actuel MEDEF :

« CE LIVRE EST UNE BOMBE[1] [...] Montaldo a raison de se méfier de la Bourse, et de toutes les Bourses. On sait depuis toujours que, dans ce jeu complexe, il y a les initiés qui s'en tirent généralement bien, même à la baisse qu'ils ont su anticiper ou créer, et les gogos, les petits épargnants, les veuves de Carpentras, qui demandent timidement conseil à un guichetier de l'agence bancaire du coin et marchent au pas d'une musique émise au loin par quelques gourous. Si le jeu est à somme nulle, la transfusion se fait toujours du gogo vers l'initié. [...] On sait que je m'occupe, depuis bien longtemps, de l'éthique dans l'entreprise. [...] Naïvement, je crois que cette notion de morale de l'entreprise a fait des progrès depuis près de trente ans, mais que l'image des patrons honnêtes – les plus nombreux, par bonheur – est brouillée par les gros scandales de quelques-uns. Car il est vrai que les truquages, même rares, ont pris des dimensions titanesques. [...] En fait, le défaut principal des patrons pris en exemple par Montaldo est la prodigalité, ce défaut qui fut un crime au Moyen Âge, et qui est aujourd'hui souvent considéré comme une qualité... »

À la suite d'Yvon Gattaz qui se félicitait donc de me voir ouvrir la boîte de Pandore, d'autres, pourtant réputés experts, voire défenseurs de la veuve de Car-

1. Majuscules d'Yvon Gattaz et de l'hebdomadaire *Le Point*.

pentras et des orphelins du CAC 40, me reprochaient d'être tombé dans l'outrance. Ainsi, à ma grande surprise, un économiste distingué – le cœur plutôt à gauche... et le portefeuille au centre, bien calé sur le ventre –, Élie Cohen, aujourd'hui omniprésent sur les plateaux des radios et télévisions pour commenter sentencieusement la crise financière qui dévaste le monde et désespère les peuples, croyait intelligent de me faire la leçon en dénaturant mes propos, se faisant – contre toute attente – l'avocat commis d'office des patrons dévoyés que je pourfendais... au nom de mon attachement au capitalisme vertueux et au libéralisme ordonné. Sous le titre « Un livre terriblement manichéen », ce membre du Conseil d'analyse économique du gouvernement, depuis sa création, en 1997, par Lionel Jospin, s'essayait à me chicoter... à la marge :

« Après avoir épuisé le cas Vivendi Universal, Montaldo se tourne vers de moindres [*sic*] dossiers : le Crédit foncier [*resic*], France Télécom [*reresic*] ou Liberty Surf. À l'en croire, le pire aurait été commis au Foncier, une véritable histoire de frères Rapetou où l'État, sous ses différentes formes, aurait de propos délibéré décidé de faire main basse sur le Foncier pour assouvir ses intarissables besoins financiers, avec à la manœuvre un haut fonctionnaire socialiste, Jean-Pascal Beaufret. L'histoire, la vraie, est beaucoup moins flamboyante. [...] Mais l'aversion pour les socialistes chez Montaldo tient de l'idée fixe, de la passion morbide. Elle le conduit à des explications surréalistes. Jean-Pascal Beaufret en fait les frais. France Télécom aussi. [...] Ce livre, terriblement manichéen, n'apprendra rien à ceux qui veulent comprendre l'actuelle crise de confiance. »

Voilà comment, dans de rapides et fallacieux propos, on jette à la poubelle un réquisitoire référencé, circonstancié, avec les noms des coupables, l'inventaire précis de leurs méfaits touchant les plus anciens et vénérables fleurons de l'économie française... à commencer par le Crédit foncier de France proprement pillé, sous la gauche, puis sous la droite. Allez vous étonner ensuite de voir le même Jean-Pascal Beaufret, toujours coopté par l'énarchie, rebondir en 2009 – et de quelle manière ! – dans le scandale de la banque Natixis (filiale de nos Caisses d'épargne), partie se délester d'un gros paquet de milliards sur le marché vérolé des subprimes américains. J'y reviendrai, dans un chapitre adéquat réservé aux dirigeants des banques françaises, dont mon confrère Nicolas Cori de *Libération* n'a pas tort de dire, le 10 avril 2009, qu'ils « s'en mettent plein les poches en entraînant leur entreprise dans la faillite ».

Les entreprises ? Certes ! Mais aussi les peuples du monde... tenus de payer la casse.

Que ces margoulins soient de droite ou de gauche, d'anciens anarcho-révolutionnaires ou rêveurs casqués, façon facho-bobo, ne saurait influer sur notre sentence.

Et que dire de France Télécom, « moindre dossier » selon Élie Cohen, alors que ce géant du CAC 40, propriété de l'État pour 54 % de son capital, a vu son cours de Bourse s'effondrer de **219** euros en mars 2000 à **6,75** euros en octobre 2002... sous l'effet d'une gestion calamiteuse et d'un trou historique de **70** milliards d'euros, montant net de ses dettes abyssales. Extraordinaire charge financière... rapportée à des capitaux propres effondrés de **33,2** milliards d'euros en 2000 à **9,9** milliards en 2002.

France Télécom, un « moindre dossier » ?

Comment un économiste estimé peut-il s'autoriser à me jeter impunément à la figure une si grossière objection, sachant – mieux que quiconque – que ce ratio d'endettement (élément essentiel pour mesurer la capacité de financement d'une entreprise, ici de **7** fois supérieur au total de ses actifs), à proprement parler insupportable, a atteint le paroxysme de la stupidité.

Un mois plus tard, le 25 février 2003, je ris à gorge déployée en prenant connaissance, à chaud, de la sténotypie des propos tenus à l'Assemblée nationale, par le même Élie Cohen, directeur de recherche au CNRS, membre du conseil d'administration de France Télécom de 1990 à 1995, devant les députés membres de la commission d'enquête sur la gestion des entreprises publiques : « À dix ans de distance, déclare-t-il, nous avons connu deux sinistres majeurs, le Crédit lyonnais et France Télécom. »

Ainsi, en l'espace d'un mois, le « dossier France Télécom de moindre importance » se métamorphose en un « sinistre majeur » .. comparable à celui du Crédit lyonnais.

Au Palais-Bourbon, l'homme qui m'avait reproché d'avoir « préféré les imprécations, les mises en scène, les dénonciations théâtrales » change donc subitement de braquet, finissant par admettre – « sous serment » il est vrai ! – la validité de ce que j'ai écrit, en termes à peu près identiques.

Vous me pardonnerez, monsieur Élie Cohen, de reproduire ici vos justes dénonciations, telles qu'enregistrées par nos députés : « Faillite du contrôle interne, faillite du contrôle externe, faillite du conseil d'administration, faillite également de la tutelle, c'est-à-dire de la direction du Trésor. » En peu de mots, avec un mois de retard, vous répétiez là ce que j'avais expliqué.

Ainsi fonctionnent a posteriori nos bonnes consciences nationales.

Je suppose qu'entre-temps, monsieur le professeur Élie Cohen a enfin pris le temps de mieux me lire et finalement décidé de me rejoindre dans le blâme de ceux qui ont failli. Alléluia ! Notre honneur s'en retrouve sauf !

De son côté, la présidente de l'Association de défense des actionnaires minoritaires (ADAM), Colette Neuville, d'ordinaire mieux inspirée, choisissait de me traiter avec des pincettes, curieuse manière d'assurer la défense des petits porteurs qui venaient de se faire rincer dans des jongleries interplanétaires et insensées, sous le regard quasi inerte des gendarmes en charge de la surveillance des marchés :

« Je trouve que Jean Montaldo tape un peu trop fort sur la Commission des opérations de Bourse (COB). [...] J'ai peur tout de même que le livre de Jean Montaldo ne dégoûte définitivement les épargnants de la Bourse. Même si certaines affaires donnent en effet l'impression que nous sommes face à un “marché aux voleurs”, il ne faut pas faire d'amalgame. [...] Après tout, jusqu'ici, l'investissement en actions reste le meilleur placement possible à long terme. »

À condition, madame – vous qui méritez notre respect... et que je me garde bien d'associer (au même titre qu'Élie Cohen) aux bandits de la finance –, à condition, dis-je, que les professionnels en charge de nos placements ne soient pas laissés libres de les risquer dans des opérations opaques, hautement spéculatives, tel l'alchimiste qui vous assure, la main sur le cœur, pouvoir transformer le plomb en or. Et sous réserve que, de notre côté, dans l'exercice de nos métiers respectifs, nous conservions une totale indépendance vis-à-vis de tous les acteurs du système, n'acceptant aucun manquement aux règles impératives de bonne gestion chez toute personne, physique ou morale, faisant « appel public à l'épargne ». À condition d'exiger des autorités de contrôle, quelles qu'elles soient, qu'elles appliquent strictement leur mission, sans aucune distinction, étant dotées – quoi qu'on en dise ! – de tous les moyens possibles et imaginables pour identifier et neutraliser les coquins !

À trop vouloir faire confiance, les yeux mi-clos, voilà ce qui menace le Candide de Voltaire, type même de l'optimisme démenti par les faits.

Pourtant, madame, les grands dossiers que j'exposais – ceux notamment d'Alcatel (sous Serge Tchuruk), France Télécom (à la main de Michel Bon et partiellement privatisée sous le Premier ministre socialiste Lionel Jospin), Vivendi Universal (sous la coupe du « maître du monde » Jean-Marie Messier) ou de la COB (le gendarme de la Bourse française, ancêtre de l'actuelle Autorité des marchés financiers, AMF) – auraient dû vous inciter, vous et tous les autres défenseurs des minorités honteusement pressurées, trompées ou volées, à m'accompagner dans ma démarche : pour obtenir que soient enfin sanctionnés les satrapes des marchés financiers ; et que soit imposée à l'ensemble des professions financières une gestion de bon père de famille, plutôt que de les encourager, de facto, à perfectionner leurs imprimeries de monnaies de singe... dans les conditions et avec les complicités que nous allons explorer ici, au fil de la reconstitution du plus sanglant crime financier de l'Histoire.

France, pays des Lumières... où l'on dédaigne de trop fixer les projecteurs sur les éminences qui ont failli. Principalement, les « crânes d'œuf » sortis de l'ENA, l'École nationale d'administration, pour échouer (sauf rares exceptions) dans le privé, y trustant par copinage et cooptation une multitude de conseils d'administration, de directions de banques ou groupes industriels... naguère florissants. D'expérience, tous savent qu'avec le temps on aura tôt fait d'oublier leur noir passé.

Voyez J6M, « Jean-Marie Messier, Moi-Même Maître du Monde », qui, en janvier 2009, ressort immaculé de sa tombe... en dieu vivant et auteur d'un livre moralisateur et de recettes miracles sur la crise financière[1]. Pour en finir, ose claironner notre archange, avec « la spéculation d'abord et l'appât du gain, [...] et taper du poing sur la table, quand il en est encore temps[2] ». Mais, en réalité, pour tenter de se refaire une virginité, en associant la déconfiture en 2008 des colosses de Wall Street et des autres grandes places financières du monde à celle du géant franco-américain Vivendi Universal dont il était le P-DG.

Fabuleux imposteur, en vérité... qui s'en prend aux paradis fiscaux dont son groupe était friand. Messier, payé avec un salaire et des extras de sultan, avec pour principal résultat d'être parti les poches pleines en laissant les caisses vides. Qui sermonne aujourd'hui les patrons avides de bonus, de stock-options et de parachutes dorés (lors de leur départ volontaire ou forcé), mais qui, hier, ayant conduit Vivendi Universal au bord du dépôt de bilan, exigeait et obtenait (le 1er juil-

1. *Le jour où le ciel nous est tombé sur la tête*, Le Seuil, 2009.
2. *Le Parisien*, 16 janvier 2009.

let 2002) de son conseil d'administration (composé des plus puissants P-DG français), en échange de sa démission, une indemnité de départ de 20,5 millions d'euros.

Oui, monsieur Messier, je vous accuse ici, publiquement. Cette *Lettre ouverte* sera pour moi l'occasion de vous démasquer, de passer vos mensonges en revue, vous mettant au défi de faire la preuve du contraire.

Aujourd'hui, je n'ai qu'un regret : ne pas avoir été plus dur avec vous, messieurs les P-DG et banquiers que je savais déjà être de dangereux aventuriers de la finance. Six années ont passé durant lesquelles tout a continué comme avant, de telle sorte que tout s'est immanquablement aggravé. Prenant connaissance de la synthèse ici dressée de vos prouesses et de leur résultat, vous conviendrez que notre regretté troubadour Jean Yanne n'avait pas tort de dire que si la connerie était soumise à l'impôt, les États s'autofinanceraient. Un visionnaire !

En 2008, venus du monde entier, les témoignages que j'enregistrais me laissaient pantois. À New York, Londres, Genève, Zurich, Madrid que je visitais, la crise s'annonçait systémique... sans que nul ne bronchât. Crise née d'un melting-pot de produits dopants, d'outils financiers abscons pour financiers cupides et sans scrupule. Aucun n'a hésité, tous ont même été encouragés, à partir de modèles mathématiques, illisibles et immaîtrisables, à diffuser des produits spéculatifs empoisonnés, et ce jusque dans les portefeuilles des épargnants les plus modestes, quand ils n'en gavaient pas les plus grandes institutions financières du monde (banques, compagnies d'assurances, fonds communs de placement ou de retraites, sicav et j'en passe) qui, par appât du gain ou incompétence notoire, faisaient semblant de ne rien savoir.

Qu'on ne nous dise pas, à la manière de Jean-Marie Messier, que la catastrophe planétaire commencée en septembre, octobre et novembre 2008 nous est tombée dessus sans prévenir, comme une tornade d'été. Depuis plus de vingt ans, les alertes se sont multipliées avec des dégâts immenses... aussitôt oubliées. Aucun banquier, aucune autorité politique et de contrôle n'a voulu arrêter la broyeuse infernale, alors que tous savaient qu'elle était en train de devenir une machine à tuer l'ensemble des économies du monde. Ignorant les dessous du marché aux voleurs qu'est devenue la finance mondiale, actionnaires et contribuables, grandes, petites et moyennes entreprises se retrouvent contraints de payer les pots cassés. Au prix fort !

In mémoriam : après le précédent grand krach de 1987, avec pour conséquence de premiers scandales dans les charges d'agents de change (affaire Baudoin), au Matif (affaire Aletti-Cogema) et à la Société générale (livrée aux griffes de spéculateurs appartenant au premier cercle du président François Mitterrand), après l'éclatement de la bulle immobilière de 1993, le séisme qui affecta les Bourses asiatiques en 1997, la chute du hedge fund américain LTCM (**4,6** milliards de pertes) en 1998, la faillite frauduleuse d'Enron, fin 2001, puis l'effondrement des marchés en 2002 (provoqué par l'éclatement de la bulle Internet), cette fois, en 2008, voici la bombe à neutrons qui ravage tout, qui détruit les États, à commencer par les plus grands, en Amérique et en Europe.

Au fil des mois, les pertes alignées – des dizaines,

puis des centaines et maintenant des milliers de milliards d'euros – semblent irréelles, tant elles sont disproportionnées comparées aux budgets des États et aux revenus des citoyens.

Fort heureusement pour nos gouvernants, ces trous béants dans les comptes sont aujourd'hui mesurés en euros – monnaie avec laquelle bien des Français demeurent encore peu familiarisés pour les très gros montants –, ce qui rend la pilule moins amère. Peut-on imaginer le sentiment de révolte qui nous aurait saisis, avec l'ancien système du franc – plus aisément visualisable –, ces sommes étant multipliées par 6,5 ? Ainsi, les 5 milliards d'euros perdus en janvier 2008 par la Société générale et son trader Jérôme Kerviel (affaire sur laquelle nous reviendrons) ne sont plus dans l'opinion que le souvenir d'une piqûre de moustique. En francs, la perte aurait représenté 33 milliards... envolés par la faute d'un seul opérateur.

Système financier dément, où le pire devient possible, où tous les repères ont disparu !

Les coupables ? Nous les connaissons : ce sont toujours les mêmes. C'est pourquoi, messieurs les bandits de la finance, je vous adresse cette *Lettre ouverte* au nom de tous ceux que vous avez ruinés, au nom de la foule des malheureux qui perdent leur emploi, en plus de leur maigre épargne. J'entends ici vous clouer au pilori, inventorier vos crimes... pour qu'enfin vous soyez collés au mur de la honte.

Certes, vous y voir en bonnet d'âne et costume rayé de bagnard ne nous fera pas récupérer notre grisbi. Mais puisque...

- pour l'argent !
- pour de l'argent !
- pour toujours plus d'argent !...

... vous avez choisi de vous perdre et – bien plus grave encore ! – d'entraîner les peuples de la planète entière dans le tombeau de vos méfaits, je devrais dire de vos trahisons, dont vous persistez à vous laver les mains, je me dois, une nouvelle fois, d'en dresser l'inventaire. Et de rendre public dans cette *Lettre ouverte* le fruit de mes pérégrinations à la recherche de ces prédateurs impénitents de la finance polluant le monde avec une insolente arrogance, de ces faux-monnayeurs, auteurs du plus dévastateur désastre économique dans l'histoire de l'humanité...

Souffrez donc, bandits de la finance, que justice soit faite dans ces pages pour vous empêcher, vous les rejetons du diable de la planète Finance, de persévérer dans votre œuvre de mort. Vous ne pourrez vous plaindre que je vous y travaille au canon long, modèle 420 de marine...

2.

Sous la douche à l'acide chlorhydrique du parrain des subprimes

Je dois à la vérité d'avouer que, à l'instar de la quasi-totalité des experts des marchés financiers – tout du moins français –, je n'avais jamais entendu parler des subprimes, cet élixir de longue vie dont la mutation en poison vénéneux, foudroyant, va toucher, à partir de l'été 2007, les plus vénérables banques des États-Unis d'Amérique, puis paralyser, jusqu'à l'estourbir, la quasi-totalité de la finance mondiale... À l'exception toutefois d'un seul pays, dont je tiens à saluer ici la prévoyance et le talent : le Liban. Je m'en expliquerai plus tard.

Le hasard voulut que je fisse la connaissance des mortels subprimes six mois auparavant, lors de mes fréquents séjours à Marseille.

Au début de 2007, je suis amusé par l'épisode pagnolesque du débarquement impromptu dans la capitale phocéenne d'un Tonton Cristobal de Floride. En chaussures à fleurs, cravate rose parme et jet privé, orné de ses initiales, ce lascar vient d'annoncer benoîtement au bon public de la Canebière qu'il se propose de reprendre l'OM, le mythique Olympique de Marseille... qui fit la gloire et les déboires footballistiques de Bernard Tapie, l'ineffable ancien ministre de François Mitterrand. Pour la modique somme – si je puis dire – de 115 millions d'euros, assortie de la promesse de rajouter au pot 20 autres millions par an. Comme s'il s'agissait d'un don fait à une œuvre de bienfaisance. Tel est du moins ce qui ressort de ses discours, étroitement calibrés par des conseillers en communication descendus de Paris.

L'état de santé du prétendu repreneur (120 millions de dollars de dettes à Porto Rico, ainsi qu'en témoignent à New York les documents de la SEC, le gendarme de la Bourse américaine) me laisse perplexe. Voir à Marseille des hommes aussi sérieux et respectables que le sénateur-maire UMP de la ville, Jean-Claude Gaudin, et le propriétaire en titre de l'OM, Robert-Louis Dreyfus, donner crédit à un Ostrogoth, obscur ressortissant du triangle des Bermudes, éveille ma curiosité. Débourser 115 millions et plus, pour un club accusant 200 millions de pertes, ne peut être à la portée du premier venu.

Rentré à Paris, je me penche donc sur le cas de cet inconnu au bataillon... devenu depuis, dans la collection de mes objets rares, un pistolet de compétition. Grâce à lui, l'horizon de mes connaissances financières va s'étendre au-delà de toute espérance.

De ce Jack Kachkar, Canadien d'origine arménienne, né en 1963 à Damas, en Syrie, on ne connaît d'autre fortune que celle de sa femme Viktoria, une « riche » ressortissante russe rencontrée à Budapest (dont il aurait fait prospérer le patrimoine, évalué à 386 millions d'euros, logé en Suisse, dans la Shenton Foundation) et un groupe pharmaceutique hétéroclite, Inyx Inc., perclus de dettes (80 millions de dollars !). À New York, des amis financiers parmi les mieux avisés – eux-mêmes victimes des extravagances tolérées dans leurs métiers – me le signalent comme classé depuis 2003 parmi les valeurs cotées au Nasdaq, le marché hors-cote de New York. Autrement dit le pire coupe-gorge (parfois) de la Bourse américaine ; une sorte de marché aux puces, haut et bas de gamme, où des roitelets des affaires et de la finance peuvent vendre les actions de leurs sociétés, parfois bidons, à des candidats aux émotions fortes. Inyx Inc. en est l'archétype : déclarée en faillite le 2 juillet 2007, elle vaut maintenant à Jack Kachkar d'être poursuivi à New York (depuis le 31 juillet 2008) pour « déclarations fausses et trompeuses, fausses factures »... avant, pendant et après sa croisière du côté de Marseille. Énième scandale boursier, au préjudice de milliers d'investisseurs aujourd'hui mobilisés pour qu'il ne soit pas étouffé dans l'œuf.

Tel est l'homme qui, au début de 2007 et pendant plusieurs semaines, fait la une des journaux. Presse écrite, radios et télévisions se l'arrachent. Loin de ses terres de braconnage habituelles, il s'y présente comme un sauveur, une sorte de messie, un faiseur de miracles capable de réveiller Lazare. Énigmatique, l'animal est un beau parleur, un escroc médiatique hors pair, musclé de surcroît. Avant de faire saliver son monde, avec la caution – s'il vous plaît ! – de la prestigieuse JP Morgan Chase, troisième banque des États-Unis, le voilà sortant de sa manche une lettre de banque dont l'en-tête éblouit les rougets du Vieux-Port : la Countrywide Financial Corporation de Los Angeles, la plus grande firme privée américaine pour la distribution de crédits immobiliers, dits hypothécaires. Applaudissement général des supporters de l'OM et des caciques locaux. Aux yeux des Provençaux, cette signature est de premier ordre. D'où les titres enflammés des journaux. Les commentateurs sportifs sont aux anges. Pensez donc ! Un milliardaire débarqué d'Amérique pour prendre la tête de l'OM ! Quelle meilleure publicité pour Marseille et son club, tachés par les années Tapie et une suite ininterrompue de tricheries, de scandales !

À cet égard, la seule ville à pouvoir se flatter d'avoir vu une sardine boucher son port en aura pour son compte. Et en viendra même à regretter Tapie, pêcheur au lamparo doué qui ne se serait – jamais ! – permis de la tromper, à la criée, de si grossière manière. Tapie dément d'ailleurs, formellement, être le futur représentant de Kachkar à la tête de l'OM, comme annoncé dans les gazettes marseillaises, et bien qu'il l'ait rencontré : « Je n'ai rien à voir avec ce mec-là. »

Un vrai sac de nœuds.

Tandis que les réunions se succèdent, Robert-Louis Dreyfus s'impatiente. Alors que, le 29 janvier, Kachkar a déclaré, faraud, à l'hebdomadaire *Le Point,* que le club lui avait « coûté 115 millions d'euros, cash », le patron de l'OM, lui, n'a toujours pas vu venir le pactole annoncé, avec, pour date butoir, le 26 février 2007. Et pour cause : les garanties bancaires qui lui ont été remises par Kachkar, le 16 janvier, à en-tête de Countrywide Financial, puis de JP Morgan Chase, vont s'avérer bidons. Mais sans qu'on puisse savoir qui les a remises à Jack Kachkar... pour qu'il s'en aille, à Marseille, duper Marius. Du coup, on ne reverra plus jamais le renard canadien sous nos latitudes. Kachkar s'est envolé précipitamment avec son jet privé, un superbe Gulfstream G4 (valeur estimée : 15 à 20 millions de dollars pour douze places assises), immatriculé N71JN, sur lequel il avait fait apposer ses initiales, JK, non sans oublier d'en décorer l'intérieur, en cuir précieux, d'un immense emblème de l'OM, plaqué or, comme pour mieux faire sienne la devise du club phocéen : « Droit au but ».

En mai 2007, plainte sera déposée pour « escroquerie, faux, usage de faux », et une information judiciaire ouverte, en juillet. Toujours instruite à l'heure où j'écris ces lignes, au pôle financier du tribunal de grande instance de Paris, par le juge Renaud Van Ruymbeke – magistrat expérimenté, au demeurant grand amateur de football –, elle vaut à Jack Kachkar le statut de « mis en examen ».

Cette bien ténébreuse affaire méritait donc d'être élucidée. Je rigolais à pleins poumons en découvrant que Kachkar avait préparé son entourloupe avec minutie. Avant de se porter acquéreur de l'OM, il avait jeté son dévolu sur le château de Grimaldi, à six kilomètres au nord d'Aix-en-Provence, dans la commune de Puy-Ricard. Une élégante bastide provençale, plantée au fond d'un parc de cinq hectares, avec chapelle, piscine, tennis et arbres aux essences rares. Pour quelque 20 000 euros la semaine, il avait loué cette ancienne demeure du cardinal Jérôme de Grimaldi, luxueusement rénovée, durant tout le mois d'août 2006. Mais lors de son incursion dans le dossier de reprise de l'OM, il déclarait en être devenu ensuite le propriétaire, par l'intermédiaire de la société civile immobilière Janfour. Le 26 janvier 2007, Kachkar avait tenu à rencontrer les associations de supporters de l'OM, en présence d'un journaliste de *La Provence*. Tout sourires, il leur avait lancé : « J'aime votre région.

La preuve : vous avez pu voir dans la presse de ce matin la maison que j'ai achetée ! »

Vérification faite, il apparaissait qu'il avait fondé la SCI Janfour avec un capital symbolique de 2 000 euros partagé avec sa femme, Viktoria, et leur fils Michael, quatorze ans. Très vite, avec le concours de quelques intelligences locales et les investigations de confrères pugnaces, je découvrais que cette SCI n'avait pas acquis le château. Mais que notre filou l'y avait domiciliée. Kachkar s'était ainsi donné, sur le papier, au registre du commerce local et à bon compte, une adresse prestigieuse et de circonstance, à la hauteur des 115 millions d'euros qu'il prétendait être prêt à payer pour mettre la main sur l'OM, avec le concours financier de Countrywide Financial et la caution de JP Morgan Chase.

Pour en savoir plus, je me penchais sur cette fameuse Countrywide Financial, banque que notre héros venait si fièrement d'utiliser pour donner du corps à son offre de reprise du club marseillais, non sans se faire filmer, en invité d'honneur, au stade Vélodrome, assis et vitupérant de joie aux côtés de Jean-Pierre Foucault, président de l'Association OM et présentateur du jeu *Qui veut gagner des millions ?* sur TF1. Plusieurs questions me harcelaient :

Countrywide aurait-elle servi de paravent ou de couverture pour une éventuelle opération de blanchiment d'argent, tandis que Kachkar assurait, par la voix de son porte-parole, vouloir « investir dans l'OM, avant tout sur des fonds personnels, et des prêts garantis par les banques » ?

Était-elle liée à la mafia russe, comme le laissait craindre la présence, en tant qu'associé du flamboyant Canadien, d'Alexander Benkovitch (premier mari de sa femme, Viktoria), dans Amadeus, une société d'investissement créée en 1993, à Budapest, en Hongrie ? Sulfureux Benkovitch mis en cause, en 1993, dans la retentissante affaire YBM-Magnex, une vaste arnaque boursière et de blanchiment d'argent sale au Canada et aux États-Unis, avec, pour acteur principal, Semion Mogilevitch (l'un des plus redoutables et dangereux mafieux russes... en prison à Moscou depuis janvier 2008). YBM-Magnex qu'un rapport du Canadian Intelligence Service cite comme le type même des sociétés qui utilisent la Bourse canadienne « pour aider les éléments du crime organisé à blanchir leurs profits ». Certes, interrogé par l'hebdomadaire *Le Point*, le 29 janvier 2007, Kachkar assurait n'« avoir quasiment plus de contacts avec Benkovitch » et avoir « découvert par la presse le lien qui pouvait exister » entre son ancien associé et le mafieux Semion Mogilevitch. Ce qu'infirmaient des documents financiers retrouvés par les journalistes du *Point*, où il apparaissait qu'« Alexander Benkovitch était actionnaire, en 2005, à hauteur de 5 % d'Inyx, la société pharmaceutique de Kachkar ».

Enfin, comme le prétendra plus tard Countrywide, par la voix d'un de ses responsables, la lettre de garantie de la banque californienne, remise par Jack Kachkar à Robert-Louis Dreyfus, était-elle vraiment un « faux », fabriqué par on ne sait qui ?

Si tel était réellement le cas, pourquoi avoir choisi la signature de Countrywide Financial, spécialisée dans le financement de l'immobilier populaire propre aux États-Unis, plutôt que celle d'une banque traditionnelle d'investissement, de même envergure ? Le choix de Countrywide serait-il lié à des investissements de Kachkar (dans l'immobilier, à travers sa société

Karver Capital Holdings, basée dans le paradis fiscal des îles Vierges britanniques, aux Caraïbes) ? Monde impénétrable, ténébreux de la finance... qui, de proche en proche, me conduisit à pousser des portes ouvrant sur de nouveaux dossiers, parmi les plus inattendus.

Sachant ce dernier aspect du dossier Kachkar de la seule compétence du juge Van Ruymbeke, je me tournai tout naturellement vers les activités de Countrywide.

Je ne fus pas déçu.

Nous entrons alors dans le roman de la vie d'un autre personnage haut en couleur et non moins sulfureux : Angelo Mozilo, le P-DG fondateur de Countrywide Financial Corporation, mystérieusement utilisée par Jack Kachkar pour donner crédit à son intention de racheter l'OM.

Dans cette *Lettre ouverte* dont il est une figure éminente – et je devrais même dire l'une des plus pittoresques, ses faits d'armes étant bien plus distrayants que les bêtises d'un Daniel Bouton, P-DG de la Société générale[1] –, Angelo Mozilo mérite un arrêt sur image. Car nous voici à l'épicentre du tremblement de terre qui vient de dévaster toute l'économie mondiale.

Attachons nos ceintures, notre vol au-dessus de ces terres de magouilles nous réserve quelques sérieux trous d'air. Rendu célèbre par la crise des subprimes, plusieurs mois après l'atterrissage tumultueux de Jack Kachkar à Marseille, Mozilo s'y distingue, en effet, comme l'un de ses principaux responsables.

Jusqu'à sa démission forcée, le 1er juillet 2008, il est

1. Voir *infra*, p. 293 à 314.

le P-DG vénéré de Countrywide Financial Corp., la star des tristement célèbres subprimes, ces prêts immobiliers à très hauts risques responsables de la croissance vertigineuse de la demande et des prix de l'immobilier... qui ont fini par mettre le feu aux économies du monde entier. Entre 1994 et 2007, avec Wachovia, New Century Financial Corporation et Washington Mutual, Countrywide Financial a couru en tête du peloton des banques émettrices de cet outil méphistophélique. Angelo Mozilo en avait fait son fonds de commerce, son activité quasi exclusive. Avec une audace sans pareille, il avait délivré des subprimes comme des petits pains, se moquant comme d'une guigne des effets que n'allait pas manquer de produire sa folle entreprise.

De passage à New York, en mai 2008, je le découvre photographié en couleurs dans un article à sa gloire paru en mai 2005 dans la revue officielle du New York Stock Exchange, la grande Bourse des États-Unis. Deux ans avant le feu d'artifice final de l'été 2007, Mozilo y plastronne, en super Robin des Bois des temps modernes. Ah ! la belle scie publicitaire que voilà !

La photo qui l'agrémente est prémonitoire. Yeux allongés en amande, peau safranée, cuit et recuit sous les ultraviolets, chevelure blanche de renard argenté, tout sourire, avec dents blanches carnassières et haleine fraîche, Mozilo pose, planté sur un paillasson, devant une porte close d'un blanc immaculé, voulant symboliser l'entrée de la « maison de rêve » offerte par le président de Countrywide à ses clients. Porte de la fortune, dotée d'une poignée plaqué or. Posée sur une verte pelouse, avec en arrière-plan un décor bucolique, elle donne sur un vide sidéral. En un seul cliché, la parfaite présentation en carton-pâte du concept vendu et revendu, avec un succès phénoménal, par ce nouveau dieu du vent, Éole des temps modernes. Étonnant don de divination d'Angelo Mozilo. En résumé, l'admirable illustration de ce qui, en 2008, le fera entrer, en tête d'affiche, aux côtés de quelques autres Titans de la canaillerie financière.

Sur cette photo, en costume bleu marine à fines rayures blanches (façon parrain des années 30) et cravate jaune canari (faisant mieux ressortir son bronzage inoxydable), le vieux play-boy s'affiche avec un sourire papal et des déclarations le promettant à une future béatification. J'ai là, sous les yeux, avant l'heure – grâce à la mystérieuse aventure marseillaise de Jack Kachkar –, le résumé du parcours du sauveur des pauvres américains : ascension fulgurante, assortie d'un marketing du plus parfait mauvais goût, prélude à une irrésistible chute.

Le scénario idéal d'un feuilleton hollywoodien. Sauf que dans son histoire, annonciatrice du grand drame qui secoue le monde depuis l'automne 2008, les milliards de dollars évaporés ne sont pas factices.

Dans cet article qui l'encense, Mozilo n'y va pas par quatre chemins. Le culot l'habite. C'est son autre trésor... caché derrière la porte de son affreux théâtre, avalisé par les autorités naïves (ou aveugles) de la Bourse de New York.

« Je suis, déclare-t-il la main sur le cœur, le constructeur du rêve américain. » Un propos qui fait mouche. La revue de Wall Street en a fait le titre de son article. J'y découvre, raconté par lui-même, le parcours d'un méritant « fils de boucher arrivé d'Italie, enfant du

Bronx », banlieue ouvrière de New York. Tous les ingrédients de la « success story » à l'américaine sont réunis.

La légende d'Angelo Mozilo raconte que, dès l'âge de quatorze ans, il aide son père dans la boutique familiale ; vient ensuite un diplôme de la petite université de Fordham, près de New York. Fortune faite, il l'assortit d'une licence en droit décernée par la balnéaire et confidentielle Peperdine University de Malibu, la capitale des stars et des surfeurs, du côté de Los Angeles. Le voilà couvert des paillettes nécessaires pour éblouir les pigeons des places boursières en quête de prophètes, créateurs de richesses.

En 1969, avec un copain, ils s'établissent à leur compte : « Sur une table de cuisine d'un deux-pièces new-yorkais, raconte-t-il, nous nous lançons dans le business, à l'époque ingrat et peu à la mode, du crédit immobilier à risques, les prêts accordés étant garantis par la valeur du bien acquis. La banque prend une hypothèque sur la propriété du client... qui lui reviendra en cas de défaut de paiement. »

Vient le coup de génie : Angelo oriente sa lunette de visée vers les familles les plus modestes de l'Amérique profonde, les minorités ethniques – noires, asiatiques et hispaniques –, candidates à l'accession à la propriété. Un vivier inépuisable. Quoi de mieux pour asseoir sa réputation d'homme de cœur et de foi, de bon Samaritain en quelque sorte ?

Aux pauvres moutons américains en quête d'un logement, Angelo distribue chaque année des centaines de milliers de prêts, comme des croix de Fatima. Ces crédits faciles, miraculeux, leur permettent d'accéder, d'un coup d'un seul, à la propriété... sans bourse délier. Du moins, le croient-ils.

Ainsi commence l'affaire des subprimes... qui va vicier la mécanique financière mondiale.

« À mes débuts, ajoute Angelo Mozilo à l'intention des investisseurs alléchés de Wall Street, Countrywide Financial ne proposait que des prêts financés par la Federal Housing Administration (FHA) et la Veterans Administration (VA)[1]. Aussi beaucoup de nos clients appartenaient-ils aux minorités des États-Unis. »

À cette époque, explique-t-il, une législation contraignante obligeait les banques prêteuses à rencontrer leurs emprunteurs, en tête à tête. Chef des ventes de son propre établissement, il doit passer « un temps fou pour aider les familles défavorisées – qui n'ont jamais possédé de maison – à remplir leur demande de prêt, et satisfaire leur irrésistible désir de devenir propriétaires ». D'où l'idée, lumineuse, de mieux les guider dans l'accomplissement de leur rêve : « J'avais le feu au ventre ! »

Persévérant, inventif, social jusqu'au bout de ses ongles vernis, il va faire de sa compagnie l'une des sociétés de prêts « les plus rentables des États-Unis ». Et comme tout travail mérite salaire... en rapport avec les rendements obtenus, le bon Samaritain va se retrouver riche comme Crésus.

Après la triste banlieue new-yorkaise, le voilà maintenant installé à Calabasas, en Californie, où le soleil lui va comme un gant. Il y est adulé, vivant à la manière d'un évangéliste. Qui, bien sûr, ne se refuse rien : demeures clinquantes ; gardes du corps ; limousines parfumées ; jets privés... et tout le tintouin. Grâce

---

1. Federal Housing Administration : Administration fédérale du logement. Veterans Administration : Administration des anciens combattants.

à la recette initialement concoctée dans sa piteuse cuisine du Bronx, Angelo Mozilo est devenu le Gargantua des subprimes... qui dévore à belles dents les choux gras de sa réussite.

Au temps de sa splendeur, bien avant que n'interviennent la déconfiture de Countrywide et son rachat à la casse par la Bank of America – l'un des premiers établissements bancaires des États-Unis –, sa firme affiche un bilan et des perspectives florissants. Bon an, mal an, ses bénéfices font saliver : environ 700 millions de dollars par exercice, pour un chiffre d'affaires de 6 milliards de dollars. Au milieu des années 2000, pic de sa splendeur, Countrywide Financial compte 55 000 employés et 737 succursales dans l'ensemble des États-Unis. Le groupe place quelque **450 000** prêts par an pour un montant astronomique : **75** milliards de dollars.

Croissance fulgurante ! Il n'en faut pas davantage pour figurer dans les classements des meilleurs managers du monde.

Comme les autres margoulins du crédit à tout-va, qui ont flairé le bon filon des subprimes, Angelo croit dur comme fer à sa bonne étoile et distribue les prêts sans compter. Plus sa pelote grossit et moins Countrywide Financial est regardante sur la surface financière des clients emprunteurs. Dans les quartiers populaires, la rumeur se répand comme une traînée de poudre : Mozilo est un chef de guerre. À sa solde, une petite armée de courtiers sans aucun scrupule ratisse les banlieues... y distribuant des crédits illimités comme des bonbons. De toutes parts, on accourt. C'est la ruée !

En haut lieu, on laisse faire. Au nom de la sacro-sainte « paix sociale », hantise de tous les gouvernements. Et parce que le mythe de l'irréversibilité de la croissance américaine, prêchée par les grands analystes dont nul ne saurait contester les prévisions, interdit d'envisager un retournement du marché.

Quoi qu'il en soit, et puisque personne ne songe à calmer leur fougue, les commerciaux de Countrywide empochent de juteuses commissions. Angelo n'est pas un pingre. Comme il se doit – concurrence oblige –, la fortune sourit aussi aux vendeurs de ses rivaux.

Ainsi se crée sa réputation de bienfaiteur de l'humanité. D'autant que, débordant le cadre étriqué de son entreprise, les libéralités de Mozilo sont génératrices de richesses... pour tous.

Sans contrôle digne de ce nom, sans que quiconque s'en effraie, « l'altruiste fait homme » appliquera son plan jusqu'au bout : n'importe quel quidam pourra désormais s'offrir la maison de ses rêves, grâce à la « générosité » de Countrywide. Avec, parfois, en cadeau de bienvenue, une confortable berline, voire une prime... en grosses coupures : 200 000 dollars pour l'un, 300 000 à 500 000 pour d'autres. À la tête du client. Chez notre flibustier, on ne compte pas : la rotative à billets dorés sur tranche de la « Mozilo and Co » fonctionne à plein régime. Grâce à l'argent qui lui tombe par la revente de ses risques, selon un processus diabolique qui mettra ses propres financiers, Fanny Mae et Freddie Mac, en faillite.

En 2001, après l'éclatement de la bulle Internet et les attentats terroristes du 11 Septembre, les chevaux de son carrosse en or massif s'emballent, sous l'effet de la décision des autorités monétaires américaines d'élargir plus encore le crédit hypothécaire. Efficace moyen, pensent-elles, de relancer la machine économique grippée par le krach de la Bourse, principalement le Nasdaq où sont logés les derniers survivants de la Nouvelle Économie. Dans ce pays immense, à trois fuseaux horaires, où les ménages engrangent 60 % de leur enrichissement patrimonial dans l'achat et la revente de leur logement, nul ne se rend compte du danger. Et qu'importe à Countrywide Financial de savoir si le client aura ou non, en cours de route, les ressources suffisantes pour faire face à ses échéances mensuelles. Ainsi, les revenus précaires des emprunteurs ne sont-ils même pas estimés. Et comment, d'ailleurs, pourraient-ils l'être, lorsqu'ils sont inexistants ?

En d'autres termes, le suicide collectif est programmé, voire garanti – lui, réellement sur facture ! – avec des prêts immobiliers accordés, les yeux fermés, à des familles déjà surendettées et à des personnes incapables d'en assumer le remboursement.

Dans la revue de la Bourse de New York qui lui donne la parole en mai 2005, le bel Angelo l'admet à demi-mot. Humour noir, signé Mozilo : « Nous sommes des survivants. »

Mais pas pour longtemps ! Car le commerce prospère de Countrywide n'est que chimère.

Pour vendre sa camelote, cousue main, en répétant à l'envi le sempiternel couplet qui a fait sa renommée (« Je veux partager ma chance avec ceux qui n'en ont pas »), Mozilo utilise à foison l'« Interest-only adjustable rate mortgage » (ARM), ou prêt immobilier à taux variable, pour une durée de 25 à 28 ans. Gagé (par hypothèque de garantie) sur le bien de l'emprunteur, il permet à Countrywide de se rémunérer avec un pourcentage d'intérêt plus élevé que d'ordinaire, indexé sur le taux directeur de la Banque centrale américaine, majoré de sa marge. La formule a un pouvoir ensorcelant. Elle permet au souscripteur du prêt subprime de ne pas avoir à se préoccuper du capital qu'il emprunte. Du moins, tant que tout marche comme sur des roulettes. Certes, les intérêts à régler sont plus importants. Mais attiré par des critères d'attribution pour le moins conciliants, et n'ayant pas à mettre un sou vaillant sur la table, l'emprunteur n'a pas à faire la fine bouche. En outre, Mozilo utilise un autre attrape-nigaud et écran de fumée d'une remarquable efficacité, dont il n'a pas, il est vrai, l'exclusivité : en cadeau promotionnel, le client a droit, durant les deux premières années du prêt subprime, à un taux d'intérêt fixe et très faible. Plus dure sera la suite.

En forme d'escroquerie, cette belle construction repose sur un axiome, bête comme chou et à triple détente :

1. Les prix de l'immobilier sont condamnés à monter ;

2. Si pour un seul individu le prêt subprime est risqué, sa prolifération en masse en fait une vache à lait robuste ;

3. Et si, d'aventure, l'emprunteur vient à rencontrer des difficultés, la banque en tire de nouveaux profits... par la délivrance d'un autre prêt, garanti par la valeur du bien réévalué.

Et ainsi de suite... jusqu'à ce que mort s'ensuive ! Dès lors, quand le vent tournera – après des années de spectaculaire embellie –, les pékins montés dans le manège subprimes se retrouveront garrottés.

Marché mafieux des subprimes !

Au long de ces années fastes, Angelo ne se prive pas de faire son beurre sur le dos de la volaille plumée. Jusqu'à la fin de 2007, Mozilo est célébré par les marchés, et jusque dans les milieux politiques – principalement démocrates – comme le sauveur des petites gens. En continuelle expansion, son business inspire confiance. Sur le marché des valeurs mobilières, recommandé par les analystes financiers les plus réputés, le titre Countrywide fait un malheur.

Qui se soucie de la création – quasi invisible pour le vulgum pecus – d'une gigantesque carambouille mondialisée, avec la participation des géants de la finance, Français compris, le tout – nous le verrons – dans des transactions ubuesques et cachées ?

Qui croirait que derrière l'innocent Angelo Mozilo se cache l'égorgeur en chef, le *dynamitero* qui, avec d'autres, mettra le feu aux plus grandes banques du monde, en perdant à tour de bras des tombereaux de milliards dans l'aventure des subprimes, instrument créé de longue date mais dévoyé par l'« Abbé Pierre » américain, pour en faire l'un des produits financiers les mieux vendus, à une échelle industrielle... avec l'alibi de permettre aux plus modestes de devenir propriétaires ?

À ce point de l'exposé de vos méfaits, il me faut, messieurs les bandits de la finance, expliquer au lecteur ce que même les plus savants analystes ne savent rendre clair ; je veux justement parler du système des subprimes dont vous étiez si friands. Alors, disons ici, le plus clairement possible, en quoi il consiste.

Dans le crédit aux États-Unis – qu'il s'agisse de l'immobilier, du marché de l'automobile ou du financement d'autres achats –, deux types de prêts bancaires existent :

• Le haut du panier : le « prime lending » (ou « prêt de première catégorie »). Il est souscrit par des clients solvables, dont la surface financière et les revenus offrent à la banque prêteuse toutes garanties de règlement. Dès lors, son risque est minime, voire quasi nul. C'est pourquoi le taux d'intérêt demandé aux clients est raisonnable, pour une rentabilité somme toute modeste.

• Le bas du panier : le « subprime lending » (ou « prêt de second choix »). Avec lui, le risque encouru par l'établissement bancaire est plus élevé, les revenus de l'emprunteur ne pouvant garantir à coup sûr la totalité du remboursement, en cas d'incident de parcours. Nous sommes là au cœur du métier d'Angelo Mozilo et de ses acolytes qui... ne manquent pas d'imagination.

Pour assurer leurs arrières, tous commencent par prendre une hypothèque sur les biens acquis par leurs clients avec l'argent qui leur est prêté. À ce stade, rien de plus normal. En cas de problèmes, les personnes défaillantes seront saisies et leurs biens vendus aux enchères ou de gré à gré : manière imparable, croit-on, de récupérer le montant de leurs engagements (capital et intérêts compris). En contrepartie de ce risque élevé, la banque se rémunère avec un taux d'intérêt substantiel, ce qui rend le prêt « subprime lending » particulièrement juteux, mais... bien plus dangereux. Ce qui est soigneusement caché... par l'utilisation de stratagèmes complexes (que nous passerons bientôt en revue). Pour l'heure, artificiellement débarrassé de ses poisons, le prêt subprime ne présente que des avantages. Bref, avec l'exploitation du « subprime lending », Countrywide Financial engrange beaucoup plus de profits que les banques versées dans le « prime lending », le prêt de premier choix, plus sûr mais moins rentable et destiné aux riches.

Au début des années 2000, pendant la période bénie, la belle mécanique ronronne comme le moteur d'une Cadillac Sedan Deville. Elle ne fait que des heureux : les Angelo Mozilo et consorts se croient assurés de toujours gagner, même en cas de faillite de leurs clients. Tout le monde est content :

- l'Américain moyen, heureux de se faire photographier devant sa maison acquise avec l'argent avancé par Mozilo ;
- les banques prêteuses, dont Countrywide Financial, qui encaissent des taux d'intérêt records ;
- les commerciaux, vendeurs de subprimes, grassement rémunérés à la commission.

Car il n'a pas non plus échappé à Countrywide, comme à la plupart de ses homologues, eux encore employeurs d'une noria de démarcheurs formés pour rabattre et arnaquer le plus grand nombre possible de pauvres, qu'une loi voulue par Paul Volcker (patron de la Fed, la Banque centrale des États-Unis, de 1979 à 1987) et adoptée sous le président démocrate Jimmy Carter, en 1980, a abrogé les dispositions réprimant l'utilisation de taux d'intérêt usuraires. Dès lors, à quoi bon faire la fine bouche et répugner à payer au prix fort un si précieux personnel ! Autre aspect tonitruant du dossier des subprimes sur lequel je reviendrai.

Pour chapeauter ce bel ensemble et forcer la main des gogos, un autre démon, chef économiste de la puissante National Association of Realtors (l'Association nationale des courtiers immobiliers), fait montre d'une audace qui impressionne. En renfort de « la bande à Mozilo », le très influent gourou David Lereah – dont les brillantes analyses sont suivies à la lettre par les professionnels – n'y va pas avec le dos de sa cuillère à soupe. Ses inoubliables chefs-d'œuvre sont dans toutes les bibliothèques... avec des titres qui n'ont rien à envier aux discours enflammés d'Angelo Mozilo :

« Avez-vous manqué le boom de l'immobilier ? » ;

« Pourquoi la valeur des maisons et des autres investissements dans l'immobilier va monter jusqu'à la fin de la décennie ? »

L'animal oublie seulement un tout petit détail : le vice caché de la géniale construction des subprimes, la faille énorme qui, par effet de dominos, finira par faire tout s'écrouler. Je veux parler de l'évolution du coût de l'argent, des taux d'intérêt, décidés par la Fed qui fixe le loyer des sommes colossales échangées, qu'il s'agisse des banques entre elles ou des financements qu'elles consentent, taux que nos apprentis sorciers croient condamnés à demeurer, pour l'éternité, au niveau des pâquerettes. Or, il en sera tout autrement.

En 2004, les statistiques sont déjà alarmantes : il est établi que, dans 40 % des cas, les transactions entre banques et emprunteurs ne concernent pas l'acquisition d'une résidence principale. De plus, à New York, en Floride, en Californie, dans l'Arizona, au Nevada, où les cow-boys des subprimes alignent les records, la réalité économique ne saurait justifier un tel engouement. Au point que les acheteurs ne regardent même plus les prix. Les autorités fédérales, pourtant prévenues par le FBI, n'ont pas encore compris : les banquiers ont perdu la raison.

Alors qu'une mesure de précaution, vieille comme Hérode, leur impose de prendre la température du marché immobilier, en veillant à ce que, en moyenne, le prix du logement acquis par l'emprunteur ne dépasse pas 30 % de ses revenus, en 2004 ce ratio prudentiel a largement franchi la cote d'alerte : de **3** pour **1**, il est passé à **4** pour **1**, à l'échelon national. Encore ne s'agit-il là que d'une statistique générale... qui cache des extrêmes délirants. À Miami, par exemple, le rapport dépasse **8** pour **1**. Et, pire encore, à Los Angeles, il est de **10** pour **1**.

Ainsi, un cadre moyen disposant d'un revenu disponible (après impôts) de quelque 100 000 dollars peut emprunter, sans coup férir, 1 000 000 de dollars pour se payer une maison. Même traitement pour les bas salaires : avec 20 000 dollars de ressources vous permettant de vivre chichement, Countrywide et autres marchands de subprimes vous allouent, à l'aveugle, 200 000 dollars bien frais... assortis de la promesse de pouvoir recommencer cette séance de gymnastique à satiété. Bagatelle !

Certains établissements sont encore bien moins regardants. Selon le témoignage de Michael Lewis, ancien trader d'une banque d'investissement de Wall Street, auteur en 2008 d'un ouvrage remarqué, *Liar's poker* (« Le poker menteur »), la frénésie ambiante revient à ouvrir tout grand les coffres au premier passant : « En règle générale, le marché des subprimes s'adressait à une tranche de la population américaine qui n'avait pas de relation particulière avec Wall Street. Les prêteurs avançaient de l'argent à des gens qui avaient moins de facultés de rembourser leur emprunt que 71 % de la population. »

Michael Lewis raconte l'aventure, survenue à Bakersfield en Californie, d'un ramasseur de fraises mexicain ne parlant pas un mot d'anglais. En dépit d'un historique de crédit lamentable et d'un revenu annuel de seulement 14 000 dollars, il s'est vu prêter la somme nécessaire pour mettre la main sur une propriété de... 720 000 dollars. Sans apport personnel ! Et avec l'autorisation de reporter, aussi longtemps que possible, le règlement des intérêts d'emprunt.

Tout aussi édifiante est, à New York, l'histoire relatée par Michael Lewis d'une charmante Jamaïcaine.

« Un jour, cette ancienne "baby-sitter" m'appelle pour me dire qu'elle possède, avec sa sœur, cinq hôtels particuliers dans le Queens [*quartier de New York*].

– Comment est-ce possible ? lui demandai-je.

– Parce que, monsieur, après avoir acquis le premier, sa valeur a augmenté ; les prêteurs sont revenus nous voir et nous ont proposé de nous refinancer. »

La pratique consiste à asseoir un second prêt sur la valeur réactualisée du bien acquis... qui reste gagé. Par cette opération, l'emprunteur obtient du même banquier une somme en cash... qu'il réinvestit dans l'achat d'un second hôtel particulier. Certes, sa dette augmente, mais compensée par une estimation patrimoniale qui le rassure. Dans le cas évoqué par Michael Lewis, cette escalade a été répétée cinq fois. Quand le marché s'est retourné et que les maisons n'ont plus trouvé d'acquéreurs, inutile de dire que notre millionnaire d'un jour ne pouvait plus faire face à ses obligations pour les cinq hôtels particuliers.

Triste rêve américain !

À partir de 2004, patatras ! Tout, progressivement, se détraque.

La Fed – qui, jusque-là, avait maintenu ses taux d'intérêt au plancher, étant passés de 3,5 % en août 2001 à 1 % en 2003 (pour, je le répète, faire face à la crise de la bulle Internet et à la dépression des marchés provoquée par le 11 septembre) – est contrainte de changer son fusil d'épaule.

De toute évidence, les leçons de la précédente crise Internet n'ont pas servi. Aussi lui faut-il intervenir pour calmer d'urgence la spéculation immobilière, endiguer la surchauffe de marchés redevenus trop euphoriques.

À situation exceptionnelle, moyens exceptionnels : pour en finir avec cette hystérie collective, dont la presse financière – qui regorge d'analyses erronées – ne souffle mot, la Fed doit relever son taux directeur de base. À **17** reprises ! Elle le fait passer de **1 %** à plus de **5,25 %** en 2006. Jusqu'à ce que, de guerre lasse, pris dans la nasse de vos carambouilles, vous vous trouviez, messieurs les bandits de la finance, forcés de rendre les armes, de lâcher vos fourches à billets.

Vae victis !

Malheur aux vaincus !

Alors que, depuis 1997, le prix moyen du mètre carré a augmenté de 124 % aux États-Unis, incitant par là même les constructeurs à multiplier les mises en chantier, en 2006 le marché de l'immobilier est saturé. Pour cause d'invendus, une pression à la baisse s'installe sur les prix... qui entraîne – comme de bien entendu – une hausse des prêts hypothécaires, la seule arme dont disposent les marchands de subprimes (à commencer par « le petit père des pauvres », Angelo Mozilo) pour tenter de combler des pertes qui, cette fois, ne sont plus virtuelles. Aux quatre points cardinaux du territoire américain, des dizaines de milliers de propriétaires se retrouvent pris, tout à coup, en défaut de paiement, collés à des subprimes (à taux variables), pour des logements dont la valeur se déprécie au point de les rendre invendables au prix censé garantir leurs emprunts. En outre, ne pouvant plus donner en caution ces biens à valeurs fluctuantes, force est de constater (cruelle réalité !) leur insolvabilité. Et d'engager contre eux les procédures de saisie.

Dans la tribune d'honneur, Angelo Mozilo, figure de proue de la galère des subprimes, préside, impassible, aux obsèques de son rêve : « Salut à toi, César, ceux qui vont mourir te saluent ! »

En effet, pour les familles endettées avec des prêts à taux d'intérêt variables, c'est la catastrophe. Toutes se retrouvent sous la douche à l'acide chlorhydrique d'Angelo Mozilo, le fils du boucher du Bronx, devenu le parrain corrupteur des subprimes. Chez les plus fragiles, le renchérissement du coût de l'argent fait automatiquement bondir leurs mensualités de remboursement : honorer leurs dettes devient mission impossible. Comme nous venons de le voir avec le cas exemplaire de la « baby-sitter » de New York, beaucoup sont pris à la gorge et les défaillances se multiplient.

En 2006, le carnaval touche à sa fin. Angelo Mozilo abaisse son masque. Au même titre que toutes les banques prêteuses, Countrywide Financial tente de rentrer dans ses fonds en mettant la main sur les logements de ses milliers de clients. Pour les revendre d'urgence... à tour de bras.

Le cycle infernal – qui va déstabiliser un peu plus l'immobilier – est déclenché : aux invendus des promoteurs s'ajoute maintenant l'afflux des biens saisis, remis en vente illico... dans un marché saturé. Les prix qui, jusqu'alors, n'ont cessé de flamber, commencent à dévisser. Dans un contexte de baisse générale, l'organisme créancier se trouve lui-même carbonisé par des défauts de paiements en masse qu'il ne peut compenser par la revente des biens saisis. La déroute est au bout du chemin.

Elle interviendra à l'été 2007 avec un million de défaillances irrécouvrables et l'éclatement au grand jour du scandale des subprimes, né des premières faillites. Celle de New Century Financial Corporation, en avril, a déjà provoqué l'effondrement du cours des actions de l'industrie du crédit. Au fil des mois, les estimations de pertes deviennent surréalistes :

- **150** à **200** milliards en avril, selon la Fed, pour des encours de crédit évalués à 8 400 milliards ;
- **400** milliards de pertes sèches, suivant les calculs de la Deutsche Bank, en octobre ;
- **945** milliards, plus probablement, à en croire le Fonds monétaire international (FMI) ;
- **2 000** milliards, surenchérit la banque d'investissement Goldman Sachs, en novembre.

Pour le président de la Commission bancaire du Sénat, Christopher Dodd, trois millions d'Américains sont menacés de perdre leur logement. L'ambiance n'est plus à la fête.

Acquis au prix fort par des hordes de naïfs insolvables, maisons et appartements perdent subitement 20 à 30 % de leur valeur, si ce n'est davantage. Dans bien des cas, ces logements désertés, voire vandalisés, ne trouvent plus preneurs. En un rien de temps, la verte pelouse d'Angelo Mozilo, sur laquelle il posait si fièrement dans la revue de Wall Street, s'est transformée en désert des Tartares. Mais le pire est à venir : même à des prix de braderie, la revente des actifs saisis ne couvre qu'une fraction des dettes contractées par les clients emprunteurs. Dès lors, les déconfitures s'enchaînent, dans une valse infernale. Par centaines de milliers, les pauvres moutons attirés par les mirages du roi des subprimes et ses vassaux voient leur rêve américain se terminer en cauchemar. Pour la seule année 2008, la saisie des maisons frappera 236 000 personnes, avec, en Californie (patrie refuge de Mozilo), un indice des prix de l'immobilier en baisse de 42 % par rapport à leur sommet.

En 2007, dans les banques, à commencer par Countrywide Financial, c'est la panique. À tous les étages ! À son tour, Angelo Mozilo est rattrapé par la vague déferlante... qui n'épargne aucun des autres gredins des subprimes. Tous finiront en short et espadrilles. Mais Mozilo moins que les autres. Car, nous le verrons par la suite qui n'est pas triste, le malin a pris d'utiles précautions.

C'est en 2008, messieurs les bandits de la finance, que la lie remonte inexorablement à la surface.

Finis les beaux discours !

Finies les publicités en trompe-l'œil !

Finies les spéculations à tout-va !

Finis les gribouillis comptables qui vous permettaient de noyer vos pertes potentielles dans des piscines olympiques emplies à ras bord de profits virtuels !

À force de trop pousser... en vous trompant dans vos dosages, et pensant pouvoir continuer à enfumer le monde avec des pets de nonnes jusqu'à la saint-glinglin, vous allez l'exterminer au gaz moutarde : avec sur les reins des centaines de milliards de dollars d'impayés, et à vos trousses la foule des gogos que vous avez joyeusement blousés et cyniquement ruinés, vous allez devoir prendre la poudre d'escampette, laissant derrière vous un océan de pertes inchiffrables et d'opérations occultes indéchiffrables.

De cela aussi, nous reparlerons... au chapitre relatif à vos inventions fantasmagoriques.

À la barre de Countrywide Financial, le navire amiral des subprimes, le commandant Mozilo n'a pas vu venir le cyclone. Dur retour de bâton !

En 2001, sept années avant la grande vague des faillites – et alors qu'il est déjà à l'âge de la retraite –, Angelo a manœuvré pour rempiler, une décennie de plus, à la direction de son empire. Sacré roi des subprimes, il ambitionne d'en devenir l'empereur. Et quand, en 2006, les premières lézardes commencent à fissurer le marché de l'immobilier, le bronzé du Bronx choisit de mettre la barre droit devant, sans réduire sa voilure. Persuadé d'avoir raison, il maintient son cap, continuant à vendre ses subprimes de malheur... jusqu'à n'en plus pouvoir !

À l'été 2008, les langues se délient. Victimes du P-DG autocrate, autorités de contrôle de la Bourse et policiers du FBI découvrent, effarés, le vrai visage de celui qui aimait vendre le « rêve américain » au prix d'un paquet de pop-corn, tout en mettant en avant ses « distinctions » humanitaires – dont le prix Albert Schweitzer (*sic*) – et qui se révèle être un affairiste insatiable, au train de vie de nabab. Pendant qu'il flattait les pauvres, pour mieux les abuser, Mozilo accumulait un trésor colossal. À l'heure des comptes – les vrais ! –, le bilan est on ne peut plus brillant :

• Pour emplir ses propres coffres depuis l'introduction en Bourse de Countrywide Financial, en 1984, Mozilo n'y est pas allé de main morte. Durant les dix dernières années de son règne, quand son usine à subprimes tournait à plein régime, le P-DG a perçu la somme insolente de **406** millions de dollars, fruit de la cession sur le marché (aux voleurs) des actions qu'il détenait de sa compagnie.

• Au long des douze mois qui ont précédé l'explosion

de la bulle subprimes, Mozilo a vendu, à titre personnel, pour **129** millions de dollars d'actions de Countrywide Financial. Au même moment, pour soutenir le cours de sa société cotée, il ordonnait qu'elle dépense sur ses fonds propres **2,4** milliards de dollars... pour le rachat en Bourse de ses titres malmenés. Efficace manière de se délester de ses actions juste avant la déroute finale et de s'enrichir sur le dos de ses petits actionnaires. Le stratagème lui permet de vendre ses actions au plus haut, au-dessus de **40** dollars, avant qu'elles ne s'écroulent à **5** dollars. Délicieux parfum de délit d'initié et de dissimulation d'informations aux actionnaires, objets d'investigations complexes, toujours en cours à l'heure où j'écris ces lignes, la SEC envisageant des poursuites judiciaires (selon le *Wall Street Journal* du 13 mai 2009).

• Côté rémunérations, le César des subprimes se veut également un artiste. Que dis-je ? Une star : de 2003 à 2007, pendant sa période la plus faste, Mozilo s'est octroyé, en sus de ses plus-values boursières, des salaires et des gratifications records : **391** millions de dollars. Avec un revenu moyen de **66** millions de dollars par an, il est l'un des P-DG les mieux payés des États-Unis. Une fois le couteau sur la gorge – obligé de vendre Countrywide Financial à la Bank of America et de céder son fauteuil, en juillet 2008 –, bon vendeur, armé du culot qu'on lui a toujours connu, il se fait octroyer un parachute doré (prime de départ)[1] de

1. Parachute doré : tactique inventée en 1977 par Martin Siegel, conjuré de l'affaire Drexel Burnham Lambert jugé et condamné en 1990. Voir aux Éditions Albin Michel, 1992 : James B. Stewart (prix Pulitzer), *Finance connection*, collection « Jean Montaldo présente », traduction française de *Den of thieves*, publié par Simon & Schuster, New York, 1991, p. 39.

115 millions de dollars, assorti – ultime délicatesse ! – du droit d'utiliser le jet privé de sa compagnie pour ses voyages d'agrément et ceux de sa femme... jusqu'en 2011. Durant la même période, il aura droit à la prise en charge par son sauveur de ses menus frais : **15 600** dollars, montant de ses cotisations mensuelles au Bel Air Country Club et autres golfs huppés des environs de Los Angeles. Tant qu'on y est !

• Enfin, pour l'encadrement du tableau de ses exploits, Angelo Mozilo a choisi la feuille d'or 24 carats. Voilà maintenant que l'on découvre – en Amérique, la presse fait toujours bien son travail –, en plus de cette tornade de dollars par centaines de millions, que Mozilo a obtenu de la Bank of America, au moment de la cession liquidative de Countrywide Financial, le paiement d'un bonus supplémentaire de **10** millions de dollars... motivé – je cite et je ne rigole pas – par ses **Performances**. Avec un **P** majuscule.

Affreuse hémorragie d'argent... dont Angelo Mozilo, emblématique vedette d'un monde financier saisi par la débauche, profite sans retenue, la considérant comme un dû. Réflexe de classe, propre à la quasi-totalité de ses homologues, vous, messieurs les banquiers casseurs de fortunes en col blanc, laissés libres (de part et d'autre de l'Atlantique) d'attaquer les fourgons blindés de vos entreprises à la voiture bélier.

Aux États-Unis, ces choses-là font désordre. Exerçant sans désemparer son quatrième pouvoir, la presse oblige le Congrès à s'émouvoir du bonus de fin de carrière, pour le moins choquant, soutiré par Mozilo, au titre de ses fameuses Performances. Le 14 janvier 2008, alors que le sauvetage de Countrywide par la

Bank of America n'en est qu'à ses tout débuts, le président de la puissante commission du Contrôle et de la Réforme du gouvernement, Henry A. Waxman, élu démocrate de Los Angeles à la Chambre des représentants, convoque Angelo Mozilo. Dans une lettre bien sentie, il lui intime l'ordre de venir expliquer aux membres les mieux qualifiés de la représentation nationale, la raison d'être d'un bonus final de 10 millions de dollars alors que, torpillée par les subprimes, sa banque est en train de sombrer : « Vous devrez nous dire le rapport de cette gratification avec les intérêts des actionnaires de Countrywide et si son montant est justifié, à la lumière des récentes performances de votre compagnie et de son rôle dans la crise nationale du crédit hypothécaire. »

La perspective de cette « audition sous serment », à laquelle il ne peut se soustraire, a sur le mercanti des faubourgs populaires un effet ragaillardissant. Il en faudrait plus pour le décontenancer. Jusqu'au jour de sa comparution, le 7 mars 2008, devant la redoutée commission du Congrès (photographie au dos de cet ouvrage), Mozilo fait le beau. Bien que sous les feux de la rampe, il ne désarme pas. Ses prétentions chiffrées, au titre de ses Performances remarquables, sont maintenues telles quelles. Déguisé en feuille de chou, Angelo n'a pas atteint la ionosphère de la finance pour s'y faire brouter l'arrière-train par des lapins. Inutile donc d'espérer lui arracher la plus petite autocritique, ou un semblant de regret. Fidèle à lui-même, impassible, le fils du boucher du Bronx va comparaître devant la Chambre des représentants de la même manière que dans la revue de Wall Street : en méritant « constructeur du rêve américain », qui ne saurait être désigné comme responsable du cauchemar vécu par ses clients.

Le dossier de l'énergumène en fait foi : en plus d'un bonimenteur et d'un redoutable prédateur, Angelo est un tentateur hors pair. Pour réussir ses trafics, le P-DG achète les bonnes grâces de ses « partenaires en affaires » et de représentants du peuple... en charge de postes clés à Washington. Pour ce faire, il a fondé et mis discrètement en place, au sein de son consortium industriel et commercial de prêts sans borne, un club privé haut de gamme, connu sous le nom de code « FOA » (Friends of Angelo). En français : les « Amis d'Angelo ». Code transparent, reflet de l'impunité que Mozilo croit avoir gagnée.

Le principe des « Amis d'Angelo » est simple : aux privilégiés, bénéficiaires du « système FOA », Countrywide octroie des crédits à des taux d'intérêt défiant toute concurrence. Parmi les heureux bénéficiaires de ces pressions subtiles, deux sénateurs démocrates des plus influents :

• Le président de la commission aux Affaires bancaires, Christopher Dodd... maintenant obligé de compter les morts du côté des malheureux qui n'ont pas eu le privilège de faire partie des « Amis d'Angelo » ;

• Le président de la commission du Budget, Kent Conrad, à propos duquel Mozilo écrit à ses collaborateurs, dans un courriel : « Faites une exception, compte tenu du fait que l'emprunteur est un sénateur. »

De la même manière qu'il le fait avec ces barons de la Haute Assemblée des États-Unis dont les pouvoirs de contrôle et d'investigation sont immenses, Countrywide arrose secrètement de prêts (à prix cassés) les hiérarques du crédit hypothécaire américain : James Johnson et Franklin Raines, les deux hauts dirigeants de Fannie Mae (la banque paraétatique qui refinance ses subprimes).

Devenu l'un des conseillers de campagne de Barack Obama, James Johnson devra quitter à grands fracas l'équipe du futur président des États-Unis, après la découverte de ses liens d'argent avec le naufrageur impénitent des subprimes.

Dans la liste des « Amis » d'Angelo, d'autres pontifes vont se faire épingler, dont l'ancien ambassadeur des États-Unis aux Nations unies et ex-conseiller du président Bill Clinton, Richard Holbrooke (nommé, le 22 janvier 2009, envoyé spécial du président Obama en Afghanistan et au Pakistan).

Que du beau linge !

Trop, c'est trop ! La découverte de ces faits d'armes provoque un scandale : outre-Atlantique, Mozilo est couronné « le patron le plus détesté, symbole à lui tout seul de la crise des “subprimes” ». En janvier 2008, comme pour calmer l'opinion en colère, après sa convocation devant la Chambre des représentants, le cador de Countrywide Financial annonce qu'il renonce à **37,5** millions de dollars des gains qu'il a amassés. Une goutte d'eau, en regard des sommes dont je viens de livrer l'addition et qui totalisent, au bas mot, **900** millions de dollars.

Bien que noyé maintenant dans la masse d'autres dossiers qui vont mobiliser des centaines de magistrats, policiers et avocats dépassés par l'ampleur du sinistre que vous avez provoqué, messieurs les bandits de la finance, le dossier Mozilo n'a pas fini de faire des vagues. L'état-major de Countrywide Financial est sur le gril. Confiée au FBI pour être menée à un train d'enfer, une enquête criminelle est ouverte, à la demande du département américain de la Justice. Les charges sont lourdes : « **Fraudes, falsification de documents...** »

À New York, des petits actionnaires de la banque phare des subprimes se sont regroupés pour lancer une « class action » visant des « délits d'initiés et fautes dans les pratiques financières laxistes qui ont provoqué l'effondrement de la société ». En outre, plusieurs tribunaux – dans l'Illinois, le Connecticut et en Californie – ont ouvert des enquêtes pour « publicité mensongère » et « pratiques déloyales ». En cause : les méthodes commerciales utilisées par Countrywide pour faire signer des prêts hypothécaires à hauts risques à des personnes qui n'en avaient pas les moyens.

Cloué au pilori, Angelo Mozilo a certes le physique de l'emploi ; mais il n'est pas l'unique responsable, loin s'en faut, du cataclysme planétaire provoqué par les subprimes. Un système tout entier est en accusation.

Lancinante, une question me hante : comment a-t-on pu accorder sans compter des prêts subprimes à qui voulait en prendre... et sans rien vérifier ? Et comment a-t-on pu ensuite permettre à des armées de flibustiers de s'engouffrer dans le commerce de ces produits pourris, pour en faire une gigantesque imprimerie de fausse monnaie... qui n'est pas sans rappeler le projet, heureusement avorté, d'Adolf Hitler et des nazis de faire capoter l'Amérique et ses alliés en les noyant sous des torrents de faux dollars.

Quels que soient les torts d'Angelo Mozilo, la vérité commande de dire que ce personnage pittoresque, dont l'itinéraire résume à lui seul l'aventure cataclysmique des subprimes, n'est pas le seul loup à avoir sévi dans la bergerie. Dans la meute des marchands de crédits empoisonnés, plusieurs autres établissements – filiales de géants de l'industrie financière américaine – se sont battus comme des hyènes pour gagner leur part de la carcasse. Parmi les plus voraces, neuf autres enseignes ont fait d'aussi grands ravages que la firme de Mozilo. Citons, pêle-mêle, des noms mondialement connus et d'autres qui le sont moins : Bank of America ; Wells Fargo ; Washington Mutual ; Citifinancial (du groupe Citibank) ; First Franklin ; Financial Corp. ; GMAC-RFC (du groupe General Electric) ; New Century Financial Corporation ; Household Finance ; Option One Mortage ; Conseco Finance Corp...

Au même titre que Countrywide, tous (ou presque) vont mordre la poussière. Ils ne devront leur salut en 2008-2009 qu'aux centaines de milliards de dollars des plans de sauvetage lancés, en catastrophe, par les présidents George W. Bush puis Barack Obama. En Europe, même débandade ! Dans un désordre incommensurable, gouvernements et Banques centrales apprennent subitement qu'une kyrielle de présidents d'établissements financiers – parmi les plus prestigieux – sont enchaînés, en état comateux, dans la « galère » des subprimes. Tous y ont embarqué secrètement, la fleur au fusil... pour s'y retrouver prisonniers, avec des pertes dont ils sont totalement incapables d'estimer les montants.

Enfer et damnation !

Président de l'Union européenne pour six mois (de juillet à décembre 2008), Nicolas Sarkozy aura la lourde tâche d'empêcher un sauve-qui-peut général : France, Grande-Bretagne, Allemagne, Luxembourg, Pays-Bas, Belgique, Italie, Autriche, Grèce, Espagne,

Hongrie, République tchèque, Slovaquie, Lituanie... doivent faire front, face à une crise de confiance et de liquidités évaporées dans on ne sait plus combien d'opérations opaques affectant, au-delà de leurs grandes banques, l'ensemble des sociétés non financières et le financement des économies nationales. Spectacle terrifiant, aggravé par la faillite pure et simple de plusieurs États voisins, dont l'Islande et l'Ukraine !

Alors, c'est vrai, à l'affiche de cette superproduction hollywoodienne, Angelo Mozilo n'est pas et ne peut être l'unique parrain à avoir présidé à l'explosion de la comète où vous avez sévi, messieurs les bandits muets de la finance, vous retrouvant tous enchaînés à la filière des subprimes, sous-subprimes, sous-sous-subprimes et sous-sous-sous-subprimes, suivant des protocoles impensables... que je vais me faire maintenant un plaisir de décortiquer, les disposant, en éventail, dans votre assiette au beurre... en vous rentrant ici résolument dans le lard.

3.

Dans l'enfer de votre grand banditisme... en bandes organisées

Du haut en bas de l'échelle, plusieurs bancs de requins, à l'aspect plus policé mais aux dents tout aussi acérées, se sont ligués pour transformer le marché des subprimes en un redoutable piège à gogos. Sans imaginer, au départ, qu'il deviendrait le bouton atomique d'une crise systémique.

Partis à la recherche des origines de la crise survenue en 2008, commençons donc par où le mal a commencé.

Derrière les Mozilo et consorts, soldats en premières lignes qui se sont évertués à éparpiller les prêts subprimes comme des confettis, sont embusqués deux poids lourds de la finance américaine, Fannie Mae et Freddie Mac, les deux tirelires magiques où tous ont puisé, à qui mieux mieux, autant de milliards de dollars qu'ils le souhaitaient... suivant des protocoles fleurant bon le copinage et l'entourloupe.

Aussi connus aux États-Unis que la Caisse d'épargne, le Crédit agricole ou le Crédit foncier en France, Fannie Mae et Freddie Mac sont des surnoms à consonance enjôleuse :

• Le patronyme Fannie Mae désigne phonétiquement les initiales de la FNMA, la Federal National

Mortgage Association, l'Association fédérale du crédit hypothécaire.

• Pour Freddie Mac, celui de la FHLMC, la Federal Home Loan Mortgage Corporation, ou Compagnie fédérale des prêts hypothécaires pour le logement.

Outre-Atlantique, ces deux mastodontes sont chargés, de longue date, d'alimenter en capitaux frais les marchés des prêts immobiliers destinés aux familles à faibles revenus. Au pays du capitalisme pur et dur, ces deux institutions font exception. Sociétés par actions, elles ne sont pas, à proprement parler, de statut exclusivement privé. L'une et l'autre sont des émanations du gouvernement fédéral, soucieux, depuis longtemps, de faciliter l'accession à la propriété des familles modestes, en assurant le refinancement des établissements vendeurs de prêts hypothécaires.

C'est en 1933, lors de la première présidence du démocrate Franklin Roosevelt, que le pouvoir politique crée, avec d'excellentes intentions, l'agence étatique Fannie Mae. Au lendemain de la crise de 1929, les États-Unis sont plongés dans la plus grande dépression de leur histoire : 13 millions de chômeurs – environ un Américain sur quatre –, plus de 8 000 banques en faillite et, surtout, 2 millions de sans-abri. Quand, en 1933, Franklin Roosevelt arrive à la Maison Blanche, le président s'attache à remettre le pays sur ses rails, dénonçant les banquiers et les financiers, auxquels il attribue la responsabilité de la crise. Comme aujourd'hui, et à juste titre, les présidents Barack Obama et Nicolas Sarkozy.

Cinq ans plus tard, Fannie Mae est créée, pour lever des capitaux sur les marchés financiers et apporter davantage de liquidités aux prêteurs immobiliers, jusqu'alors établissements de dépôts réglementés, tenus de financer leur activité de crédit avec les fonds dont ils avaient la gestion. Fannie Mae commença par émettre des obligations, emprunts à long terme et à faibles taux d'intérêt qui lui permettent de racheter aux banques les crédits logement qu'elles consentent, risques divers inclus. Elle se doit de composer son portefeuille de crédits hypothécaires sérieux. Aussi faut-il que leur souscription ait respecté des normes prudentielles les faisant entrer dans la catégorie des « prêts conformes », communément appelés, aujourd'hui, « prêts hypothécaires de premier ordre ».

À l'origine, le statut de cette société publique est la garantie offerte aux banques, détentrices de ses obligations, qu'elles seront toujours remboursées, même en cas de défaillance des emprunteurs finaux.

Fondé par l'État pour aider les défavorisés, le système connaît immédiatement un immense succès. Institution gouvernementale, Fannie Mae se flatte d'excellents résultats. À condition de surveiller l'établissement comme le lait sur le feu, afin de prévenir des dérives pouvant finir en catastrophe.

En 1968, le président démocrate Lyndon Johnson a un besoin urgent d'alléger le budget fédéral. En guerre contre la pauvreté depuis 1964, le successeur de John Fitzgerald Kennedy voit la guerre du Vietnam dévorer toujours plus de dollars. D'où la décision d'éliminer du budget de fonctionnement de l'État les activités de Fannie Mae. L'heure est donc venue de la privatiser, tout en lui laissant son statut d'organisme fédéral, et sans la mettre en situation de monopole, interdite par la loi. L'obstacle est facilement contournable. Il suffit d'ouvrir la concurrence... en donnant un frère à Fannie Mae. Ce sera Freddie Mac... créé en 1970 sur le même modèle.

Avec le statut d'entreprise parrainée par le gouvernement fédéral[1], Fannie Mae et Freddie Mac sont deux cas particuliers. Comme jadis, en France, le Crédit foncier. Les deux firmes privées ne bénéficient d'aucun capital public ni d'aucune garantie de l'État. En revanche, elles bénéficient du label et de l'aide du gouvernement. Exemptées d'impôts, elles reçoivent chaque année plusieurs milliards de dollars de subventions, contrepartie des financements qu'elles consentent aux banques versées dans l'immobilier de masse.

Bien que jumelles et indépendantes de l'État (qui ne garantit pas leurs pertes éventuelles), pour les marchés, les banques et les professionnels de l'immobilier, Fannie Mae et Freddie Mac sont considérés comme des géants « intouchables ». Chacun en est convaincu : en cas d'accident, jamais le Trésor américain ne les laissera tomber. Croyance fondée sur leur importance dans le fonctionnement du système social et de l'économie fédérale. Mais conviction pernicieuse... qui va pousser les propres dirigeants de Fannie Mae et Freddie Mac à commettre l'irréparable. Grisés par le boom du marché de la construction... devenu un casino géant où tout le monde gagne, poussés par gouvernants et élus (démocrates ou républicains) prisonniers de leurs promesses électorales, les deux institutions phares de l'immobilier américain se mettent à ouvrir toutes grandes les vannes de leurs crédits, à brasser des sommes toujours plus astronomiques, sans trop regarder la qualité des dossiers qu'elles financent... à la demande des banques prêteuses.

Pour les établissements qui bénéficient de leur manne, l'aubaine est inespérée. Un don du ciel !

---

1. « Government Sponsored Enterprise ».

Angelo Mozilo est aux anges : champagne, liqueurs et chocolats... drelin, drelin !

Désormais, chez Countrywide et ses compagnons de virée, on rase gratis ou presque... avec à disposition deux fontaines de jouvence, deux sources inépuisables de financement, venant de deux établissements dotés de la signature et de la puissance de feu de la première puissance économique mondiale. Ajoutée à ce sentiment d'invulnérabilité, la goinfrerie aiguë et l'arrogance de financiers incultes deviennent les composantes d'une bombe qu'aucun artificier ne pourra désamorcer.

Croulant sous les milliards, Angelo Mozilo et ses semblables sont en croisière dans le cosmos. Sans sourciller, Fannie Mae et Freddie Mac leur envoient les capitaux dont ils ont besoin pour alimenter le marché des subprimes. Et sans que quiconque, en haut lieu, s'émeuve vraiment de la capacité de remboursement, in fine, des pauvres bougres bénéficiaires en bout de chaîne.

Savoir, en outre, que les états-majors de Fannie Mae et Freddie Mac sont aux petits soins pour Countrywide est une chose. Découvrir ensuite que certains de leurs dirigeants appartiennent au club secret des « Amis d'Angelo » revient à dire que les chefs de la brigade des mœurs acceptent (ou sollicitent) les cadeaux d'un tenancier de maisons closes.

Du côté des politiques et de l'administration fédérale américaine, la situation n'est guère plus brillante. Là encore, aux postes les plus éminents, les « Amis d'Angelo » sont présents... pour obtenir certaines facilités d'ordre législatif. Il ne manque plus que l'étincelle qui allumera l'incendie. Elle intervient en 1999...

avec la décision de presser Fannie Mae et Freddie Mac d'accroître le volume de leurs crédits destinés aux couches populaires. Le président Bill Clinton est aux manettes. Il lui faut faire du social. Même au risque de tout faire exploser.

Le résultat des courses ? Quand éclate, en 2008, la catastrophe des subprimes, les deux banques ne sont plus qu'un conglomérat de cailloux volcaniques, étant engagées pour la somme pharaonique de **5 500** milliards de dollars sur le marché américain du crédit hypothécaire, dont une bonne moitié dans des subprimes... pratiquement irrécupérables. En quasi-faillite, Freddie et sa sœur Fanny n'ont plus pour étancher leur soif que de l'huile de vidange : détenant ou garantissant environ **43 %** du marché américain des hypothèques immobilières (évalué à environ **12 000** milliards de dollars), leur déconfiture porte sur **31** millions de prêts. Pour la seule année 2008, Fannie Mae enregistrera **60** milliards de pertes foncières, contre **50** milliards pour Freddie Mac.

Bonjour les dégâts !

À genoux, les deux sociétés ne devront leur salut qu'à la décision du gouvernement Bush de les nationaliser au son du canon, en septembre 2008, par le biais de la Federal Housing Finance Agency (FHFA), l'Agence fédérale pour le financement du logement. Parce que **3** à **4** millions de familles démunies sont menacées de se retrouver à la rue en raison de cette gestion criminelle, l'État américain s'engage à mettre sur la table jusqu'à **400** milliards de dollars, auxquels viendront s'ajouter des aides supplémentaires (**15** milliards, en janvier 2009, pour Fannie Mae ; **31** milliards, en mars, pour Freddie Mac).

Une première dans un pays qui se veut le temple

du libéralisme et où – à l'inverse de la France – l'État s'interdit de venir au secours des sociétés privées en faillite.

Mais là, messieurs les bandits de la finance, pour une fois, vous ne vous êtes pas trompés dans vos prévisions. Cette catastrophe humaine et sociale atteint une ampleur telle que, le dos au mur, le gouvernement des États-Unis est contraint d'intervenir. Il lui faut impérativement réparer vos dégâts, payer les pots cassés... avec l'argent des contribuables. Autant dire, les cochons de payants qu'avec vos innombrables Angelo Mozilo vous avez saignés à blanc. Aux États-Unis, certes ! Mais aussi très au-delà ! Car, de cette gigantesque machine de mort, vous avez cru génial, pour mieux farder vos bilans, d'en exploiter les produits dérivés. De préférence à partir de véhicules logés à dessein dans des paradis fiscaux, planques idéales de vos magouilles multiformes.

Je ne saurais passer ici sur les qualités de James Johnson (Jim pour les intimes) et de Franklin Raines, les deux patrons enfin déchus de Fannie Mae... sans lesquels rien n'aurait pu se faire. En tête du peloton des bandits de la finance, voici deux margoulins parmi les plus représentatifs. Connaître leurs parcours respectifs, identiques à ceux de la plupart des banquiers français responsables de pertes proportionnellement équivalentes, permet de mieux comprendre dans quel univers irréel nous naviguons... aux confins des cinquantièmes rugissants.

Corrompus par la débauche d'argent, restés insensibles à la cruauté du sort réservé à leurs victimes, tous deux sortis des meilleures universités – Princeton pour Johnson, Harvard pour Raines –, ces deux loustics n'ont cessé, au cours de leur carrière, de flirter avec le monde de la politique et celui de la finance. Mélange des genres détonant, comme on le subit en France... avec des générations d'énarques hautement décorés pour avoir dévasté on ne sait plus combien d'entreprises publiques ou privées, de banques et divers ministères.

Apparatchik du parti démocrate depuis quarante ans, ancien assistant à la Maison Blanche du vice-président Walter Mondale (sous Jimmy Carter, de 1977 à 1981), James Johnson entre dans l'eldorado de la finance en 1985, embauché par la grande banque d'affaires Lehman Brothers (mise en faillite en septembre 2008). Relations, carnet d'adresses fourni en ont fait une recrue de choix. 1991 marque l'entrée à la vice-présidence de Fannie Mae de cette figure pleine de veine financière. Après seulement un an, il en devient le grand patron... jusqu'en 1998. La période clé durant laquelle l'institution parapublique, au statut hybride, devient le chef de file des fournisseurs d'argent frais sur le marché des subprimes.

Sous son règne, Fannie Mae se transforme en une gigantesque imprimerie de fausse monnaie. Parce qu'il lui faut répondre aux appels pressants du pouvoir politique qui veut du social à bon compte ? Par inconscience, mâtinée d'incompétence ? Par appât du gain ? La suite nous le dira. Toujours est-il que « Calamity Jim » s'y emploie avec une belle maestria, rémunérant copieusement son actionnariat privé. En 1998, quand il doit céder son fauteuil à son plus proche collaborateur, le ténor des subprimes ne manque pas de se faire allouer une récompense à la hauteur des services rendus : Fannie Mae le gratifie d'un cadeau de départ de **21** millions de dollars (dont **15** millions clandestinement, comme nous allons le voir !), assortis d'un gentillet contrat de consultant pour un montant de **600 000** dollars par an.

À ce tarif, le financier en chef des Mozilo and Co n'a pas à regretter d'avoir quitté la politique pour le financement du logement social et des déshérités.

Avec son successeur Franklin Raines, le club des grands bandits de la finance fait une autre belle recrue. Fils d'un concierge de Seattle, Raines est, lui aussi, un cacique du parti démocrate, ancien (comme son prédécesseur) du cabinet du président Jimmy Carter. Qui, comme James Johnson, se laisse séduire par le monde de la finance... sans voir que, sous prétexte de générosité innovante, son incommensurable rapacité aboutit à piller les portefeuilles à sa main.

Au long des années 1980, pendant que James Johnson s'initiait chez Lehman Brothers aux méthodes du capitalisme le plus sauvage, son ami et futur successeur chez Fannie Mae s'était fait les dents chez Lazard Frères New York, la Rolls Royce des banques d'affaires. Avant que Johnson l'appelle chez Fannie Mae, en 1991, comme vice-président. En 1996, le président Bill Clinton fait de Franklin Raines le directeur du Bureau de la gestion et du budget des États-Unis (US Office of Management and Budget). Voici notre homme sur un piédestal. Deux ans plus tard, de général, Franklin Raines devient maréchal : il est tout désigné pour prendre la présidence de Fannie Mae... à la place de son copain James Johnson en fin de mandat. Grande fête : Raines est le premier Noir appelé à diriger une entreprise américaine de cette importance. Un mastodonte qui affiche **990** milliards de dollars en total de bilan, pour un chiffre d'affaires annuel de **53** milliards. La deuxième institution financière des États-Unis, derrière Citigroup.

En 2008, de ces centaines de milliards, il ne restera rien, et même moins que rien !

Telle est, messieurs les banquiers, vous qui nous avez caché vos scabreuses ententes, l'histoire exemplaire des vauriens que vous avez choisis pour gonfler vos bilans à l'hélium.

À ce point du récit des exploits des Angelo Mozilo, James Johnson et Franklin Raines, comment ne pas relever que, dès 2004, alors que la crise des subprimes n'a pas même commencé, l'OFHEO (Office of Federal Housing Enterprise Oversight), l'organisme de contrôle du logement aux États-Unis, a tiré le signal d'alarme, dans un rapport de 340 pages, fruit d'une enquête de huit mois ? Et immédiatement suivi par une autre alerte de la SEC (Securities and Exchange Commission), le gendarme de la Bourse américaine ?

En septembre 2004, l'OFHEO relève chez Fannie Mae de gravissimes irrégularités comptables, pour un montant de **10,6** milliards de dollars, étalés sur **20** ans.

Dans ce document sous mes yeux, les dirigeants de Fannie Mae, Franklin Raines en tête, sont accusés sans détour d'avoir – je le cite tel quel – « délibérément développé et adopté » des pratiques comptables frauduleuses, dans le but de dissimuler des pertes et, faisant d'une pierre deux coups, pour justifier les bonus monumentaux que tous s'octroyaient chaque année. En 1998, par exemple, **200** millions de dollars de dépenses avaient été occultés, avec, dans le lot, le bonus (masqué) octroyé en 1998 au P-DG sortant, James Johnson.

Confronté à ces accusations, en décembre 2004,

Franklin Raines baisse l'échine et camoufle son éviction (forcée) derrière une diplomatique « retraite anticipée ». Non sans l'assortir – tout de même ! – d'un parachute doré de **30** millions de dollars, tant il est vrai, encore une fois, que toute peine mérite salaire.

Sombres coulisses... où sévissent des forbans accomplis. Eh oui, après James Johnson, Raines et ses sbires se sont bel et bien servis, à leur tour, dans les caisses du logement des pauvres, à la manière des corsaires de Barberousse et de leurs descendants, au long des siècles de piraterie en Méditerranée, avant que la France y mette bon ordre avec la prise d'Alger en 1830. Eux, n'y sont pas allés avec des gants : l'OFHEO a établi que, coqueluche de Bill Clinton, Franklin Raines s'est joyeusement employé, de 1998 à 2004, à siphonner la coquette somme de **91,1** millions de dollars, dont **52,6** millions de primes, pour ses propres salaires et diverses gratifications. Avec de tels émoluments, le président de Fannie Mae ne peut se permettre de jouer l'avare : son directeur financier, Timothy Howard, n'a pas été oublié. Pensez donc : monocle de la bande, « Tim » voyait tout et laissait tout passer. Le permissif méritait récompense : ce fut pour lui **30,8** millions de dollars pour ces six années, dont **16,8** millions de primes exceptionnelles. De son côté, la dénommée Leanne Spencer, en charge du contrôle des comptes, est rémunérée à la hauteur de sa capacité à jouer les aveugles : **7,3** millions de dollars, dont la moitié sous forme de bonus. Ces messieurs du Loto peuvent aller se rhabiller.

Tout, en définitive, étant découvert – les erreurs comptables volontaires, les salaires de dictateurs africains, les bonus indus, etc. –, la nouvelle direction de

Fannie Mae ne peut rien faire d'autre que d'afficher, en 2006, des dépréciations comptables à hauteur de... **6,3** milliards de dollars.

Allons-y gaiement !

Poursuivie par l'OFHEO et la SEC, Fannie Mae sera finalement contrainte de régler au gouvernement des États-Unis, en mai 2008, une amende de **400** millions de dollars. Et accusé personnellement de « manipulations comptables », le brelan d'as de Fannie Mae finit par mettre bas les armes. Pour se sortir d'affaire du mieux possible, ils acceptent de restituer une petite partie du magot. Ce sera : **24,7** millions de dollars (sur **91,1**) pour le P-DG Franklin Raines ; **6,4** millions (sur **30,8**) pour le directeur financier Timothy Howard ; et **275 000** dollars (sur **7,3** millions) pour la contrôleuse Leanne Spencer. Une paille, au regard des dégâts constatés, étant entendu que ces émoluments, indûment perçus, ne sont que la partie la moins scandaleuse de l'affaire Fannie Mae.

Comment oublier l'aspect le plus choquant du complot ? James Johnson et Franklin Raines, les deux P-DG déchus, ne font-ils pas partie des VIP du club des « Amis d'Angelo » (Mozilo), le prodigue patron de Countrywide qui – nous l'avons vu – leur prêtait à titre personnel l'argent qu'ils souhaitaient à des taux d'amis... et en contrepartie des financements que Fannie Mae consentait, sans compter, à Countrywide ?

Baisers du parrain à ses complices corrompus... en quelque sorte !

Ce que, bien sûr, Franklin Raines nie formellement. Se disant « responsable mais pas coupable », l'ancien président garde la tête haute : oui, admet-il, un traité de paix a bien été signé avec les autorités de l'OFHEO. Cependant, ajoute-t-il, sans gêne, « cet accord n'est pas une reconnaissance de faute de ma part, parce que je n'ai violé aucune loi ou règlement quand je dirigeais Fannie Mae. C'est un accord, pour ne pas être d'accord ».

Textuel !

Soyons sérieux : à ce tarif, chacun aura compris que dans votre monde détraqué, il est bien plus lucratif et bien moins risqué d'attaquer les banques en costume mohair et soie, à coups de faux bilans et de contrats frelatés, plutôt que de s'en prendre, revolver au poing et encagoulé, à la Caisse d'épargne du coin.

À preuve, les sublimes pépites extraites par l'organisme fédéral de contrôle, lors de l'examen approfondi des comptes de Freddie Mac. Rendue publique, à la mi-2003, par le directeur de l'OFHEO, Armando Falcon Junior, l'enquête a mis en lumière des pratiques en tout point identiques. Passant d'une banque à l'autre, le même virus s'y est solidement installé... pour contaminer hommes et structures managériales.

Tout comme celui de Fannie Mae, le siège de Freddie Mac est infesté. Mêmes maux et mêmes effets... sous la houlette, durant deux décennies, d'un tireur d'élite.

Arrivé chez Freddie Mac en 1982, Leland Brendsel en est le grand patron de 1987 à juin 2003. Démontées lors des investigations de l'OFHEO, ses acrobaties financières semblent ressortir d'un exercice courant. Révélées un an avant celles de Franklin Raines, Timothy Howard et Leanne Spencer, chez Fannie Mae, elles l'obligent à quitter Freddie Mac, par la sortie de secours, suivi par son directeur financier, Vaughn Clarke, et son chef opérationnel, David Glenn. Un autre brelan d'as ! Au poker menteur, le P-DG de Freddie Mac est un sérieux client. Et ses cartons impressionnants : en 2000, 2001 et 2002, les comptes de sa compagnie ont été falsifiés à hauteur de **5** milliards de dollars. Suivant un protocole de lissage, sur mesure. En cas de mauvais résultats, les bénéfices sont artificiellement gonflés... pour permettre aux dirigeants de Freddie Mac de s'octroyer les plus grosses primes possibles. Les années fastes, on renverse la vapeur... pour rendre l'ensemble cohérent.

Fraudes patentes ! Qui coûtent à Freddie Mac d'être condamné, en novembre 2007, à une amende de **125** millions de dollars. Et à l'ancien P-DG, Leland Brendsel, d'être sanctionné pour **2,5** millions, assortis du remboursement de ses salaires et bonus perçus abusivement : **10,5** millions de dollars.

Maigres sanctions en vérité... au regard des dommages causés par la cupidité d'hommes incapables de sentiment. Banquiers coupables d'avoir poussé des millions de pauvres à emprunter, acheter des logements au-dessus de leurs moyens, coupables d'avoir ensuite inondé les institutions financières du monde entier de subprimes titrisés, dont ils savaient qu'ils ne valaient pas un kopeck. Banquiers coupables d'avoir ruiné la terre entière... pour s'enrichir frauduleusement.

À preuve encore, chez Fannie Mae et Freddie Mac, après ces premières et désastreuses aventures, le comportement des nouvelles directions désignées, pour – soi-disant – remettre de l'ordre dans les comptes, imposer à leurs personnels des mœurs conformes aux lois et règlements. Mission spéciale... revenant à exiger d'un tigre qu'il se fasse végétarien.

Durant les années qui suivent – jusqu'à la déroute finale, à l'automne 2008 –, tout va continuer... en pire ! Les individus changent, mais leurs profils et méthodes demeurent les mêmes.

Chez Fannie Mae, le nouveau boss, Daniel Mudd, est le digne fils d'un saltimbanque, présentateur de télévision. Belle gueule et cursus exemplaire : Université de Virginie ; Harvard ; le corps des Marines (pour se faire les muscles) ; puis le cabinet du secrétaire d'État à la Défense. Après cette parenthèse politique, lui aussi bifurque vers le monde des affaires, en intégrant l'état-major du géant de l'industrie et de la finance General Electric, avant d'atterrir, en 2000, chez Fannie Mae. Lors de la chute de Franklin Raines, en 2004, les circonstances commandent de lui confier les rênes de l'entreprise. Au nom de son expérience, de sa parfaite connaissance des métiers de Freddie Mac ! Dans ce registre, Daniel Mudd est l'homme idoine... qui promet de faire des miracles. Imprudente promotion, qui consiste à remplacer le P-DG défaillant par son bras droit, forcément associé aux errements sanctionnés.

Du côté de Freddie Mac, le curriculum vitae de Richard Syron, choisi en 2003 pour remplacer l'inénarrable Leland Brendsel, se veut plus rassurant. Mais sous son costume de brillant économiste (ancien assistant du patron de la Banque centrale des États-Unis, Paul Volcker) se cache un redoutable renard.

Dès lors, les dés sont jetés... pour une mort annoncée !

Lancés à plein régime, dans une dernière ligne droite, sans casques ni combinaisons de survie, Daniel Mudd et Richard Syron, derniers champions du monde des subprimes, s'emploient à perpétuer les extravagances initiées par leurs prédécesseurs. Jusqu'à ce que, le 7 septembre 2008, l'État américain soit mis en demeure de nationaliser Fannie Mae et Freddie Mac, seule manière d'éviter de devoir les déclarer en faillite. Et de pouvoir les renflouer, sur-le-champ, à hauteur de **100** milliards de dollars chacune (excusez du peu !). Première étape d'une course infernale. En avril 2009, l'apport total des fonds publics injectés pour sauver les deux vieilles compagnies s'élève à **466** milliards de dollars. Et qui peut savoir quand s'arrêtera le massacre ?

À la Chambre des représentants, les esprits s'enflamment. La minorité républicaine y va au canon. Dans un rapport, elle présente Fannie Mae et Freddie Mac comme le « **cancer central du marché des prêts immobiliers, qui s'est métastasé dans la crise financière actuelle** ».

Le lendemain, le sénateur John McCain, candidat à la présidence des États-Unis, fait une déclaration similaire, à Nashville : « Fannie et Freddie étaient la catalyse, l'allumette qui a déclenché ce feu de forêt. »

De fait, l'intervention forcenée des dirigeants de Fannie Mae et Freddie Mac sur le marché des subprimes (dans lesquels ils ne sont pas, loin s'en faut, les seuls intervenants) est le détonateur de la crise financière mondiale dont, vous messieurs les banquiers, supportez l'entière responsabilité.

Vient le 9 décembre 2008.

Les conjurés sont appelés à comparaître devant la puissante commission du Contrôle et de la Réforme du gouvernement de la Chambre des représentants. Un grand moment du jazz ! En rang d'oignons, chacun prête serment, avant de devoir s'expliquer sur « le rôle de Fannie Mae et Freddie Mac dans la crise financière ». Investi du droit de convoquer qui il veut et d'enquêter à chaud sur tout sujet en rapport avec le fonctionnement des institutions, l'inflexible élu démocrate de Californie et président de la commission, Henry Waxman, a reçu mission de « faire le ménage à Washington ». Basé sur « **400 000** documents » saisis dans les services de Fannie Mae et Freddie Mac, son acte d'accusation est étourdissant : « Ces documents montrent que les [*deux*] compagnies ont fait des investissements irresponsables, qui coûtent maintenant des milliards de dollars aux contribuables fédéraux. »

Dits à la tribune par le nouveau garde-chiourme des institutions américaines, voici, messieurs les grands bandits de la finance qui vous êtes goinfrés de subprimes, le document clé estampillé « **Confidentiel** »... qui vous confond. Retrouvé dans les « dossiers du [*dernier des*] P-DG de Fannie Mae, Daniel Mudd », il nous livre le fin mot de l'intrigue.

En juin 2005, précise Henry Waxman, « la compagnie est confrontée à un "**croisement de routes stratégique**" ». Dans la note secrète qu'il exhibe, ces mots choisis figurent, noir sur blanc, avec une suite qui n'est pas triste. Je résume : le patron de Fannie Mae doit choisir de marcher dans les clous, avec une gestion conservatrice et prudente, ou bien de jouer à la loterie, avec le crédit hypothécaire, si l'on veut continuer à faire de l'argent à tout prix.

Tout est dit, sans hypocrisie. Le « document confidentiel » brandi par Henry Waxman prouve formellement que, trois ans avant l'éclatement de la bulle subprimes, l'état-major de Fannie Mae est précisément informé du bourbier dans lequel l'entreprise est en train de se jeter. Pour que nul ne puisse en douter, je choisis de le citer, tel quel :

« **Nous sommes face à deux choix forts :**

1. Rester dans la course.

2. Rencontrer le marché là où est le marché. »

À ces deux orientations possibles, les experts de Fannie Mae répondent... sans la moindre hésitation : « “Rester dans la course” signifie se concentrer surtout sur des prêts immobiliers plus sûrs, de première qualité [*primes*] et à taux fixes. » Et d'expliquer à leurs supérieurs que cette option « maintiendrait notre solide discipline de crédit » et « protégerait la qualité de notre portefeuille ».

Voilà qui est dit et bien exprimé... par un service hautement qualifié, doté de tous les outils de mesure !

Mais, pour la direction de Fannie Mae, selon le texte – à ne pas divulguer ! – de ses instructions que je reproduis, la réelle « **opportunité de bénéfices** » réside certainement dans l'achat des prêts subprimes et autres prêts alternatifs !

Comment faire ? À question précise, réponse précise : pour poursuivre sa stratégie, la compagnie doit « **accepter de plus hauts risques et une plus grande relativité de ses gains** ».

Formulation exemplaire, voulant dire : notre connaissance des acteurs du marché des subprimes l'emporte sur la réalité.

Mieux encore, ce document se veut aussi une directive comminatoire : il exige que les ventes de logements sociaux soient utilisées comme des « **ATM** » (Automated Teller Machines), autrement dit des distributeurs automatiques de billets, appelées aussi « **Cash Machines** ».

Nous voilà rendus à Chicago, chez Al Capone, au temps de la prohibition des alcools clandestins.

Mais vous, messieurs les banquiers, vous faites nettement mieux : vous travaillez maintenant la volaille à la gaveuse.

Fini l'entonnoir !

Finies les petites mains... qui coûtent cher !

En avant les bandits manchots !

Implacable, le président de la commission de Contrôle et de Réforme du gouvernement poursuit, vaille que vaille, sa lecture. Mieux encore, ce document saisi dans les tiroirs de vos comparses, têtes pensantes de Fannie Mae, atteste leur volonté délibérée de continuer à utiliser les subprimes... pour tenter de capter toujours plus de milliards avec, suspendue au-dessus de vos caboches, l'épée de Damoclès d'une faillite totale. En présence des auteurs de cet accablant document, Henry Waxman le dit sans ambages, signalant, entre guillemets, leurs écrits : « Cette présentation reconnaît qu'investir dans les subprimes et les prêts alternatifs [*de ces produits*] impliquerait de "**plus grandes pertes de crédits**" et "**augmenterait l'exposition à des risques inconnus**". »

Textuel ! De fait, la direction de Fannie Mae admet, ici, que le leurre de ces bénéfices additionnels est un piège mortel.

Remises à la Chambre des représentants des États-Unis, les pièces retrouvées dans les coffres de Fannie Mae et Freddie Mac montrent clairement que leurs responsables savent alors pertinemment qu'ils vont droit à l'abîme. Effrayés, leurs propres « risk managers » (responsables des risques) ont multiplié les avertissements sur les dangers d'investir si lourdement sur le marché des prêts subprimes et alternatifs. En vain !

Mai 2004 : plus courageux que d'autres, le chef de

la gestion des risques chez Freddie Mac envoie un e-mail au P-DG, Richard Syron, pour lui demander d'arrêter, sur-le-champ, le financement de prêts à des personnes sans revenus et ne comportant aucune exigence d'actifs : « **Aussi vite que possible** ! » insiste-t-il.

Et de mentionner que les distributeurs de prêts (les Angelo Mozilo and Co) ciblent des « emprunteurs qui auraient des problèmes à obtenir un prêt immobilier, si leur situation était examinée avec soin ». En clair, cela signifie que les établissements spécialisés dans les subprimes (financés avec les fonds de Freddie Mac) font systématiquement crédit à des personnes insolvables. « Plus grave, ajoute-t-il, un doute plane sérieusement sur le réel potentiel de rentabilité de ces prêts prédateurs. »

Prédateur ? En anglais et en français, les dictionnaires s'accordent pour en donner la même définition : « Pillard, homme qui vit de rapines, de butin ; animal qui se nourrit de proies. »

Le responsable des risques de Freddie Mac ne saurait donc être plus clair.

Résultat : au lieu de suivre ses recommandations, le P-DG Richard Syron ordonne qu'il soit licencié immédiatement, sans autre forme de procès !

Ben voyons !

D'une maison l'autre, même constat, mêmes écrits. Chez Fannie Mae, quelques bonnes âmes s'inquiètent :

« Une année plus tard, le 10 novembre 2005, un haut dirigeant avertit ses pairs : “**Notre conclusion a logiquement été que l'accumulation de risques dans beaucoup de ces garanties** [*securities, en langue* *anglaise*], **avec des labels privés, n'a pas été répercutée de façon adéquate dans leur tarification.**" »

Et ce n'est pas tout :

« Le 28 octobre 2006, le chef des risques de Fannie Mae envoie encore un e-mail au P-DG Daniel Mudd, l'avertissant d'un "**sérieux problème**". Avertissement limpide : "**Il y a un modèle émergeant d'une vision inadéquate des procédures de contrôle.**" »

Voici encore un autre e-mail, en date du 16 juillet 2007 : le même responsable des risques écrit à nouveau au P-DG. Il se plaint maintenant d'apprendre que le conseil d'administration de Fannie Mae est informé de manière fallacieuse. On l'a assuré que « **nous avions la volonté et l'argent pour changer notre culture et pour prendre plus de risques de crédits** ». Mensonge, certes ! Mais... en parfait rapport avec la ferme volonté du P-DG de persister à spéculer avec l'outil des subprimes.

Décision folle ! Lu par Henry Waxman, le « Monsieur Propre du capitalisme américain », ce qui suit l'atteste :

« **On m'a dit**, écrit encore cet honnête responsable [*de Fannie Mae*], **que nous sommes loin d'avoir des procédures de contrôle efficaces pour les risques de crédits, de marchés et opérationnels. 16 % de mon budget a été supprimé. Est-ce que je parais stupide ?** »

Comme à chaque fois, cet avertissement est négligé. Ou, mieux encore, jeté au panier !

Lors d'une présentation de ses activités, en 2007, la direction de Fannie Mae s'entête à balayer ce qui lui est conseillé par ses meilleurs experts. Sa volonté d'aller de l'avant demeure intacte : oui, il faut continuer de foncer dans l'exploitation des subprimes. Plus fort que jamais :

« **Nous voulons élargir vers le bas de gamme** [*sic*] **notre politique de crédit... Le marché des subprimes s'est considérablement agrandi à un niveau jamais encore atteint. Nous ne pensons pas qu'il y ait beaucoup de risques** [*resic*] **à nous intéresser au crédit AA et A** [*plutôt qu'aux crédits les moins risqués, les AAA*]. **Nous ne nous attendons pas à enregistrer des pertes au niveau AA et A. Éventuellement, nous pouvons même aller jusqu'au BBB** [*les crédits autrement plus risqués*]... **Nous voulons aller rapidement sur ce marché, pendant qu'il s'y prête** [*reresic*]. »

Folie et suicide collectif, mode d'emploi !

La crise pointe déjà son nez, avec des signes avant-coureurs, visibles, connus de tous les professionnels. Mais, chez Fannie Mae, institution majeure du crédit américain, on en est à penser que la route de la fortune est à portée de main. Il ne faut surtout pas rater le dernier train... pour le paradis, là où les fruits mûrissent à jamais !

Et qu'importe s'il risque d'être celui de l'Apocalypse !

Dès lors, le conseil d'administration de Fannie Mae impose que la décision du P-DG soit suivie à la lettre.

Plus rien n'arrête nos pyromanes. Comme jadis la France, avec ses énarques emmaillotés de morgue qui mirent le feu au Crédit lyonnais, les dignitaires de Fannie Mae et de Freddie Mac entreprennent, de conserve, d'allumer le bouquet final du subliminal feu d'artifice des subprimes.

Pour les deux P-DG, cette fuite en avant est source de bonheur, de jouissance divine : entre 2003 et 2007, ils y gagnent, en salaires et bonus, plus de **30** millions de dollars chacun, tandis que leurs criminelles décisions vont coûter des centaines de milliards de dollars aux contribuables américains. Et aux États les plus riches de la planète de devoir se concerter, au sommet de Londres, les 1er et 2 avril 2009, pour tenter d'arrêter la dégringolade infernale de l'économie mondiale.

4.

Banquiers faillis, le FBI vous avait prévenus dès 2004

Vous tous, messieurs les prédateurs des subprimes, les Mozilo, Johnson, Raines, Brendsel, Syron, Mudd et consorts marqués au fer rouge, dans l'enfer du grand banditisme en bandes organisées, resterez à tout jamais bannis, devenus les symboles des âmes perverties qui ont saccagé l'économie mondiale. Il reste maintenant à la Justice à vous demander des comptes et à vous faire rendre – autant que se peut – les fortunes accumulées sur le dos des faibles, des vieux, des plus pauvres.

Moins en vue que vous, des milliers de vos comparses, grassement commissionnés, ne sont pas moins coupables. Figures de proue, premières gâchettes de ce hold-up à 2 000 milliards – pour ne parler que de vos établissements, mettant provisoirement de côté les dommages collatéraux –, vous n'auriez pu réussir votre casse sans le concours de vide-goussets expérimentés. Dans votre sillage et à votre solde, une armée de touche-à-tout – promoteurs, courtiers en prêts, agents immobiliers, notaires ou avocats véreux... – s'est abattue, dix années durant, en nuées de filous, sur les profondes banlieues des villes américaines, y offrant, à la criée et à des candidats sans le moindre sou, appartements et maisons... dont vous saviez pertinemment qu'ils ne pourraient pas les payer in fine.

Marchands de vent, vous n'y êtes pas allés avec le dos de la cuillère. Pour arriver à vos fins, vos discours sont alors confortés par des campagnes publicitaires géantes, des argumentaires fallacieux, des chiffres truqués, des dossiers frauduleusement fabriqués.

Revue de détail.

Pendant les années folles du Far West des subprimes, des monceaux de réclames sont déversés pour appâter la volaille et la flamber à l'armagnac. Tous les vecteurs sont utilisés, à grands frais : presse écrite, radios, télévisions et même l'Internet, le média à la mode, le plus efficace, où tout est possible en l'absence de réglementation. Selon les estimations fournies par les professionnels de la réclame, vous aurez dépensé, en sept ans, de l'an 2000 à 2007 (l'année où commence l'éclatement de la bulle des subprimes), quelque 3 milliards de dollars en campagnes promotionnelles diverses. S'y ajoute une somme équivalente pour la diffusion de vos bobards sur le Web.

Si je m'en réfère aux défenseurs des acquéreurs que vous avez grugés, il apparaît indubitablement que votre tam-tam a joué un rôle prépondérant pour séduire vos victimes. Professeur de droit à l'Université du Connecticut, Patricia McCoy a soigneusement décortiqué vos arnaques :

« Ces publicités permettaient de rabattre les consommateurs au tambour. On leur disait : “Ne vous inquiétez pas ; vous réunissez les conditions requises pour obtenir un prêt ; nous l'approuverons.” C'était du marketing de combat, dans l'intention d'attirer vers les subprimes les catégories de population qui doutaient le plus de leurs capacités à devenir propriétaires et à rembourser les prêts proposés. »

Miroir aux alouettes, en somme !

Cet attrape-nigauds sur toute la ligne encombre aujourd'hui les tribunaux, aux quatre coins du territoire américain. Avec des prévenus qui ne sont pas tous des acteurs pour films de série B. L'un des grands noms de la maison individuelle, Beazer Home USA, sa filiale de prêts Beazer Mortgage Corporation et l'un de ses agents commerciaux basé en Virginie, sont poursuivis par dix acheteurs trompés et ruinés à coups de méthodes de vente et d'argumentaires fallacieux.

« Il s'agit d'un abus de confiance, plaide le conseil des dindons farcis de subprimes. Tous mes clients me le disent : "Je n'aurais jamais dû acheter cette maison. Mais les vendeurs de Beazer Home nous ont persuadés de signer, en prétendant que nous avions les moyens de devenir propriétaires. Et qu'ils se faisaient fort de nous obtenir un prêt." »

Il y a plus grave : dans leur plainte de juillet 2007, les malheureux clients de Beazer Home racontent de quelle manière les données essentielles permettant de mesurer leur solvabilité ont été mises sous l'éteignoir : « Les commerciaux du promoteur ont falsifié des documents pour aider les acquéreurs à obtenir leurs prêts ; sur les formulaires remplis, d'importantes informations étaient truquées ou cachées, dont le montant des revenus, l'évaluation du patrimoine global des acheteurs, ou encore l'état de leur endettement. »

Allez vous étonner ensuite que l'irréparable vous tombe dessus comme le couperet de la guillotine.

Vous avez fait fort, messieurs les grands bandits de la finance, vous dont le sale commerce a fini par attirer la fine fleur du crime organisé, des voyous de tout acabit.

En résumé, voilà pourquoi les milliards de dollars ont coulé à flots dans vos casinos borgnes, dès lors qu'il suffisait d'apposer sa signature au bas d'un chiffon de papier pour obtenir autant de prêts que proposé.

Maintenant que tout est découvert, les tribunaux croulent sous les procédures. Les sanctions tombent... avec, souvent, des peines de prison ferme. Dans ce pays-continent, temple du capitalisme, la délinquance financière (toujours possible) y est heureusement jugée avec la même sévérité qu'une attaque à main armée. Nous ne sommes pas en France, où la prison avec sursis sied le plus souvent aux escrocs et aux corrompus en col blanc, costume gris et Légion d'honneur sur canapé.

Passé sous silence dans nos contrées, le volet criminel, mafieux, est sans aucun doute l'aspect le plus inquiétant de l'affaire des subprimes. Disons les choses comme elles sont : ce marché gigantesque, où se sont engouffrées les plus grandes banques françaises sans rien regarder, n'avait pourtant rien d'angélique. Les milliers de pages des dossiers que je découvre me laissent pantois.

Une question me hante : comment croire que, dans cette aventure, la naïveté et l'incompétence aient pu atteindre un tel niveau ? Car c'est tout de même à coups de milliards de dollars que les plus vénérables établissements français – la Société générale, BNP Paribas, le Crédit agricole, Dexia, les Caisses d'épargne (via leur filiale Natixis) et j'en passe – sont entrés, en chantant, dans le coupe-gorge des subprimes. Sans voir qu'ils allaient s'y faire détrousser comme dans la forêt de Bondy[1].

Mais à quoi servez-vous donc, messieurs les énarques ou autocrates enfarinés, arrogants P-DG de ces mastodontes... qui justifiez vos émoluments de maharadjas, vos stock-options et golden parachutes, par d'incommensurables compétences... à ne rien voir, ni prévoir ?

Mais à quoi ont donc servi vos équipes pléthoriques, en charge de la mesure des risques que vous preniez et de votre « due diligence », c'est-à-dire la mise en œuvre des procédures d'examens préliminaires que doit pratiquer toute entreprise financière sérieuse voulant réaliser une acquisition, ou y participer ? A fortiori, quand il s'agit, pour une banque, d'y engager les fonds de ses déposants.

Ah ! les beaux banquiers que voilà... qui se font offrir chaque année leurs propres poids en or fin, en récompense additionnelle de leurs initiatives calamiteuses !

Pourtant, messieurs, ce ne sont pas les avertissements qui vous ont fait défaut. Dès septembre 2004, trois ans avant l'éclatement du scandale des subprimes, l'incorruptible Federal Bureau of Investigations (FBI) a sonné l'alerte. Avec lui, pas de langue de bois ni de formules alambiquées. Son directeur adjoint, Chris Swecker, chef de la division criminelle du FBI, diagnostique déjà, à l'intention de tous – gouvernements et banques –, « **une épidémie de fraudes sur le**

1. Forêt de Bondy : massif forestier, à quinze kilomètres à l'est de Paris, où fut assassiné, en 675, le roi d'Austrasie Childéric II, petit-fils du bon roi Dagobert. Le bois de Bondy est longtemps resté le repaire des bandits de grands chemins.

marché des prêts immobiliers qui, si elle n'était pas combattue, pourrait faire autant de dégâts que la crise des Saving and Loans [*Caisses d'épargne*], **pendant les années 1980, qui avait coûté plus de 130 milliards de dollars aux contribuables américains.** »

Ce grand policier ne vous cache rien de ce qui se passe du côté des marchands de subprimes... avec lesquels vous battez monnaie, au risque évident de vous faire saigner à blanc, à coups « de fraudes et d'activités criminelles de grande envergure » :

« **Le boom du marché des prêts immobiliers est alimenté à la fois par la baisse des taux d'intérêt et la flambée du prix de l'immobilier. Il attire des groupes criminels et des professionnels peu scrupuleux, dont les activités frauduleuses risquent de provoquer des pertes de plusieurs milliards de dollars pour les institutions financières.** »

Voilà, écrit noir sur blanc, dès 2004, sans précaution de langage ni bonbons acidulés, ce qui vous pend au nez.

Mobilisé par la lutte antiterroriste depuis les attentats du 11 Septembre, le FBI a finalement compris qu'il lui faut changer de braquet et réorienter une partie de ses troupes vers la lutte contre les redoutables gangs des prêts immobiliers, tant les réseaux de subprimes se sont puissamment développés. Malgré les demandes répétées du FBI, l'administration du président George Bush commet l'erreur fatale de lui refuser les effectifs et les budgets réclamés, obnubilée qu'elle est par la lutte – certes nécessaire – contre les réseaux fanatiques d'Al Qaida.

Le FBI ne va pas moins continuer d'actionner ses sirènes. Sans désemparer...

J'ai sous les yeux un document en date du

14 décembre 2005. Le FBI revient à la charge, au terme de l'opération « Quick Flip » (Retournement rapide) lancée par son état-major pour combattre l'épidémie de fraudes aux prêts immobiliers : c'est, y insiste-t-il, « l'activité criminelle qui croît le plus vite aux États-Unis ».

À bon entendeur, salut !

Vous voilà prévenus, une seconde fois, messieurs les banquiers coupables... mais responsables de rien.

Combien de jours et de nuits vais-je devoir passer à délibérer avec moi-même sur le sens qu'il convient de donner à votre incurable surdité ? Ouvrant toujours plus grand le dossier de vos imprévoyances et négligences volontaires, les écrits abondent... que vous ne pourrez contester.

En novembre 2006, un autre service d'enquêtes des États-Unis, le FINCEN (Financial Crimes Enforcement Network ou Office de répression des crimes financiers) du département du Trésor américain s'est fendu d'un rapport (dix-huit pages) tout aussi alarmiste, sous un titre... au lance-flammes, dont vous vous êtes battu les flancs : « **Fraudes aux prêts immobiliers : évaluation d'une industrie**. »

Un avertissement sans frais... indiquant que le gouffre des subprimes, dans lequel vous persistez à plonger, est un piège mortel. Les enquêteurs du FINCEN racontent qu'ils ont passé au tamis **82 851** cas de fraudes débusqués depuis 1996. Leur verdict est sans appel : « La fraude aux prêts immobiliers pose un risque croissant aux institutions financières. Elle est en pleine ascension, car elle peut être extrêmement lucrative et relativement facile à réaliser, en particulier dans les zones géographiques où le prix de l'immobilier a connu une rapide appréciation. »

Les chiffres fournis par l'Office de répression des crimes financiers sont hallucinants :

• en 1996, avant le boom de l'immobilier, le FINCEN avait recensé **1 318** dossiers de fraudes dans le secteur des prêts. Chiffre normal sur un territoire grand comme l'Europe continentale ;

• dix ans plus tard, pour la seule année 2006, le nombre des escroqueries d'envergure est passé à **37 313**.

Hausse vertigineuse ! Le feu est à la maison !

Mais vous, messieurs les banquiers, vous êtes au Jockey Club ou à la pétanque provençale... où, là aussi, vous vous faites avoir – je parle en connaisseur – à l'école supérieure de Mathieu Aprin, le roi de la boule à effet de levier et du cochonnet biseauté.

Un signe ne trompe pas : dans le secteur en effervescence des prêts hypothécaires, l'augmentation de la fraude a pris un réel mauvais tour entre 2002 et 2003, passant de **5 387** dossiers à **9 539**. Les piranhas du système sont identifiés... et leurs méthodes décortiquées par l'Office fédéral antifraudes. Deux grandes catégories se détachent :

• Les fraudeurs à la propriété, pour environ 20 % de l'ensemble des cas mis au jour. Il s'agit en général de bricoleurs, de particuliers désargentés dont le profil financier ne remplit pas les conditions exigées par leurs banques pour décrocher un prêt normal. De leur propre chef ou sous la pression de vendeurs indélicats, ces candidats à la propriété – canailles, certes, mais à petite échelle – enjolivent imprudemment leurs dossiers avec toute une panoplie de déclarations mensongères : faux certificats d'emplois ou de salaires ; surévaluation de leurs revenus ou de leur patrimoine ;

omission de leurs dettes déjà contractées ; recours à des fausses identités, voire à des hommes de paille. Le plus souvent, ces petits poissons ne sont pas, à proprement parler, des escrocs. Il est établi que la plupart ont une réelle intention de devenir propriétaires de leur logement et d'en rembourser l'emprunt. Mais, à trop tirer sur la corde, certains ne peuvent y parvenir. D'où des poursuites pour défaut de paiement et... la révélation de leurs tripatouillages.

• Les grands fraudeurs sont une armée d'escrocs, qui prolifèrent comme les champignons après la pluie. Ils forment le gros de la troupe (80 % des dossiers). La justice américaine les regroupe sous le titre générique : « Fraudes pour le profit »... avec une finalité unique : « Faire de l'argent ». La version adaptée du film de Woody Allen, *Prends l'oseille et tire-toi !* Les rapporteurs du FINCEN sont implacables : ces arnaques sont la plupart du temps réalisées avec le concours actif de différentes catégories de professionnels : agents immobiliers ; courtiers en prêts ; experts en évaluations ; agents officiels (avocats, notaires ou vérificateurs des titres de propriété). À la panoplie précédente des fraudeurs bricoleurs, ces agioteurs de haut vol ont ajouté des dispositifs complexes impliquant, le plus souvent et en même temps, plusieurs institutions financières. Pour ces entourloupes à grande échelle, l'imagination des coquins est redoutable. Comme d'autres font voter les morts, eux les utilisent pour la constitution de dossiers totalement bidons. Une fois l'affaire terminée et l'argent détourné, l'enquête débouche sur un enterrement de première classe, étant entendu que dans leurs circuits mafieux, des officines de blanchiment d'argent sont à l'œuvre. Avec des antennes partout dans le monde, d'autres bandes, plus savamment outillées, écument la riche clientèle des étrangers désireux d'investir dans les places les plus courues : New York, San Francisco, Los Angeles ou Miami. Nous sortons là du secteur des subprimes... pour celui de l'immobilier moyen et haut de gamme, lui encore infesté... à coups de surévaluations et de tours de passe-passe multiples. Ce jeu d'enfants consiste à gruger et piéger une clientèle captive, éblouie par un sérieux qui n'est que de façade.

Dans le même registre, des officines se sont spécialisées dans l'abus de faiblesse. Une escroquerie courante, dont les victimes sont prioritairement les personnes âgées qui méconnaissent les arcanes de l'immobilier et de la finance et auxquelles il est aisé de faire signer n'importe quel document. Férus de technologie, certains courtiers utilisent l'Internet ou plus simplement le téléphone pour vendre des prêts à tout-va... sans prendre la peine de rencontrer leurs correspondants et encore moins de vérifier leur situation financière. Ainsi encaissent-ils, sans peine, de confortables commissions... sur le dos des banques peu regardantes. Que leur importe d'ailleurs ce léger détail, puisque la combine consiste à revendre immédiatement leurs prêts hyperrisqués (sous forme de titres créés à dessein) à d'autres établissements qui seront les couillons du sérail. Savoir enfin qu'Internet abrite, encore aujourd'hui, des centaines de sites malhonnêtes proposant, pour **50** à **100** dollars la falsification, de faux certificats de domicile et d'emploi, de fausses fiches de salaires, aux fins de faciliter l'obtention frauduleuse d'un prêt, montre le niveau de négligence (ou d'incompétence) atteint par les banques.

J'ai gardé pour la bonne bouche la plus ravageuse des filouteries, celle dont je découvre qu'elle est l'une des causes majeures de la crise des subprimes. Je veux parler des spéculations immobilières en chaîne : le « flipping » immobilier. Comprenez l'aller et retour rapide sur un même bien. En soi et à première vue, le procédé consistant à acheter, vendre et revendre plusieurs fois un même bien, dans un court laps de temps, n'a rien d'illégal. Mais à y regarder de plus près, il devient frauduleux quand le manège est aux mains de comparses (intermédiaires ; experts véreux ; hommes de paille...) qui en ont fait une industrie criminelle, concourant, tous ensemble, à multiplier artificiellement par deux, cinq ou dix la valeur du même logement, objet de transactions à roulettes. Au bout du compte, le dernier prêt hypothécaire ne pourra être remboursé, la garantie sur laquelle il repose s'avérant valoir deux, cinq ou dix fois moins que celle figurant au contrat de prêt initialement accordé. Entretemps, acquéreurs et vendeurs fictifs se sont volatilisés... et les banques prêteuses n'ont plus que leurs yeux pour pleurer.

Alors, ne venez pas prétendre, messieurs les banquiers, que vous ignoriez ce trafic.

Mettons les points sur les *i* ! Dès juin 2000, les dangers et l'étendue de cette fraude vous sont signalés par le Sénat des États-Unis... dont la très redoutée sous-commission permanente des Investigations. Pour le cas où vous l'auriez oublié, voulez-vous que je vous rafraîchisse les neurones ?

À cette invitation, je réponds volontiers. Voici, sous la signature de ces honorables parlementaires, l'avertissement qui vous fut adressé, sans que vous daigniez y prêter un œil :

« Le “flipping” est un phénomène incroyablement complexe, dans lequel de multiples intervenants conspirent pour frauder les acheteurs de logements, les prêteurs et le gouvernement fédéral, dans le cas des prêts assurés par la Federal Housing Authority [*Autorité fédérale du logement*]. La pratique du “flipping” immobilier, où des individus [*flippers*] vendent des logements à des prix artificiellement gonflés, crée l'illusion d'un marché immobilier robuste, grâce à l'utilisation de documents truqués et d'argumentaires commerciaux trompeurs. »

D'ailleurs, la sous-commission des Investigations du Sénat a découvert que les « flippers » ont acheté « des centaines de maisons et les ont revendues, parfois en quelques heures, à des acheteurs crédules et naïfs. Ces acquéreurs ont payé des prix exagérés, avec des remboursements de prêts élevés qui ont débouché sur des saisies, des défaillances ou des banqueroutes. Ils se sont retrouvés avec leur capacité d'emprunt détruite, et leurs voisins avec des logements abandonnés ».

Au Sénat des États-Unis, le 30 juin 2000, l'inspectrice générale Susan Gaffney, du département du Logement et du Développement urbain, a synthétisé, en un paragraphe cinglant, le danger encouru par la communauté financière tout entière, en raison de l'implication du « flipping » dans le marché immobilier et des subprimes :

« Quand on voit une propriété achetée, grâce à un crédit hypothécaire, et revendue, le même jour, avec **50 %** ou **100 %** de profit, nous pouvons raisonnablement penser qu'il y a problème. Le plus souvent, le bénéfice résulte de documents falsifiés et frauduleux, fournis par une ou plusieurs parties à la transaction, telles que le prêteur [*la banque*] ou l'expert qui a évalué le prix. »

Mais il est vrai, messieurs les banquiers qui ne saviez rien et n'avez rien vu venir, que dans cette construction attilesque, vous aviez pris la précaution de ne pas vous placer en première ligne. Malins, vous aviez recours, pour la plupart d'entre vous, à des brokers (courtiers... flanqués d'une horde de vendeurs) dont l'activité, de l'autre côté de l'Atlantique, a l'avantage d'être rarement réglementée. Dans vingt-quatre États du pays, n'importe qui peut devenir broker en prêts immobiliers. Sans diplôme, sans expérience professionnelle, sans avoir à présenter un casier judiciaire vierge ! Seule une poignée d'autres États exigent du récipiendaire un passé sans faille. Partout ailleurs, n'importe quel arsouille peut ouvrir, fermer, réouvrir autant de firmes de courtage qu'il le désire, pillant à chaque fois les fonds distribués par vos établissements.

Le bilan final de cette orgie d'argent est à la hauteur de vos prétentions. En avril 2008, un an après le déclenchement de la crise des subprimes, le FINCEN a dressé, en 47 pages, le hit-parade de vos fraudes. En 2007, leur nombre a bondi à **46 717**. En tête, les fausses déclarations de revenus, de patrimoines ou de dettes (43,02 % des cas) ; vient ensuite la falsification des documents officiels (28,04 %) ; puis les fraudes à l'occupation (4,41 % des cas), l'emprunteur déclarant qu'il habite le logement acquis, alors qu'il l'a acheté seulement pour spéculer.

Toutefois, ces chiffres ne visent qu'une faible partie de vos arnaques dûment établies. À en croire le Mortgage Asset Research Institute (Institut de recherches sur le prêt immobilier), le mal est bien plus profond et répandu. Quoi qu'il en soit, les pertes engendrées par vos prêts frauduleux sont estimées, pour l'heure, à **3 milliards de dollars... par an**. Au bas mot ! D'où le soupçon d'une structure mafieuse, avec comme protagonistes des familles concurrentes ou associées dans l'exploitation du filon.

Le 19 juin 2008, le directeur du FBI Robert Mueller présente le résultat de l'opération « Prêts immobiliers malveillants », fruit de longues et fastidieuses investigations. Sur **1 300** dossiers épluchés, **400** font l'objet de poursuites judiciaires. Le patron du FBI est sévère : « À cause de la crise des subprimes et de ses conséquences sur le marché des crédits, nous découvrons de plus en plus de cas de fraudes d'entreprises. Et tant que le prix de l'immobilier va continuer à chuter, d'autres irrégularités financières seront mises au jour. »

Robert Mueller illustre la conclusion de son enquête en se référant au dernier message du milliardaire Warren Buffett à ses actionnaires : « C'est seulement quand la marée se retire que vous savez qui nageait nu. Et le spectacle que vous découvrez n'est pas bien beau à voir. »

Pour le chef du FBI, l'affaire des prêts immobiliers faisandés nécessite de lancer une vaste battue pour traquer, neutraliser les Apaches des subprimes. Autant que les réseaux terroristes. Ses mots sont terribles... à la dimension du mal en train de se métastaser. Robert Mueller en est persuadé : la vaste supercherie n'aurait pu perdurer... sans d'éminentes complicités. Voici dit – enfin ! – par la voix du premier policier des États-Unis, ce que je ne cesse de clamer depuis des lustres :

« Les hommes politiques qui trahissent la confiance des citoyens mettent à mal l'intégrité du gouvernement, gronde-t-il. Les dirigeants d'entreprises qui trahissent la confiance de leurs employés et de leurs actionnaires détruisent l'intégrité du marché. Laisser impunies la grande délinquance financière et la corruption politique, c'est déchirer le tissu de notre démocratie. »

En d'autres termes, messieurs les grands bandits de la finance, le FBI vous a identifiés, de même que les hauts responsables politiques dont vous avez fait vos obligés... À commencer par les « Amis d'Angelo » (Mozilo) que je citais plus avant. Mozilo, qui passait son temps à arroser (innocemment) élus et dirigeants de Fannie Mae et Freddie Mac, les deux institutions d'État pourvoyeuses de l'argent frais dont il se régalait. Exactement comme dans l'affaire Enron, survenue en 2001, peu après les attentats du 11 Septembre. Énorme scandale qui n'a manifestement pas servi de leçon !

Basé à Houston (Texas), septième entreprise américaine, Enron n'était rien d'autre qu'un redoutable nid de gangsters. Jusqu'à sa chute fracassante, en décembre 2001, ce conglomérat du secteur de l'énergie avait été encensé par l'ensemble du monde de la finance pour avoir fait de la titrisation (dont nous allons reparler) l'un des secrets de sa réussite. Il fut surtout célèbre pour sa retentissante banqueroute frauduleuse (assortie de délits d'initiés), avec un trou de **100** milliards de dollars. En dix ans, Enron avait consacré **10** millions de dollars à ses activités de lobbying politique et journalistique. À l'évidence, les patrons de Countrywide, de Fannie et Freddie ne sont pas, dans ce domaine, des inventeurs. Vanté comme un modèle d'audace et de « modernité », de « gouvernement d'entreprise »... capable de faire des prouesses sur le marché déréglementé des produits dérivés, Enron avait corrompu la prestigieuse agence d'audit Arthur Andersen, qui avait certifié comme « sincères » ses comptes qu'elle savait faux[1]. En outre, véritable repaire d'escrocs, Enron fut l'un des principaux « parrains » de George W. Bush, de même que le bailleur de fonds occultes de plusieurs membres de son administration, dont John Ashcroft, ministre de la Justice. Pire, sous les administrations du démocrate Bill Clinton, puis du républicain George W. Bush, deux agences fédérales avaient été chargées de garantir les investissements à l'étranger dc cette gigantesque entreprise, experte des paradis fiscaux... qui n'avait pas payé un sou d'impôts, de 1996 à l'an 2000, période durant laquelle elle déclarait 2 milliards de dollars de profits.

Aux États-Unis, en 2008, sept ans après l'affaire Enron, la déroute finale des marchés révèle une nouvelle fois l'implication de dirigeants politiques, toutes tendances confondues, dans la faillite du système des subprimes et sa spirale d'endettements en forme de garrot.

En 1977, le président Jimmy Carter a la bonne idée

1. Cabinet d'audit de renom international, Arthur Andersen ne s'est pas relevé du scandale Enron. Il fut condamné en 2002 par le tribunal de Houston et interdit d'exercer le métier d'auditeur... pour avoir fermé les yeux sur les malversations financières de son client et détruit des documents comptables, en vue de les soustraire à l'enquête judiciaire. Ce jugement sera plus tard annulé par la Cour suprême des États-Unis, les documents supposés détruits ayant finalement été produits. Arthur Andersen fut également soupçonné dans deux autres faillites géantes de Wall Street : Worldcom et Global Crossing.

de mettre un terme à la détestable pratique du « red lining » (la ligne rouge)... qui, sur les cartes géographiques placardées dans les banques, encercle les quartiers pauvres, comme s'il s'agissait de léproseries mises en quarantaine. Insupportable discrimination financière, pour ne pas dire raciale ! Aussi, Carter croit-il salutaire de faire adopter par les deux Chambres des États-Unis le CRA, « Community Reinvestment Act » (loi de financement communautaire). Une disposition louable dans son principe : elle oblige les banques et Caisses d'épargne américaines à octroyer à tous les ménages les mêmes conditions de crédit, y compris aux habitants des quartiers en « zone rouge ». Ceux précisément qui, depuis la crise des années 1930, sont tenus à l'écart par les grands établissements financiers, de crainte de ne pas être remboursés. Lutter contre les ghettos et aider les Américains les plus démunis, souvent noirs ou d'origine mexicaine, implique de stricts contrôles. Il convient en effet d'éviter que le processus aboutisse à distribuer des prêts à tout-va, incluant ceux que les banquiers américains surnomment les Ninjas ou « No income, no job, no asset » (Pas de revenu, pas de travail, pas de fortune)... dont ils sont certains qu'ils ne pourront les rembourser.

En 1992, peu avant que Bill Clinton accède à la présidence des États-Unis, le pas fatal est joyeusement franchi : il est décidé que la tutelle de Fannie Mae et Freddie Mac passe de l'administration du Trésor à celle, plus laxiste, du HUD (US Department of Housing and Urban Development, ou Département du logement et du développement urbain). Sous la pression d'élus de tous bords, désireux de s'octroyer les faveurs de leur électorat populaire, Andrew Cuomo, patron du HUD de 1997 à 2001, figure de l'élite démocrate, fils aîné d'un ancien gouverneur de New York, Mario Cuomo, lui-même marié un temps à une Kennedy, n'aura de cesse d'augmenter le nombre de propriétaires parmi les familles des minorités ethniques ou à faibles revenus. Proche de Clinton, il ordonne à Fannie Mae et Freddie Mac de consacrer une part toujours croissante de l'ensemble de leurs financements aux prêts subprimes, les faisant passer de 42 % en 1995 à 56 % en 2005. Encore s'agit-il là d'une estimation ultra-prudente, provisoire, établie à partir des données fournies par les intéressés. Trois ans plus tard, peu avant le naufrage de Fannie Mae et Freddie Mac (en septembre 2008), j'apprendrai à New York que, en 2006, **91,6 %** des crédits immobiliers aux États-Unis sont maintenant affectés aux subprimes. Cette envolée vertigineuse des indices me rappelle Arthur Koestler, dont le livre *Le Zéro et l'Infini* participa à mes premières leçons d'émancipation : « La statistique est un bikini : ce qu'elle révèle est suggestif ; ce qu'elle cache est vital. »

Troublé par ces bons mots, je le fus davantage avec le témoignage du Premier ministre Winston Churchill, « lion » de la couronne britannique : « Je ne crois aux statistiques que lorsque je les ai falsifiées moi-même. »

Paroles d'expert, donc... saluées par lord Thorneycroft, un autre éminent sujet de Sa Majesté : « Il ne faut pas utiliser les statistiques comme les ivrognes utilisent les réverbères : pour s'appuyer et non pour s'éclairer. »

Tel est, en définitive, ce qui ressort des chiffres livrés par le HUD... avant que la cocotte-minute des subprimes n'explose.

Au début des années 2000, par crainte que la vérité

n'apparaisse sur la fragilité du système, Andrew Cuomo et le HUD à sa main commettent l'irrémédiable : ils autorisent les deux institutions fédérales du crédit hypothécaire à ne plus publier le détail de leurs engagements à risques. Preuve indiscutable que le pouvoir central américain et la communauté financière dans son ensemble – aux États-Unis et ailleurs – sont conscients de l'imminence d'une crise financière majeure.

Amère ironie du sort : Andrew Cuomo est aujourd'hui le procureur général de l'État de New York... en charge des poursuites contre les banquiers voyous, dont les mentors des subprimes et (dans un tout autre registre) l'illustre Bernard Madoff, l'escroc solitaire du siècle... laissé un temps en liberté (sous caution de **20** millions de dollars), après avoir avoué en décembre 2008 un vol de... **50** milliards de dollars. Que ça ! Étrange Madoff que nous retrouverons plus loin, en bonne compagnie.

En 1995, Bill Clinton renforce le cloutage du cercueil : désormais, la loi permet aux banques de revendre à d'autres pigeons la patate chaude des prêts à très hauts risques instaurés par la loi CRA. Sous forme de titres, produits dérivés encore plus toxiques, démultipliés à souhait... de telle manière que les subprimes ainsi délivrés vont vite porter sur **1 000 milliards** de dollars. La grande époque de la flambe sur les subprimes commence. À fond les manettes, pour des montants toujours plus faramineux ! Et, comme de bien entendu, les établissements qui ont l'outrecuidance de refuser de jouer le jeu sont sévèrement pénalisés. Au bal des prédateurs, c'est la règle : on ne fait pas de quartier !

Quand George W. Bush Junior arrive à la Maison Blanche, son administration tente mollement de remettre de l'ordre dans le capharnaüm. Mais le président Bush est davantage préoccupé par la lutte contre le terrorisme et la guerre d'Irak qui coûtent au budget fédéral des sommes astronomiques. Pour le reste, malgré les avertissements du FBI et du Congrès, il laisse faire : au lieu de taper un grand coup de poing sur la table, il n'y aura, en 2003 et 2005, que des amendements à la loi CRA... qui se révéleront un cautère sur une jambe de bois.

Autant que les banquiers et les financiers, vous avez failli, messieurs les politiques, faisant adopter des lois incitant les banques à octroyer des crédits à des clients insolvables, laissant se développer une bulle immobilière qui vous servait à acheter les votes des électeurs, sans écouter les alertes renouvelées de vos experts.

La raison ? Elle se trouve dans les liens incestueux qui unissent les mondes de la politique et de la finance. Quand je parcours le relevé secret des « Amis d'Angelo Mozilo », quand je consulte la liste des généreux donateurs des hommes politiques américains, je retrouve, omniprésents, tous les grands acteurs de la catastrophe des subprimes : les Countrywide, Fannie Mae, Freddie Mac, etc.

Ainsi, selon le Center for Responsive Politics (Centre pour une politique responsable), Fannie et Freddie ont dépensé plus de **200** millions de dollars, ces dix dernières années, en actions de lobbying et dons divers aux politiques, aussi bien démocrates que républicains.

Ancien P-DG de Fannie Mae, devenu l'un des conseillers de campagne du futur président Barack Obama, James Johnson doit démissionner après la révélation d'un prêt immobilier de **7** millions de dollars à taux préférentiel qui lui fut octroyé, en tant que membre du club des « Amis d'Angelo »... Mozilo.

Fannie Mae n'a pas ménagé ses largesses à d'autres hommes politiques. Sa plus grosse contribution a fait le bonheur du sénateur Chris Dodd, pour un total de **165 000** dollars. C'est cet homme qui, avec ses collègues démocrates de la commission bancaire du Sénat, avait bloqué l'examen d'un projet de loi présenté par le sénateur républicain John McCain (concurrent de Barack Obama dans la course à la présidence)... destiné à réguler Fannie et Freddie.

Irréprochable sénateur McCain, qui se trouvera trahi par l'un des principaux conseillers, Rick Davis, qui a dirigé The Homeownership Alliance (L'Alliance des propriétaires), une association grassement rémunérée par Fannie Mae et Freddie Mac pour... défendre le lobby des subprimes, et s'opposer aux efforts du Congrès désireux de mieux contrôler les deux institutions financières. De même, Arthur Culvahouse, autre conseiller de McCain, est convaincu d'avoir été payé comme lobbyiste de Fannie Mae au Sénat, en 1999, 2003 et 2004.

Mais, soyons juste, mon propos n'est pas de jeter l'opprobre sur tous les banquiers, tout le personnel politique et administratif américain, sachant, pour bien les connaître, qu'il en est de prudents et foncièrement honnêtes.

Nous venons de le voir : longtemps avant l'explosion finale des subprimes, FBI, Sénat, Chambre des représentants, organismes divers de contrôle des États-Unis ont mis les pieds dans le plat... et averti la communauté financière du péril majeur suspendu au-dessus des économies américaine et mondiale.

Curieusement passé sous silence aujourd'hui, il est surtout l'initiative d'un homme, et non des moindres, le sénateur Barack Obama, qui, bien avant son élection à la présidence des États-Unis, est monté en première ligne, dans le but affiché d'arrêter la folie des subprimes. En 2006, il propose en vain le vote d'une loi pour arrêter l'ignoble spéculation et l'ensemble des fraudes dont je viens de dresser l'inventaire.

Signée par l'actuel locataire de la Maison Blanche, voici la preuve indubitable que la crise commencée en 2007, pour tourner au cauchemar en 2008-2009, ne vous a pas frappés par surprise. Oui, ne vous en déplaise, voici la preuve que vous redoutez tant de voir publier.

Alors peu connu, l'élu de l'Illinois Barack Obama a bel et bien proposé le 14 février 2006, avec deux autres sénateurs démocrates, l'adoption par le Sénat et la Chambre des représentants d'un texte (n° S 22 80) intitulé « **Stop Fraud Act** » (loi anti-fraude), avec un sous-titre des plus clairs : « Arrêter les transactions qui visent à provoquer la fraude, le risque et le sous-développement. »

Rétrospectivement, la lecture de cette proposition de loi, malheureusement écartée – alors qu'il était encore temps d'agir –, montre que le jeune sénateur Obama est singulièrement clairvoyant... en ce qu'il demande :

• La création d'une nouvelle inculpation criminelle baptisée « fraudes aux prêts immobiliers » ;

• L'augmentation des budgets pour la répression de la fraude à l'échelon fédéral ;

• La création de nouvelles peines criminelles (jusqu'à **5** millions de dollars d'amende et **35** années de prison !) pour les activités frauduleuses dans l'octroi et le courtage de prêts immobiliers ou à la consommation ;

• Le renforcement, dans chaque État, du contrôle des experts en évaluation des biens proposés à la vente ;

• Le renforcement du contrôle des professionnels de prêts (banques et institutions financières) par, notamment, la création d'une base de données nationales rassemblant les noms des différents intervenants dans ce secteur d'activités, ceux déjà sanctionnés par des autorités fédérales ou locales.

De ces mesures qui, si elles étaient adoptées, arrêteraient vos trafics, vous ne voulez pas, messieurs les banquiers. Mobilisés, vos lobbies obtiennent que le texte du sénateur Barack Obama reste un chiffon de papier. Nouvelle ironie du sort : à l'heure de vos obsèques, c'est l'élu de Chicago et de ses modestes banlieues, durement éprouvées par les gangsters des subprimes, qui entre à la Maison Blanche... avec pour programme d'arrêter le massacre et de vous faire rendre gorge.

En 2006, Barack Obama a de bonnes raisons d'être inquiet. Chez lui, à Chicago, comme dans toutes les grandes métropoles, la valse des crédits immobiliers fait un malheur. Bandits jusqu'au bout, les banquiers ont prévu, pour soi-disant se couvrir financièrement – mais en réalité accroître leur trafic –, de se doter d'un marché secondaire « innovant »... adossé aux fameux subprimes, devenus des créances hypothécaires avariées. Un système infernal, en forme de poupées russes. Un autre outil miracle, grande trouvaille de Freddie Mac, dont les ingénieurs ont imaginé de transformer les prêts pourris subprimes en actifs ! Comprenez, en « titres papier » échangeables, comme s'il s'agissait de valeurs certaines ! Ils ne font là que dévoyer l'ancien système de transformation des créances bancaires en instruments de dettes négociables, créé aux États-Unis à la fin des années 80. C'est le fameux système dit de **titrisation** des dettes hypothécaires... financées par l'émission d'obligations, cette formule étant initialement destinée, dans une économie saine et en pleine croissance, à faciliter l'accès à la propriété à toutes les classes sociales capables de rembourser les prêts octroyés.

Désormais, sur un marché spécifique, ces prétendus actifs sont cédés, en paquets-cadeaux ficelés, à de riches investisseurs, sous forme de MBS (Mortgage Backed Securities, c'est-à-dire obligations garanties par hypothèques). Très vite, la machine va s'emballer, pour se transformer en une super-pompe à profits. Réservée à un nombre considérable d'acteurs de premier plan... qui récoltent au passage, et tout au long de la chaîne de montage, de juteuses commissions.

Voilà comment la bulle « Immo » a vite remplacé la bulle « Techno », de triste mémoire. De toutes nationalités, banques, sicav, fonds communs de placement, de pensions et monétaires, compagnies d'assurances, hedge funds (institutions spéculatives et non bancaires à l'origine de toutes les crises financières, logées pour la plupart dans l'opaque paradis fiscal des îles Caïmans) se portent acquéreurs de ces « hypothèques orphelines ». Ainsi se développe comme un cancer foudroyant ce que nous appellerons ici la « titrisation des prêts rapaces ». Elle revient, ni plus ni moins, à revendre les subprimes refinancés par les Fannie Mae et autres Freddie Mac à des professionnels réputés avisés. Commerce prospère, en dehors de la Bourse... pour pouvoir échapper aux regards de ses puissantes autorités de contrôle.

C'est dans ce guêpier, notamment – car il est loin d'être unique –, que nombre des plus grandes banques et institutions financières du monde – à commencer par les majors français, anglais, belges, luxembourgeois, espagnols, suisses, italiens, autrichiens, russes, et j'en passe ! – vont se fourrer... pour y perdre des milliards de dollars et d'euros, propriété de leurs actionnaires et déposants, par wagons entiers.

Ainsi se dessinent les contours d'un tableau final dont nous sommes les spectateurs pétrifiés : à la ruine et à la perte de confiance des épargnants, trompés et volés aux quatre coins de la Terre, viendra s'ajouter – et pour les particuliers, et pour les créateurs de richesses (artisans, commerçants, sociétés commerciales de toutes tailles) – la coupure subite, par la totalité des banques, des robinets du crédit non spéculatif, le carburant indispensable au fonctionnement du moteur économique.

Additionnés par ricochets, puis conjugués, les effets de l'effondrement des subprimes vont provoquer la formation d'un mortel cyclone laissant derrière lui un paysage apocalyptique.

Dans une lettre à Albert Gallatin, son secrétaire au Trésor, le troisième président des États-Unis d'Amérique, Thomas Jefferson, écrit déjà, en 1802 :

« Je pense que les institutions bancaires sont plus dangereuses pour nos libertés que des armées entières prêtes au combat. Si le peuple américain permet un jour que des banques privées contrôlent leur monnaie, les banques et toutes les institutions qui fleuriront autour des banques priveront les gens de toute possession, d'abord par l'inflation, ensuite par la récession, jusqu'au jour où leurs enfants se réveilleront, sans maison et sans toit, sur la terre que leurs parents ont conquise. »

C'est justement à ce cataclysme annoncé voilà plus de deux siècles que nous sommes en train d'assister, médusés. Car nul n'a voulu voir que le sublimissime gratte-ciel des subprimes édifié par Fannie Mae et Freddie Mac, en association délinquante avec les voraces institutions financières du marché aux voleurs, reposait sur un marécage infesté de crocodiles puissants, insatiables ; et qu'il y sombrerait à la vitesse de la lumière.

Comment a-t-on pu penser, dans les cénacles des plus anciennes banques du monde capitaliste, que le séquoia géant des subprimes monterait jusqu'au ciel... comme par enchantement ?

Fallait-il être grand clerc pour entrevoir que ce commerce factice, développé sur l'immensité du territoire américain – pour être exploité, partout dans le monde (à commencer par l'Europe), avec de multiples produits et sous-produits avariés –, ne pouvait que s'écrouler, à terme, comme un château de cartes ?

5.

Le filtre de mort de votre cocktail Molotov : la titrisation

JE ne me suis pas étendu par hasard sur les portraits des têtes d'affiche de la piraterie financière américaine, artificiers en chef de la crise des subprimes, à l'origine de la plus grande catastrophe économique de tous les temps, avec celle de 1929. Nous venons de voir comment, par avidité, cupidité, stupidité, irresponsabilité, malhonnêteté... ces vautours ont réussi la prouesse de ruiner, en un rien de temps, l'économie du pays le plus riche du monde, privant de toit des millions de familles américaines.

À eux seuls, les exploits de ces loustics ne suffisent pourtant pas à expliquer le chaos planétaire dont nous sommes aujourd'hui victimes.

Lorsqu'elle a commencé à se former, la tornade des subprimes ne portait que sur une cinquantaine de milliards de dollars impayés. Un montant limité, cantonné au seul marché immobilier des États-Unis.

Alors, pourquoi cette crise sectorielle a-t-elle fini par gangrener la totalité du système financier américain, puis, par ricochet, le monde dans son ensemble ?

Comment une ardoise subprimes de **50** milliards de dollars a-t-elle pu déboucher sur **50 000** milliards de dollars de pertes potentielles (soit, selon les meilleurs experts, la moitié des richesses de la planète entière), évaluation provisoire des actifs partis en fumée, à l'heure où j'écris ces lignes ?

Comment les banques du monde s'y sont-elles prises pour, à la garden-party des Mozilo and Co, se délester de « **3 600** milliards de dollars[1] », cumuls de leurs pertes sèches (pas toutes encore sorties des placards) et de leurs dépréciations d'actifs ?

Comment ces institutions faisant appel public à l'épargne ont-elles été autorisées par leurs puissantes autorités de tutelle à dilapider – selon les mêmes experts économistes – **1 600** milliards de dollars sur **12 370** milliards de **prêts non garantis** ?

Comment expliquer qu'en moins de cinq mois, de septembre 2008 à janvier 2009, l'écroulement des cours de Bourse à Wall Street ait effacé **43** années de gains, provoquant une panique indescriptible sur toute la planète Terre ?

Comment le gouvernement de la première économie du monde a-t-il laissé les banques américaines aux mains de malfaisants en quête d'enrichissement personnel (leur vraie finalité !), établissements devant aujourd'hui se préparer – sous la contrainte – à déprécier leurs actifs de quelque **1 800** milliards de dollars, soit le montant de leurs réserves actuelles... « après la recapitalisation dont elles ont bénéficié de l'État » (sur décision des administrations Bush et Obama) ? Dramatique situation de faillite, selon les économistes Élisa Parisa-Capone et Nouriel Roubini (ancien conseiller du président Bill Clinton), tant il devien-

1. Estimation du grand économiste Nouriel Roubini, publiée par sa consœur Élisa Parisa-Capone, sur son blog RGE Monitor (23 janvier 2009).

drait patent que le système bancaire des États-Unis serait « à la limite de l'insolvabilité, si nos prévisions de pertes se matérialisent ».

La réponse à ces questions tient dans la folie furieuse qui a saisi, partout dans le monde, la quasi-totalité des banquiers, organismes prêteurs et financiers... arc-boutés, eux, à des perches à forts effets de levier : les produits dérivés des subprimes.

De cette démoniaque alchimie, vous portez l'entière responsabilité, messieurs les banquiers et grands bandits de la finance.

Composé d'une multitude d'instruments financiers, tous plus ésotériques les uns que les autres, votre filtre de mort porte le nom que je viens d'évoquer : la titrisation, qui consiste à créer un produit de crédit dérivé, transformant ainsi des créances douteuses en « titres » négociables. Avec ce cocktail Molotov, vous pensiez avoir inventé la pierre philosophale des temps modernes.

Obsédés par l'appât du gain, la course aux milliards et le gonflement sans fin de vos bilans, pour mieux justifier vos salaires et bonus indécents, la titrisation est la secrète planche à billets avec laquelle vous avez cru faire fortune, à tout coup, vous défaussant sur d'autres des risques déraisonnables, ou plutôt insensés, que vous preniez, transformant vos établissements en salles de jeux aussi géantes qu'à Las Vegas, Atlantic City ou Macao !

Avant que vous ne choisissiez, tous en chœur, de recourir à ce poison, dont vous n'étiez pas sans ignorer qu'il pouvait vous exterminer, l'usage traditionnel – éprouvé par des siècles de pratique – voulait que toute banque prêtant de l'argent à un client conservât sa créance jusqu'à l'issue de son remboursement. Réglementairement, elle devait l'inscrire à son bilan. Salutaire, efficace, cette contrainte incitait les établissements financiers à la prudence, n'accordant de crédit qu'à des personnes solvables, et limitant leurs engagements à hauteur des réserves qu'ils étaient tenus de conserver en caisse.

Ancien directeur général de la Banque des règlements internationaux, Alexandre Lamfalussy l'explique fort bien à la commission des Finances de l'Assemblée nationale française, le 27 février 2008 – sept mois avant l'explosion finale ! –, lorsqu'on l'y interroge sur « les causes et les effets de la crise multiforme que connaît le système financier et bancaire ». Cet expert des arcanes de l'énorme melting-pot baptisé titrisation est connu pour, de haute lutte... perdue, avoir tenté d'empêcher, au long d'une carrière méritante, qu'il ne dégénère inéluctablement en catastrophe. Que n'a-t-on écouté ce sage !

« La titrisation, déclare Alexandre Lamfalussy, a abouti à la transformation profonde de l'activité bancaire : le nouveau business model [*des banques*] implique non seulement la transformation d'une créance en titre négociable, mais aussi la vente de ces créances et leur placement “hors bilan”. [*Ainsi*], la banque [*qui*] se trouve à l'origine d'un projet de financement n'en garde aucun élément en portefeuille, et se libère d'une créance jadis portée, en pratique courante, jusqu'à l'échéance. »

« **Hors bilan** ! » Ces mots lâchés devant notre représentation nationale sont au cœur même du dispositif des établissements financiers impliqués dans le scandale des subprimes. Il revient, ni plus ni moins, à planquer leurs engagements, à les rendre invisibles, de telle manière que nul ne puisse plus connaître, et leur réel bulletin de santé, et le montant des dettes susceptibles de les mettre d'un jour à l'autre au tapis.

Pour que ce « modèle de gestion » ne tourne pas au vinaigre, voire à l'escroquerie pure et simple comme dans de précédents scandales, dont celui énorme, d'Enron dont je parlais plus avant, encore faut-il que « trois conditions – au moins ! – soient satisfaites » :

- que les acquéreurs des instruments complexes, dits titrisés, sachent ce qu'ils achètent ;
- qu'ils soient eux-mêmes désireux et capables d'évaluer leur propre capacité de résistance à des chocs financiers ;
- que, en cas de choc, ils ne succombent pas, tels les moutons de Panurge, à la tentation de réactions grégaires.

À cet égard, les observations sur le tas d'Alexandre Lamfalussy sont carrément consternantes :

« À des degrés divers, aucune de ces conditions n'a été satisfaite. Il y a plus, hélas ! Il s'est avéré que, dans bien des cas, les banques ne se sont pas dégagées du risque [*dont elles étaient censées s'être libérées*]. Elles ont dû, au contraire, le réassumer, souvent en apportant des liquidités à ces "véhicules" spécialisés [*sociétés porteuses des crédits octroyés à leurs clients, pour être ensuite revendus sous forme de titres papier*] ; dans certains cas, en réintégrant les instruments de dette [*produits titrisés*] dans leur bilan. Elles ont pris ces dispositions, soit pour protéger leur réputation [*sic*], soit à cause de l'ambiguïté des contrats de cession de ces instruments [*produits titrisés, appelés aussi dérivés de crédit*]. **Pour en avoir examiné un certain nombre, je puis affirmer qu'il n'y en a pas un qui ressemble à l'autre !** Il est aussi apparu que le lien entre le créancier et le débiteur s'est relâché. »

Reste ces autres questions qui fâchent :

• La banque qui a pris l'initiative du financement a-t-elle examiné avec diligence la position financière du débiteur [*souscripteur d'un subprime*], alors même qu'elle avait l'intention de vendre sa créance [*sous forme de titres*] ?

• Qui assumait la responsabilité du suivi de la situation du débiteur jusqu'à l'échéance ?

• Comment pouvait-on pratiquer ce suivi dans le cas de produits complexes comportant toute une série de débiteurs ?

Réponse d'Alexandre Lamfalussy :

« Les économistes de la théorie financière nous ont avertis depuis longtemps que "l'asymétrie de l'information", à savoir le fait que **le débiteur connaît mieux sa propre situation financière que son créancier** [*la banque !*], **se trouve à la base de la fragilité financière.** Or cette asymétrie s'est considérablement aggravée. »

Il y a aussi la volée de bois vert de l'économiste Jeffrey D. Sachs, directeur de l'Université Columbia à New York, consultant spécial du secrétaire général des Nations unies, Ban Ki-moon, et... partisan d'une « thérapie de choc comme solution à la crise ». Jeffrey Sachs n'avale pas sa langue dans un propos bien senti sur les dessous du fric-frac de la titrisation. Tout ce beau monde en prend pour son grade :

« Les banques commerciales et d'investissement ont créé de nouveaux mécanismes financiers [*les produits titrisés*] pour étendre les crédits immobiliers à des emprunteurs peu fiables, en termes de crédit. **La Fed s'est refusée à réguler ces pratiques douteuses.** [...] **Il est stupéfiant de constater que la Fed, sous la direction**

de Greenspan, n'a pas bougé alors que l'explosion du crédit prenait de l'ampleur, fonçant droit vers le krach. Quelques contradicteurs ont bien élevé la voix, mais ils n'étaient pas nombreux dans le secteur financier lui-même. **Les banques étaient trop occupées à collecter les frais des nouveaux emprunts, et à offrir à leurs dirigeants des bonus extravagants.** À un moment crucial en 2005 – alors qu'il était gouverneur mais pas encore président de la Fed –, **Bernanke décrivait l'explosion de l'immobilier comme le reflet d'un système financier prudent et bien réglementé, et non comme une bulle dangereuse**. Il expliquait à l'époque que d'importants capitaux étrangers étaient déversés dans le secteur immobilier, par le biais des banques américaines, parce que les investisseurs internationaux appréciaient "la profondeur et la sophistication des marchés financiers du pays (qui, entre autres, ont permis aux ménages d'accéder facilement à la propriété")[1]. »

Tout est dit ! Au royaume des aveugles, les borgnes peuvent désormais se faire couronner rois... et même présidents de la Banque centrale américaine !

Avec la titrisation – votre martingale soi-disant infaillible, sortie tout droit des cerveaux survitaminés de vos nouveaux docteurs Folamour –, voici donc venu le temps, messieurs les banquiers, de pervertir vos métiers. En prenant le risque de... provoquer la désintégration du système financier mondial. Désormais, vos créances douteuses – à commencer par les bombes à retardement dites subprimes – sont transformées en titres

1. Source : Project – syndicate, *Les racines de la crise financière américaine*, par Jeffrey D. Sachs. Traduction de Bérangère Viennot.

papier qui peuvent être vendus et revendus à des tiers... qu'il s'agisse de gros investisseurs, d'autres banques ou des fonds de placement, tels que les voraces hedge funds, ces fonds spéculatifs, aussi opaques qu'avides de hauts rendements. Ces hedge funds qui, eux aussi, utilisent l'endettement, comme l'héroïnomane la seringue. Aux États-Unis, deux tiers des subprimes passeront dans leurs casseroles... pour être ensuite disséminés un peu partout, notamment en Europe.

Avec cette méthode magique, réfléchissant avec les bras, vous pensiez – pauvres d'esprit ! – pouvoir transformer le plomb en or et l'eau en pétrole. Au lieu de cela, tel Néron saisi par la démence, vous avez mis le feu aux économies du monde... au napalm.

Multipliées à foison, vos créances titrisées vont faire florès sous le terme générique d'ABS, abréviation de « Asset-Backed Securities » (titres adossés à des actifs).

Tant pour la frime, façon golden boy, que pour enfumer les pigeons potentiels, vous usez et abusez, en effet, de votre abscons jargon anglo-saxon... où la veuve écossaise et celle de Carpentras, quand elles vous confient leurs économies, n'y comprennent goutte. Revue de détail :

• Pour les prêts immobiliers, voici le MBS ou « Mortgage Backed Securities » (titres adossés à des créances hypothécaires). Pour mieux remplir vos caisses, vous adjoignez à ce MBS des sous-catégories :

• le RMBS ou « Residential Mortgage Backed Securities », pour les crédits hypothécaires aux particuliers dans l'immobilier ;

• le CMBS, « Commercial Mortgage Backed Securities », pour ceux accordés aux entreprises.

Ne lésinant pas sur les moyens, vous allez ainsi pouvoir sortir de vos chaînes de montage des produits titrisés (ou dérivés), parmi les plus abracadabrantesques. Tout maintenant devient prétexte pour ventiler, sur toutes les places financières, ces bouts de papier… qui vous permettent de jeter aux oubliettes les pertes potentielles qui noircissaient vos bilans.

Si les créances immobilières forment le gros de ce commerce hallucinogène, votre imagination n'a pas de limites :

• Vous n'avez pas hésité, par exemple, à titriser en Italie les futures recettes du Lotto, la loterie nationale locale. Mais au grattage, c'est toujours vous qui empochez la mise.

• Mieux, en Grande-Bretagne, le financier David Pullman, fondateur de Pullman Group, a eu l'idée de titriser les revenus à venir de **25** des disques (**287** chansons) du chanteur de rock David Bowie. L'ensemble a été cédé pour **55** millions de dollars à la compagnie d'assurances Prudential… sous forme d'obligations Bowie, les Bowie Bonds ! Digne de James Bond ! Amateur de placements people, Pullman s'est aussi amusé à titriser les revenus des disques d'artistes américains, tel le roi de la soul music, James Brown.

• Jamais à court d'idées, une autre banque anglaise s'est évertuée à titriser les hypothétiques recettes d'une chaîne de débits de boissons, tandis qu'à Amsterdam les tenanciers d'un des plus grands lupanars d'Europe m'avouent avoir été approchés pour titriser celles escomptées par les charmes de leurs pensionnaires.

Youp la boum ! comme disent les banquiers et P-DG huppés, friands de ce haut lieu de plaisirs tarifés !

La transformation des créances douteuses en fragiles titres de papier présentant l'avantage de faire bonne figure, sous des apparences trompeuses, ne date pas d'hier. La manip fut imaginée au début des années 1980... pour éponger les dettes énormes des pays du tiers-monde, le plus souvent à la main de dictateurs corrompus. Après la déconfiture du Mexique, en août 1982, des dizaines de pays en voie de développement étaient en quasi-faillite, incapables de rembourser les dizaines de milliards de dollars empruntés pendant la décennie précédente, période en or massif des pétrodollars. Les établissements les plus renommés – Bank of America, Citibank, Bankers Trust... et les ténors français BNP, Crédit lyonnais, Indosuez, Paribas, etc. – s'étaient retrouvés pris au piège de créances irrécouvrables. Pour sortir de ce guêpier et préserver les apparences de leurs bilans, ils imaginèrent de transformer les dettes impayées de leurs clients en titres négociables. D'où la création d'un fumeux marché privé des dettes du tiers-monde. Des investisseurs téméraires pouvaient les y racheter à la casse, dans le secret espoir de se les faire rembourser, fût-ce par la manière forte :

- Saisie des avoirs des États débiteurs, de leurs avions ou de leurs biens immobiliers ;
- Blocage de leurs comptes bancaires à New York, Londres, Bruxelles, Francfort ou Paris...

Créée pour arranger les grandes banques internationales, cette titrisation exotique attirait déjà des aventuriers, récupérateurs de fortunes et autres margoulins d'envergure... que je retrouvais, à l'occasion, dans nombre d'affaires de corruption. En finance comme ailleurs, l'histoire est un éternel recommencement.

Tel fut le galop d'essai de la titrisation qui, trente ans plus tard, fera sauter la planète financière.

Au long des années 1980, cette machine à effacer artificiellement les dettes sera perfectionnée ; et abondamment utilisée par l'illustrissime génie maléfique de la finance, Michael Milken, patron de la banque d'investissement Drexel Burnham Lambert, surnommé le roi des junk bonds, les fameuses obligations pourries dont le commerce présida à la naissance d'une nouvelle génération de prédateurs : les golden boys.

Comme plus tard les subprimes dans l'immobilier, les junk bonds (titres de créances sur des sociétés fragiles) offraient des rendements mirobolants, contrepartie des risques encourus par les investisseurs en quête d'émotions fortes. L'épopée se terminera, en 1990, par la faillite fracassante de Drexel Burnham Lambert, une enquête saignante du FBI, des procès-fleuves, un scandale immense. Condamné à dix ans de prison, Michael Milken n'en effectuera que deux... pour bonne conduite. Malgré de fortes amendes, l'homme qui, avec ses comparses, avait fait sauter la Bourse de New York – et avait organisé l'une des plus grandes conspirations criminelles de l'histoire de la finance –, reste assis sur un tas d'or, et figure aujourd'hui dans la liste des Américains les plus riches... avec une fortune estimée à plus de deux milliards de dollars.

Une goutte d'eau !

De cette aventure, la France fera les frais, lors du jugement aux États-Unis de l'affaire « Executive Life » impliquant le Crédit lyonnais (alors nationalisé), repreneur d'une bonne partie des junk bonds de Michael Milken. Catastrophe absolue pour le Lyonnais et le Trésor public français ! Après quinze ans de procédures judiciaires, l'affaire « Executive Life[1] » coûtera des centaines de millions d'euros aux contribuables français, toujours de corvée pour régler les factures des banquiers flambeurs, voire indélicats.

Déjà, tout était en germe. Dans l'affaire des junk bonds, la SEC et le FBI s'étaient signalés par un travail remarquable. Tout avait été découvert, décortiqué ; mais dans le monde de la haute finance, nul ne veut en tirer les leçons. Au contraire, les junk bonds et les opérations de titrisation vont être perfectionnés, multipliés... jusqu'à devenir les instruments de malheur que plus personne ne pcut aujourd'hui quantifier, comprendre et par conséquent maîtriser.

Malgré tous ces scandales, ripolinée à neuf, la titrisation est le moteur principal que la machine bancaire mondiale, en général, et les opérateurs du marché des subprimes, en particulier, ont exploité à plein régime pour doper leurs résultats en estompant les dettes, engranger des bénéfices indus, tromper les déposants et justifier les salaires et bonus de leurs dirigeants dévoyés.

1. En 2005, le CDR (Consortium de réalisation, structure chargée par l'État français de gérer le passif du Crédit lyonnais après la quasi-faillite en 1993 de la banque alors nationalisée, avec un passif de plus de 100 milliards de francs) a accepté de payer 700 millions de dollars au département des Assurances de Californie pour mettre fin aux poursuites judiciaires dans le cadre de l'affaire « Executive Life ». Cette compagnie d'assurances américaine, elle-même au bord de la banqueroute, en raison d'une indigestion de junk bonds (pour un montant de 3,5 milliards de dollars), avait été rachetée dans les années 1990 par Altus Finances et MAAF Assurances, accusés d'avoir été les prête-noms du Crédit lyonnais, alors qu'à cette époque il était interdit à une banque d'acquérir une compagnie d'assurances américaine.

Dans les années 2000, en pleine spéculation sur l'immobilier américain, le procédé est la source de tous les excès. En titrisant leurs créances, les distributeurs de subprimes font d'une pierre deux coups : la combine leur permet de refiler à d'autres ces prêts risqués, dont ils savent qu'une large partie ne pourra être remboursée ; outre de rondelettes commissions de courtage, elle leur sert à sortir ces créances douteuses de leurs bilans, histoire de faire mine de respecter les ratios de solvabilité imposés par les règles internationales [1].

1. Le ratio dit Bâle 1 (établi en 1988 par le Comité de Bâle) incitait à la titrisation, en permettant la mise hors bilan des créances originellement consenties ; il fut mis à jour en 2004 pour devenir l'actuel ratio « Cooke », dit Bâle 2. Une réglementation dite « prudentielle » existe pour limiter les faillites en chaîne des banques, la déconfiture d'une seule pouvant entraîner tout le système financier. Depuis 1974 et la défaillance d'un établissement allemand, 13 gouverneurs de Banques centrales forment le Comité de Bâle dont les règles sont censées réduire les risques de propagation d'une crise financière. Réunis tous les trois mois, les grands argentiers des pays les plus développés (Allemagne, Belgique, Canada, Espagne, États-Unis, France, Italie, Japon, Luxembourg, Pays-Bas, Royaume-Uni, Suède et Suisse) vérifient la solvabilité de l'ensemble des banques, à partir d'un outil spécifique, appelé ratio Cooke, du nom de Peter Cooke, ancien gouverneur de la Banque d'Angleterre. Il impose à tous les établissements financiers de maintenir leurs fonds propres à 8 % de leurs engagements financiers, ce pourcentage minimum correspondant à la division des fonds propres de chaque banque par l'ensemble de ses engagements (risques encourus). Pour un crédit à un particulier, son montant est retenu en totalité. Mais si la banque prête à une autre banque, seuls 20 % de ce crédit sont comptés dans le total de ses engagements. Le risque de faillite d'une banque européenne étant moindre que celui d'un établissement situé dans une zone dite « exotique », le ratio Cooke a été fortement amélioré, lors des accords **Bâle 2**, avec le ratio McDonough qui prend en compte le risque plus ou moins élevé des différents prêts accordés, et fixe une limite à cet encours pondéré en fonction des capitaux propres de la banque. Le niveau de risque des banques est ainsi limité par leur propre solidité financière.

Ainsi recoiffées, les banques peuvent arguer de leur solidité, se tromper les unes les autres dans un ridicule mais non moins monstrueux poker menteur... et se refinancer en toute tranquillité, continuant à éparpiller toujours plus de prêts subprimes.

Malgré des mises en garde répétées, chez les acheteurs des titres adossés aux subprimes frelatés, nul ne voit, ou ne veut voir, l'avalanche qui menace. Pour l'heure, l'euphorie est à son paroxysme.

Les risques d'impayés ? Vous ne voulez pas même y penser, messieurs les bandits de la finance.

Arrogants, vous croyez dur comme fer à votre bonne étoile, comme jadis chez Vivendi « Jean-Marie Messier, Moi-Même, Maître du Monde », qui deviendra VVV : Veni, Vidi, Viré.

Incapables de comprendre les modèles mathématiques de vos petits génies de la finance, les fameux « quants » (analystes quantitatifs) qui, pour leurs calculs, se doivent d'ignorer les « – » et de ne jouer qu'avec les « + »... qui décuplent vos profits, vous allez continuer, vaille que vaille, à inonder le monde de millions de titres mortifères... sans jamais envisager un retournement de marché, pour vous inconcevable ! Et quand un emprunteur avisé renifle l'arnaque et vous claque la porte au nez, vous vous donnez l'excuse de prétendre que vous pourrez toujours vous payer sur la bête, avec, si besoin est, la vente des maisons et autres actifs pris en garantie par hypothèques.

Quand, en 2006, se profilent les premiers nuages noirs, en raison de la hausse des taux d'intérêt qui étrangle les petites gens, avec pour conséquence un effondrement brutal du marché de l'immobilier, d'un coup d'un seul, votre château de cartes biseautées s'écroule.

Lors de ce suicide collectif, un élément inquiétant du dossier vous accable. Aucun de vos beaux esprits n'était réellement dupe. Vous étiez bien placés pour savoir que les titres subprimes n'étaient que de vulgaires chiffons de papier dont la valeur serait réduite à néant en cas de défaillance des emprunteurs. Aussi, pour limiter les risques de vos établissements, vos savants formés à l'école de Frankenstein ont rivalisé d'imagination. Leur géniale invention ? La confection en laboratoire de produits titrisés empilés les uns sur les autres, sortes de pots-au-feu dans lesquels vous allez pouvoir mélanger à loisir les créances saines de vos clients solvables avec les pires crédits subprimes... imprudemment accordés à des particuliers aux revenus inexistants ou douteux. Vos « packages » (paquets) du diable sont ensuite écoulés, en entier ou au détail, sur tous les marchés financiers du monde. Bref, vous faites mieux que l'empoisonneuse la Voisin, sous Louis XIV, avec ses fioles d'arsenic.

Sous mes yeux, vos constructions titanesques donnent le tournis. Vous-mêmes n'allez plus vous y retrouver.

Usines à gaz... où l'ivraie est enfouie sous le bon grain, vos structures de titrisation regroupent des lots de créances de toutes natures, sous l'appellation passe-muraille de « CDO » ou « Collaterized Debt Obligations » : obligations structurées adossées à des emprunts.

Ultrasophistiqués, ces instruments machiavéliques ont été élaborés avec toutes les ressources de l'informatique, par des matheux de très haut niveau, tout droit sortis en France – où se forme l'élite des « quants » – de Polytechnique, de la fac de Paris-Dauphine ou des meilleures écoles d'ingénieurs. À eux revient la palme d'avoir mis au point vos produits structurés, armes absolues de destruction financière massive, avec lesquels, grâce aux « options » et « effets de levier », vous encaissez des profits maximaux, pour des mises de fonds minimales[1].

Vos CDO de malheur ont de qui tenir. Ils furent inventés en 1987, chez Drexel Burnham Lambert, par le meilleur connaisseur en matière d'entourloupes financières, Michael Milken soi-même : dans votre monde, rien ne se perd jamais et tout s'y transforme. Après la chute fracassante et la condamnation de Milken, inculpé pour **98** délits... après avoir été secrètement vendu au FBI par son compère Yvan Boesky, le téléphone arabe fonctionne à merveille : farci de subprimes – et non plus de junk bonds passés de mode, pour cause d'incarcération –, le CDO nouveau est arrivé !

Tout le monde en veut. Dans votre univers, on ne redoute pas de devoir porter un jour la combinaison

1. Effet de levier : pour multiplier ses gains, sans l'apport financier correspondant au montant total de sa transaction, il permet à l'opérateur d'acheter (ou de vendre) plus d'actions (ou n'importe quel titre) qu'il n'en paye, avec le risque – puisqu'il s'agit d'un pari – de se tromper de sens. Le total de ses gains ou pertes s'établit en fonction de l'évolution de son engagement financier global. S'agissant des valeurs cotées avec les plus forts volumes de transactions – c'est avec 40 d'entre elles qu'est calculé l'indice dit CAC 40 –, la notion de « couverture » est capitale. Elle permet à tout intervenant d'acheter des titres pour un montant supérieur à celui de ses liquidités, mais dans une limite précise. Pour chaque actif financier détenu, la couverture nécessaire est plus ou moins forte : elle est définie (on dit « limitée ») en fonction de sa nature. Pour les actions, la limite réglementaire du volume de titres détenu par l'opérateur – quel qu'il soit – est de **2,55** fois le montant de ses liquidités.

des taulards. Et s'il se trouve un ringard pour oser faire la fine bouche, vous le mettez illico à l'index.

Dans vos CDO – véhicules dits « dérivés de crédit » qui permettent la titrisation de vos camemberts au lait de chaux –, on trouve de tout, comme jadis à la Samaritaine avant la mise à mort de ce grand magasin par des technocrates incompétents. Méli-mélo disparate, hautement toxique, le CDO est une accumulation invraisemblable de :

- créances immobilières sur des particuliers ;
- prêts à la consommation ou pour l'achat de voitures ;
- hypothèques immobilières ;
- crédits bancaires aux entreprises ;
- encours liés aux cartes de crédit ;
- emprunts contractés par des étudiants ;
- et même des prêts pour l'acquisition d'avions.

Une boisson d'homme, en somme, façon « Jo le trembleur », le fondu des *Tontons flingueurs* qui ne travaillait qu'à la dynamite !

C'est dans ce vivier hétéroclite de gages que les spécialistes de la titrisation – appelés « initiateurs » ou « arrangeurs » – font leur marché, en vue de la préparation de banquets sur mesure. Finement élaborés dans les arrière-salles de la haute finance internationale, les CDO sont des sandwichs-club dont les composantes se cuisinent à la sauce sicilienne... par tranches, sous-tranches, sous-sous-tranches et sous-sous-sous-tranches, de telle manière que plus personne, une fois l'explosion finale intervenue, ne pourra démêler l'écheveau.

Ah ! comme il est facile d'être cru par le tout-venant, quand ce qu'on lui dit n'est pas vérifiable !

Ah ! quel délice de s'enrichir en se mentant à soi-même... au point de finir par croire à ses propres bobards.

Pour un montant unitaire de **1** à **2** milliards de dollars – excusez du peu ! –, chaque CDO réunit entre **100** et **150** actifs titrisés de natures différentes, l'importance du portefeuille étant censée en mieux disperser les risques.

L'affaire devient carrément tonitruante avec la famille des CDO dits « synthétiques », montages purement mathématiques.

Nous entrons là dans le domaine qui vous est cher de l'intelligence artificielle, bien commode pour satisfaire vos appétits sans limites et échapper aux questions embarrassantes. Vos chefs cuisiniers trois étoiles, spécialistes de ces ovnis, les concoctent à la commande. À eux revient de définir, pour chaque CDO, le nombre de « tranches » nécessaire pour répondre aux attentes d'une clientèle affamée. D'ordinaire, un CDO en comporte trois ou quatre :

• Au fond de l'assiette, le chef – comprenez un mathématicien surdiplômé, engagé à prix d'or – dispose la tranche dite « **Equity** » : elle est la plus pimentée, composée des titres de créances les plus risqués ; dont ceux émis avec pour actifs « sous-jacents[1] » les fameux subprimes. Dans tout montage de titrisation, en cas de défaut de paiement affectant le portefeuille des actifs sous-jacents, l'« Equity » supporte les premières pertes.

1. « Sous-jacent » : actif sur lequel repose un produit dérivé, que cet actif soit financier (actions, obligations, bons du Trésor, contrats à terme, devises, indices boursiers, etc.) ou physique (matières premières, agricoles, pétrolières et autres).

• Vient ensuite la tranche intermédiaire baptisée « **Mezzanine** »... pour les créances moyennement risquées. Il lui appartient d'absorber les pertes liées aux défauts de règlement au sein du portefeuille sous-jacent, quand celles-ci dépassent le montant dévolu à la tranche « Equity ».

• Puis, au sommet, les tranches « Senior » et « Super Senior », qui donnent à l'ensemble un aspect convenable, comportant les morceaux les plus appétissants : les créances notées **AAA** (comme les vocalises à l'Opéra-Garnier) et **AAAa** (comme les couacs à l'Opéra-Comique), créances censées être les mieux immunisées contre les pertes, ne devant les supporter que lorsqu'elles viennent à excéder les montants affectés aux rangées inférieures (« Equity » et « Mezzanine »).

Une fois le CDO moulé à la louche, « l'arrangeur » entre en scène. Comme dans les mariages de raison. À lui la mission de démarcher les investisseurs – moyennant commission, s'entend – et de leur vendre à la criée les différentes « tranches » du CDO :

• L'« **Equity** », la plus risquée (qui supporte la première les défaillances éventuelles), est réservée aux amateurs d'adrénaline et de hauts rendements, principalement les hedge funds et les gérants de CDO eux-mêmes ;

• La « **Mezzanine** » est dévolue aux clients moins téméraires ;

• Les « **Senior** » et « **Super Senior** » sont les préférées des plus prudents, à commencer par les compagnies d'assurances.

D'un CDO à l'autre, la recette varie selon les maîtres-queux des établissements émetteurs. Plus la dose de créances à risques est élevée, meilleur est le rendement proposé. Mais, dans tous les cas, les CDO ont en commun une complexité extrême et, par voie de conséquence, une rare opacité. Au point que, dans les équipes dirigeantes des banques acheteuses, très vite nul ne va plus savoir exactement de quoi ces placements sulfureux sont composés, alors qu'il s'agit de sommes faramineuses... et de pertes potentielles en plus grandes proportions.

En outre, à l'inverse des instruments financiers classiques (actions ou obligations) cotés en Bourse – au vu de tous –, les CDO se traitent hors marché officiel, « de gré à gré », sans que rien ne filtre jamais à l'extérieur sur les prix et les volumes échangés.

Au jeu du « ni vu, ni connu, je t'embrouille », les bandits de la finance sont les rois.

Ainsi, messieurs les banquiers du diable, lorsque la crise franchira son point de non-retour, le lundi noir 15 septembre 2008, une méfiance générale terrassera l'ensemble de vos établissements saisis par la panique. Ignorant les montants de vos expositions respectives et secrètes sur le marché des subprimes, via les CDO, tous fermeront le robinet vital du crédit, carburant indispensable de l'économie.

Savoir que le marché des CDO est passé de **126 millions** (je dis bien millions) de dollars en 1988 à **18 milliards** en 1996, pour s'envoler à **132** milliards en 1999, **1 553** milliards en 2005 et... plus de **2 000** milliards de dollars fin 2007, sans que personne ne songe à l'arrêter, donne la mesure du degré de votre inconscience et de votre incompétence.

Banquiers, agences de notation, autorités de contrôle, à des degrés divers vous avez tous ouvert les portes du poulailler... livrant poules, coqs et poussins à des renards argentés, dont vous saviez qu'ils allaient s'en régaler d'une bouchée.

Pour ajouter à la confusion, voici maintenant, en complément des CDO et autres produits titrisés, le sommet thermonucléaire de la fusée : les CDS, « Credit Default Swap », en français « échange sur défaillance de crédit ». Sous ce terme ésotérique se cachent des pochettes-surprises pour spéculateurs du IIIe millénaire, des produits dopants qui sont à la finance ce que l'EPO[1] est aux voyous qui paradent en tête des pelotons cyclistes.

Avec les CDS, vos apprentis sorciers ont élaboré l'arme ultime de destruction massive de nos économies.

Totalement inconnus du public, et même de bon nombre de banquiers et dirigeants, jusqu'à l'éclatement de la crise, ces instruments du diable sont l'invention, en 1997, d'une angélique Anglaise de trente-cinq ans, Blythe Masters. Brillante diplômée en mathématiques de l'Université de Cambridge, elle s'est fait connaître à New York, embauchée par la banque JP Morgan dans la « dream team », l'équipe de rêve... chargée de concevoir les produits financiers du futur. Avec la rage de réussir et de gagner très vite beaucoup d'argent, ces jeunes gens surdiplômés, pleins d'eux-mêmes, ont l'insigne privilège d'être intégrés à la caste la plus redoutée dans les cercles huppés de la finance : la « mafia Morgan ». Avec l'aide de son collègue Bill Demchak, la jeune femme met au point un produit révolutionnaire... qui lui rapporte d'entrer dans la légende Morgan. Il offre aux institutions financières et aux entreprises le moyen idéal de se débarrasser des risques d'impayés sur les créances qu'elles détiennent, ensemble ou séparément. Une sorte de

1. L'érythropoïétine (EPO) : hormone de croissance des globules rouges dans la moelle osseuse et dans le sang.

passeport pour le nirvana... assorti, évidemment, de droits d'entrée et de sortie à la hauteur des plaisirs hallucinogènes qui vous y sont garantis.

Solution colloïdale miracle (en dollars, euros, livres sterling, etc.), le CDS permet aux États, institutions financières ou entreprises privées d'assurer leurs créances à risques (et autres foyers de pertes potentielles) par un contrat financier de protection. Ils ont, en sus, le mérite de les sortir de leurs comptes et bilans. Fonctionnant à la manière d'une police d'assurance, le CDS met toujours deux parties face à face :

• « L'acheteur » du CDS (pays, ville, banque, industriel...) qui s'engage – en général pour cinq ans – à payer au « vendeur » une prime mensuelle ou annuelle, pour un montant défini d'avance ;

• Le « vendeur » (banque, compagnie d'assurances ou hedge fund) du même CDS... qui encaisse la prime, à charge pour lui, en contrepartie, de supporter les pertes de « l'acheteur », en cas de défaillance sur sa créance baptisée « entité de référence ».

Avec ce système, tout détenteur d'une créance (crédit alloué à un particulier, à une entreprise ou à n'importe quel tiers) achète la garantie d'être remboursé, quoi qu'il arrive. Si d'aventure la créance, l'« entité de référence » objet du CDS, vient à souffrir d'un « impayé », l'acheteur (« l'assuré ») fait appel au vendeur (« l'assureur »)... qui hérite de sa créance défaillante et lui en règle le montant.

Pour les établissements financiers, cette nouvelle race de « titres » est une perle. Assimilés à des produits d'assurance sans en être vraiment, les CDS permettent aux grandes banques, moyennant des primes modiques au regard de leurs expositions gigantesques, de libérer leurs bilans de quantité de créances douteuses... et non moins effrayantes.

De même, pour les fonds spéculatifs, vendeurs de CDS (à forts effets de levier et nécessitant peu de capitaux), ils sont la source de profits colossaux, du moins tant que le nombre des emprunteurs défaillants demeure limité.

Leur qualité suprême ? Comme pour les CDO, une discrétion est assurée... dans des échanges privés, « de gré à gré », n'étant soumis à aucune régulation, et hors de tout contrôle. Que du bonheur !

Aux États-Unis, on laisse faire. Le gouvernement fédéral, la Fed et son permissif patron d'alors, Alan Greenspan, vont jusqu'à en recommander l'usage : « Les banques sont bien plus efficaces pour réguler les risques que les bureaucrates du gouvernement », dit-il, au Congrès, temple du vote de la loi.

Que ne s'était-il pas plutôt inspiré du légendaire milliardaire américain Jean-Paul Getty, que l'on ne pouvait duper si facilement : « Si vous devez **100** dollars à la banque, c'est votre problème. Si vous devez **100 millions** de dollars à la banque, c'est le problème de la banque. »

À plus forte raison quand, dispersés au temps des semailles, ces 100 millions sont condamnés à se transformer, aux quatre coins de la Terre, en milliers de milliards de dollars... dont aucune autorité gouvernementale ne peut contrôler les flux et reflux. Car aujourd'hui plus qu'hier (et moins que demain !), les CDS demeurent une jungle absolue, un paradis pour aventuriers et chasseurs de primes.

À l'inverse des compagnies d'assurances qui se doivent de conserver en caisse un matelas de capitaux leur permettant de faire face à l'indemnisation des sinistres, un vendeur de CDS n'a aucune obligation, pas même celle de disposer d'un fonds de réserves suffisant pour pouvoir honorer ses engagements initiaux. Il n'en faut pas davantage pour qu'un aussi lucratif marché rameute tous les rois de la flibuste.

Les hedge funds sont évidemment présents au rendez-vous. Toujours premier de cordée, quand il s'agit d'attaquer la Lune par sa face cachée ! Logés pour 95 % d'entre eux dans d'impénétrables paradis fiscaux, principalement aux îles Caïmans, ces superchampions au jeu de *Qui veut gagner des milliards ?* se flattent d'avoir capté un bon tiers des ventes de CDS. Faute de transparence – car rien n'oblige les intervenants (acheteurs et vendeurs) à rendre compte de leurs transactions –, le secret reste absolu. Nul ne peut savoir le montant et la nature des milliers de milliards de dollars (ou d'euros) d'actifs censés être garantis par ces simili-contrats d'assurance, dont se gavent les grandes banques et compagnies d'assurances, comme Lehman Brothers et AIG... sous prétexte d'une absence de risques.

Telle est la vérité, encore une fois radioactive, qui menace ce qui reste de l'ancienne puissance des banques.

On en est à croiser les doigts.

Oui, messieurs les banquiers spéculateurs à tête d'autruche couverte de sable, voici maintenant que se profile derrière vos CDS un astéroïde capable de pulvériser le monde.

Quand Blythe Masters et Bill Demchak les lancent, il faut leur donner un nom de baptême. Francophiles, ils optent pour « Bistro », initiales de « Broad Index Secured Trust Offering ».

Le succès est immédiat. Pensez donc : au « Bistro » de JP Morgan, le bar est ouvert... jour et nuit, vingt-quatre heures sur vingt-quatre. On n'y pratique pas les trente-cinq heures. Mais, attention, la maison ne fait pas crédit. Pas folle la guêpe !

Dans un article qu'elle rédige en 1997 pour le compte de son employeur (qui fusionnera en 2001 avec la Chase Manhattan Bank), Blythe Masters est dithyrambique sur le produit qu'elle vient d'enfanter. La sémillante Anglaise le compare à un « free lunch », un déjeuner gratuit, où chacun – l'acheteur comme le vendeur – peut profiter, à satiété, de ses efficaces capacités nutritives.

Devenue la star de chez JP Morgan Chase, promue chef du service « dérivés de crédit », puis directrice du département « Matières premières », Blythe vit aujourd'hui des jours heureux. Amatrice de chevaux et de jumping, propriétaire d'un somptueux haras dans le New Jersey et d'une maison de ville de sept cents mètres carrés dans Manhattan, à Greenwich Village, j'apprends sur place qu'elle l'a récemment mise en vente. Prix affiché : **14** millions de dollars... pour finalement devoir la brader **11,9** millions.

Drame... de la crise ! Pauvre golden girl !

Après le succès retentissant du « Bistro » dessiné et aménagé par sa pouliche, JP Morgan décide d'industrialiser les CDS. Une chaîne de fabrication de « produits par marque » lui permet maintenant de les vendre à grande échelle. Silence du gouvernement et des autorités boursières, bancaires ou de contrôle des assurances ! Pourquoi s'inquiéter, dès lors que pour JP Morgan le business est florissant :

« Vous faites des affaires avec IBM ? Voici le CDS IBM dernier cri, dont vous avez besoin ! »

« Ah, vous, monsieur, vous avez beaucoup de relations avec Sony ? Nous vous avons concocté un excellent CDS Sony... »

Du coup, folles de jalousie, une kyrielle d'autres banques, de toutes nationalités, s'y mettent. La grande foire des CDS ne pourra plus être fermée... sous peine de tout faire péter. Viciant le système capitaliste, l'économie de casino est fondée.

Normalienne, agrégée d'économie installée à San Francisco, Gabrielle Durana suit, au jour le jour, les péripéties du tsunami financier commencé au lendemain de la faillite, en septembre 2008, de la banque Lehman Brothers, elle-même submergée de CDS.

Pour son simple plaisir, maîtrisant parfaitement les subtilités du langage financier – dont l'ésotérisme le dispute à la cupidité –, cette jeune Française s'est attelée à tenir une chronique éclairée du drame des subprimes et autres produits toxiques dont vous raffolez, messieurs les banquiers et bandits de la finance mondiale : « J'ai senti que nous vivions des événements historiques, comme la crise de 1929 ou la défaite de 1940. L'immensité et la complexité du phénomène ont réveillé mon intérêt pour la science économique. »

Attachée donc à suivre, au jour le jour, l'avancée des enquêtes policières, parlementaires, administratives et autres, Gabrielle Durana livre sur son blog une pertinente reconstitution des CDS, tels qu'ils furent conçus chez JP Morgan... avec les dégâts que je tente ici de quantifier :

« L'opération de vente des CDS – portant sur les 300 entreprises au bilan de JP Morgan – reçut le nom de "Broad Indexed Secured Trust Offering", soit l'acronyme "BISTRO". Remarquez bien tous ces termes qui sont là pour vous tranquilliser : *secured* (garanti), *trust* (confiance), *broad* (vaste). Les obligations "Bistro" furent placées, en décembre 1997, auprès des autres banques et des compagnies d'assurances. Elles remportèrent un succès total. Même si leurs prêts étaient toujours dans les livres, la banque s'était débarrassée de **9,7** milliards de risques liés à des défaillances de ses clients médiocres. Les CDS n'apparaissaient nulle part, sauf dans la comptabilité hors bilan. Elle avait aussi récupéré du cash en touchant toutes les "primes d'assurance". »

Pour réussir ce coup de génie, la recette de Blythe Masters recommande l'utilisation d'un mixer géant... à fragmentation. Voici en résumé, pour ceux qui n'auraient pas encore compris, son histoire enivrante qui vous rapporte, des millions de dollars... en dormant :

- A et B font affaire sur les chances de survie de C.
- B paye A.
- A payera B, s'il arrive malheur à C, étant entendu que B peut céder son droit d'être payé par A... à qui il veut.
- A peut vendre son obligation de couvrir B... à qui il veut.
- Personne ne garde la moindre trace des contrats.
- Une fois mixés, les CDS de JP Morgan sont fragmentés.
- Vous avez maintenant : un petit bout de risque, si General Motors fait faillite ; un autre petit bout de risque, si IBM fait faillite ; un troisième bout de risque, si Lehman Brothers fait faillite, etc.
- En tout, **300** entreprises... dont les déchets financiers, conservés dans les décharges bilancielles des banques, sont vendus comme les plus beaux bijoux de mon ami joaillier Harry Winston.

Vous voilà donc place Vendôme, en costume trois

pièces, messieurs les bandits de la finance structurée, alpaguant les gogos de passage... comme jadis les camelots des grands boulevards : « Mesdames et messieurs, servez-vous vite ; et faites circuler ! Il n'y en aura pas pour tout le monde ! »

Du même coup, si une quelconque des trois cents entreprises financées à l'aveugle par JP Morgan fait faillite, l'investisseur qui a acheté son CDS de malheur – refuge de ses dettes douillettement regroupées – en devient l'assureur. CQFD !

Un coup de maître ! Mariolle, la banque ne lésine pas sur les moyens. Voilà qu'elle utilise des forts en maths ; et aussi des forts en gueule. À eux revient de persuader les autorités de régulation bancaire et agences de notation que la géniale création de Blythe Masters n'est rien d'autre qu'un nettoyage complet des risques, ceux-ci étant dûment mutualisés.

« Notez l'absence totale du gendarme de la Bourse », remarque à juste titre Gabrielle Durana. C'est comme si on vous disait que la police ne s'occupe de la drogue que lorsqu'elle est vendue en pharmacie. Ces contrats dont personne ne garde trace se vendent de gré à gré (*Over The Counter,* voulant dire, littéralement, “en les posant sur le comptoir”) ; exactement comme si vous vendiez vos livres chez Gibert Jeune [1]. »

Au fil des ans, le marché mirobolant et totalement opaque des CDS s'est naturellement envolé :

• Estimé en 2001 à **900** milliards de dollars, il est de **6 000** milliards en 2004 et de **42 600** en 2005.

---

1. Gibert Jeune : célèbre et très ancienne librairie de Paris du Quartier latin, boulevard Saint-Michel, spécialisée dans la vente des livres d'occasion.

• En 2008, il atteint allégrement les **62 000** milliards de dollars ou, pour parler comme vous, messieurs les banquiers et bandits de la finance, **62 trillions** ! Oui, je dis bien, 62 trillions ! Soit plus de trois fois la capitalisation de la Bourse de New York !

Ces sommes ahurissantes naviguent dans un trou noir absolu... où personne n'a de comptes à rendre à personne :

• ni JP Morgan Chase, principal acteur du marché, avec **7 000** milliards de dollars de CDS ;

• ni Citigroup, avec ses **3 200** milliards de CDS ;

• ni Bank of America, avec **1 600** milliards.

Bref, la déraison a pris le pouvoir.

« L'ampleur du problème montre bien que nous sommes face à la plus grande crise du système capitaliste », s'inquiète Claude Dupuy, professeur de sciences économiques à l'Université Bordeaux-IV.

Tant que les marchés sont haussiers, tout le monde est gagnant. Mais depuis que, par contagion, les défauts de paiement frappent l'ensemble des créances des banques, la chaîne des CDS devient unc gigantesque bombe à retardement... qu'aucun artificier ne pourra désamorcer. En effet, plus les défaillances augmentent, plus les vendeurs de CDS sont obligés de passer à la caisse, alors que, bien souvent, ils ne disposent pas des réserves nécessaires dans leurs coffres. C'est cette mécanique infernale qui a commencé par provoquer la déconfiture de la banque Bear Stearns, puis celle de la grande banque Lehman Brothers... pour enfin toucher le numéro un mondial de l'assurance American International Group (AIG), gavé de CDS. AIG maintenu en survie artificielle... avec les milliards injectés dans ses caisses, à répétition, par le gouvernement américain, au long des mois noirs de l'automne-hiver de 2008-2009.

Pour l'heure, la chaîne des faillites a pu être maîtrisée. Mais l'implosion de l'usine CDS menace d'intervenir... semant la désolation sur toute la surface du globe. En raison, notamment, de la défaillance des hedge funds, engagés jusqu'à plus soif dans les CDS.

Au risque de jouer les Cassandre, il me faut ici le dire, haut et fort : l'onde de choc redoutée des CDS, sur laquelle on évite de trop s'étendre, sera alors dix fois plus meurtrière que la crise des subprimes, ruinant inexorablement, **totalement** :

- et le monde de la finance ;
- et les États... rendus incapables de faire face à un cataclysme systémique.

Au Comité de Bâle, siège des Banques centrales de toutes les grandes nations, l'inquiétude enfle : « Il est difficile de déterminer avec précision quelles sont les institutions qui sont les détenteurs ultimes des risques transférés. Et même de savoir quels sont les montants de ces risques. »

Voilà, messieurs les apprentis gourous des statistiques et des mathématiques financières, où nous ont menés vos inventions délirantes. Les chiffres sont là... qui vous commandent de partir.

Déguerpissez vite, très vite, ne serait-ce que pour nous sauver, si tant est que, au fond de vos âmes perverties par ces montagnes d'argent sale, vous ayez gardé un tout petit semblant d'humanité.

Relevez donc les yeux !

Même au risque de les y brûler, regardez donc le noir tableau de la BRI, la Banque des règlements internationaux : inscrit en lettres de cendres, et portant sur l'ensemble de vos dérivés maudits de crédits maquillés, le total provisoire de vos marchés confidentiels, « de gré à gré », vient de franchir allégrement – si je puis dire – la barre des **675 000** milliards de dollars...

Plaise à votre saint-père le diable que vous ayez enfin le courage d'en assumer la cruelle réalité.

Les précédents sont là... qui m'obligent à vous convoquer devant le tribunal de votre triste histoire.

Sur le papier, vos produits structurés sont des instruments associant un placement financier traditionnel – telles des obligations ou des actions – à des produits dérivés, de type « options ». Cette combinaison permet à chacun (acheteur et vendeur) de gagner beaucoup, énormément d'argent... en limitant sa mise, quand le marché va dans le bon sens. Elle peut se révéler catastrophique si la situation tourne à l'aigre.

C'est ce qui se passe, en avril 2007, quand l'écroulement du marché immobilier aux États-Unis et la faillite de New Century Financial Corporation, numéro deux américain du crédit hypothécaire, donnent le coup d'envoi de la déroute des subprimes. Subitement, plus personne ne fait confiance à ces prêts ultrarisqués... dont les failles apparaissent au grand jour. Par contrecoup, les obligations adossées aux subprimes deviennent les pestiférées de Wall Street. En bout de chaîne, les plus grands établissements financiers de la planète et des milliers de fonds de placement se retrouvent avec, entre les mains, des titres de créances à risque qui ne valent plus un centime.

L'explication du phénomène est, messieurs les banquiers marabouts, l'exact résultat de vos mensonges accumulés : hétérogènes, vos actifs ammoniaqués sont hautement « toxiques ». De plus, ne pratiquant pas votre médecine au compte-gouttes, vous les avez disséminés... à doses irradiantes, grâce à vos indigestes sandwichs de CDO et autres produits structurés. De telle sorte que le fantôme de la méfiance hante désormais vos maisons, hurlant à la mort.

Partout dans le monde, le crédit est mort : les subprimes l'ont tué !

Reste, dans le garage, prêt à s'ébranler, le corbillard des CDS... aux mains des cochers de l'Apocalypse !

En Europe, l'heure n'est plus à la fête. La contagion du virus subprimes – et des cocottes en papier qui lui sont attachées (sous forme de MBS, CDO, CDS et autres jouets titrisés) – commence à s'y propager, avec de sérieux ravages.

À la fin juillet 2007, en Allemagne, deux banques, IKB Deutsche Industriebank et la Sachsen LB, sont touchées par une sévère crise de liquidités. Créée en 1924 sous la République de Weimar, IKB est une institution qui compte : premier prêteur des petites et moyennes entreprises, elle annonce que ses résultats sont en train de plonger ; elle est la première grosse victime de l'onde de choc partie de l'autre côté de l'Atlantique, sévèrement touchée par son exposition aux subprimes américains. Actionnaire de référence d'IKB, la banque publique KFW (équivalent de notre Caisse des dépôts et consignations) est en première ligne. Comment a-t-elle pu laisser faire ? La colère monte ! Le ministre des Finances doit d'urgence débloquer **3,5** milliards d'euros, qui grimperont finalement à **8**, pour éviter la faillite d'IKB... et des réactions en chaîne.

Un rapport du sérieux *Financial Times*, bible quotidienne du monde de la finance et des affaires, met les places européennes en alerte rouge : « La Sachsen LB et la banque IKB ont beau être de petites banques, néanmoins l'impact de leur chute et l'embarras causé à la Bundesbank [*la Banque centrale allemande*] ont dépassé les frontières allemandes. Les marchés financiers et les décideurs politiques en sont à se demander si d'autres crises bancaires menacent dans les coulisses et si les régulateurs [*les Banques centrales notamment*] comprennent vraiment la situation. »

Sur le Vieux Continent, l'affaire des subprimes ne fait que commencer.

Le 1er août 2007, de l'autre côté du Rhin, Michel Pébereau, président du conseil d'administration de BNP Paribas, fait le beau. Tout va bien, sa grande banque française ne s'est pas laissé prendre dans l'attrape-mouches des prédateurs yankees. Avant de quitter Paris pour la bronzette, son communiqué est triomphant :

« BNP Paribas, grâce à la bonne qualité de son fonds de commerce et à une politique de risque prudente, n'est pas directement impacté par la crise actuelle du subprime ni par les tensions dans le marché des LBOs[1]. [...] La qualité de la gestion des risques de BNP Paribas a été soulignée par l'agence de notation Standard & Poor's le 10 juillet, lors de l'annonce du rehaussement de la note de BNP Paribas à AA+. Cette note place BNP Paribas parmi les six grandes banques les mieux notées au monde. »

---

1. LBO ou « Leverage Buy Out » est une opération de rachat d'entreprise avec effet de levier. Elle permet d'acquérir une entreprise sans avoir les moyens financiers de la payer cash. Et de la revendre, jusqu'à dix fois le prix d'achat. Le LBO est un des moyens de spéculer, en prenant des risques considérables.

Strident cocorico également du directeur général, Baudouin Prot, dans un *O Sole mio* couvrant le chant des cigales :

« La qualité de notre “business model” et notre vigilance en matière de risques nous mettent en bonne position pour continuer à bien performer dans un environnement moins favorable. »

Manque de pot, une semaine plus tard, le 9 août 2007, et alors que ces messieurs sont à la plage, BNP Paribas annonce, par la voix mutante du ténor Baudouin Prot – qui, en chapeau pointu, n’est plus au mieux de sa forme –, avoir gelé (le 7 août) les actifs de trois fonds monétaires dynamiques [1] pour un montant de **1,6** milliard d’euros. Bagatelle pour un massacre... dans la banque qui se flatte d’être un trésor de créativités ! Sauf qu’au regard du communiqué flambard du 1er août, celui du 9, rédigé par Baudouin Prot, a le style d’un faire-part de décès... plutôt malvenu en période estivale. Couchés sur le sable, les investisseurs sont invités à se rendre d’urgence à la buvette, pour débattre de la qualité de ce pastis pour après-gueule de bois :

« La disparition de toute transaction sur certains segments du marché de la titrisation aux États-Unis conduit à une absence de prix de référence et à une “illiquidité” [*sic*] quasi totale des actifs figurant dans les portefeuilles des fonds quelle que soit leur qualité ou leur rating [*notation*]. Cette situation ne permet plus d’établir une juste valorisation des actifs sous-jacents [*non mentionnés, mais de toute évidence subprimes*] et donc de calculer une valeur liquidative pour ces trois fonds. »

---

1. OPCVM : organisme de placement collectif en valeurs mobilières.

En d'autres termes, les fonds de BNP Paribas sont aux toilettes, aux prises avec une effroyable colique néphrétique... provoquée par des titres américains invendables. Comme ses consœurs d'outre-Rhin, d'ailleurs !

L'histoire (qui n'en est qu'à ses débuts !) fait jaser : un rat de compétition se serait-il introduit subrepticement dans le grenier de la vénérable maison parisienne, pourtant fermé à double tour... pour attaquer les gras fromages de ses trois fonds (BNP Paribas ABS Eonia, BNP Paribas ABS Euribor et Parvest Dynamic ABS) ? Sur le qui-vive, un ami gestionnaire de fortunes m'avise qu'ils sont composés de prêts rachetés aux banques américaines. Mon enquête sur l'olibrius Kachkar, parachuté à Marseille au début de l'année 2007 avec un faux chèque (grandeur Loto) de Countrywide, pour racheter l'OM, fait un bond de géant.

Adieu Kachkar ! Et bienvenue à la cour des lions au lapis-lazuli d'Angelo Mozilo Ier, l'enfant prodige d'un boucher du Bronx, devenu roi du rêve américain... subprime !

Dans l'incapacité de chiffrer les actifs de ses fonds – collés avec des paquets de créances hypothécaires sur l'immobilier nord-américain... en raison du quasi-arrêt des transactions –, BNP Paribas n'est plus en mesure d'en déterminer le prix... Mais la perte latente, à coup sûr : le montant de la provision mise en réserve pour couvrir les pots cassés... si rien ne s'arrange ! Il lui faudra attendre le 29 août pour pouvoir annoncer – ouf ! – la fin de la période de gel... sans prendre la peine (soit dit entre parenthèses) de s'expliquer sur la grossière tromperie du 1er août. À trop vocaliser, le ténor Baudouin Prot a la voix cassée.

Dès lors, même si les dégâts sont provisoirement

réparés, sans trop de casse, la méfiance s'installe. Pour les investisseurs sérieux, ce pas de deux n'est pas tolérable. Il est maintenant manifeste que BNP Paribas est engagé dans des spéculations indignes de son rang. Comme le remarque, à juste titre, *La chronique d'Agora*[1] de Philippe Béchade et Bill Bonner, observateurs éclairés (sur le Web) des marchés financiers, « ces titres de propriété et ces créances appartiennent typiquement à la catégorie du capital fictif, celle des titres négociables ayant un prix déconnecté du capital qu'ils sont censés représenter ».

Une question se répand en traînée de poudre : « Combien sont-ils dans ce cas ? »

Le 28 août, la Grande-Bretagne est atteinte à son tour : le groupe HBOS, propriétaire de Halifax (deuxième banque britannique) et de Royal Bank of Scotland, annonce qu'il accorde un crédit de **37** milliards de dollars à l'un de ses véhicules (Grampian) versés dans les hypothèques et autres crédits vagabonds.

La série noire n'en est qu'à ses débuts. Effroyable désastre... qui va mettre les nations en situation financière de guerre, mais sans le stimulus de la guerre qui fait fonctionner l'industrie manufacturière.

Avec un taux moyen d'endettement des ménages qui avoisine les **130 %** de leurs revenus annuels (contre **75 %** en 1990), nombre de familles américaines vont crouler sous le poids de leurs emprunts cumulés. Apprendre qu'en Grande-Bretagne, phare de la finance occidentale, la situation des foyers (endettés jusqu'à plus soif) est encore plus alarmante va achever d'enflammer le dossier.

---

1. http ://www.la-chronique-agora.com

Dès lors, finie la bonne vie !

Fini le chant des sirènes !

Attaqués, sommés d'étaler au grand jour le montant de vos pertes cachées, messieurs les banquiers braconniers des subprimes, vous voilà pris à vos propres collets. Vous les aviez disposés pour la capture du lapin, gibier prolifique dont vous garnissiez vos assiettes... sachant, d'expérience, que le mammifère le plus répandu sur la Terre ne manque jamais d'ingurgiter les salades.

Pour vous tous, l'heure des vrais comptes a sonné. À New York, Washington, Los Angeles et bientôt Londres, Paris, Genève, Bruxelles, Madrid, Milan, Moscou, Budapest, Vilnius ou Vienne, vous commencez à prendre peur.

Portes closes, les P-DG coupables sont aux abris, attendant, fébriles, l'arrivée des pompiers et des forces de l'ordre... pour les protéger des émeutiers. Tandis que les lances anti-incendie des services de communication s'activent, à l'extérieur les haut-parleurs répètent à l'unisson le sempiternel message : « Tout va bien. Circulez, il n'y a rien à voir ! »

Rien à voir ? Et pour cause : dans vos banques en flammes – du moins celles qui ont plongé dans le chaudron des subprimes, mêlés à d'informes risques titrisés –, plus rien n'est à brûler, sauf du papier... qui n'est plus de monnaie.

Dans quelques mois, vos caisses, que vous nous disiez pleines, vont se retrouver vides. À charge pour les États et les Banques centrales, en 2008 et 2009, de les renflouer à coups de nationalisations rampantes, de colossales injections de dollars, d'euros, de roubles et autres monnaies... sur lesquelles – c'est bien là le comble – vos « quants » continuent de spéculer comme des laquais !

En 2007, la défiance se propage sur toutes les places financières à la vitesse d'une météorite. Elle est accentuée par l'opacité des fonds spéculatifs du style hedge funds, grands consommateurs de subprimes et de produits à très hauts risques... pour bénéfices mirifiques. Poudre de perlimpinpin !

Même si leurs luxueux bureaux sont installés à New York, Londres ou Genève, ces fonds – qui se sont multipliés, depuis dix ans – sont presque toujours domiciliés dans d'exotiques paradis fiscaux, où nul ne peut connaître le détail de leurs placements ; et où, par la faute des autorités de contrôle et pouvoirs politiques des grandes nations aveugles, ils n'ont de comptes à rendre à... quiconque.

La conséquence ? En septembre 2007, au lieu de se limiter aux États-Unis d'où tout est parti, c'est l'ensemble de la planète Finance qui commence à être ravagé par le choc des crédits subprimes et de leurs succédanés, titrisés en pots pourris et dispersés dans des proportions défiant le plus élémentaire bon sens.

6.

Avec les mathématiques... de votre saint-père le diable

EFFROYABLE magma, en vérité, dont même vous, messieurs les P-DG de nos plus grandes banques (en France : Crédit agricole, Société générale, BNP Paribas, Caisses d'épargne, Natixis, Dexia, etc.), êtes incapables – quoi que vous en disiez – de comprendre les mécanismes.

Apprendre, à l'occasion de la crise parvenue à son point culminant à la fin de 2008, après la faillite (le 15 septembre) de la banque d'investissement Lehman Brothers, que le sort des économies du monde s'est trouvé à la merci d'ésotériques formules mathématiques, totalement déconnectées de la vie réelle et sans que même leurs utilisateurs les maîtrisent complètement, laisse pantois. Découvrir, en outre, que cette « science » financière occulte est enseignée dans les meilleures universités françaises – notées à Londres et à New York comme les plus prolifiques pourvoyeuses d'artilleurs, dans cette discipline – est à proprement parler hallucinant.

C'est là, messieurs, que vous allez faire votre marché, offrant des ponts d'or à de jeunes « talents » versés dans les métiers de l'ingénierie financière créés de fraîche date.

Comment ne pas comprendre qu'ils aient été dépassés,

déboussolés par l'impossibilité de lire, saisir et adapter convenablement d'illisibles modèles mathématiques... en vue de leur utilisation par les traders maison ?

Et pourtant, tels sont les faits... révélateurs, encore une fois, de vos pratiques funestes : avec un salaire annuel d'embauche de **40 000** à **50 000** euros, augmenté de gratifications proportionnelles à ses résultats, un simple « quant » – désignant dans votre jargon un diplômé en « finance quantitative », spécialiste des « produits financiers dérivés » – est tenu d'assurer, pour de gros portefeuilles, la gestion globale (maîtrise d'œuvre et responsabilité) de processus d'une complexité extrême, portant sur un montant de risques face auxquels le colosse aux pieds d'argile de Nabuchodonosor fait figure de nain.

Monde impitoyable de la piraterie des affaires... perdu dans le détournement systématique des avancées scientifiques. Et des talents de jeunes scientifiques, parmi les plus prometteurs, dévoyés, par vous, messieurs les galériens bonifiés, comme petites mains pour des spéculations indignes, plutôt que de mettre leurs connaissances au service du fonctionnement de l'économie dont vous avez la charge.

Là comme ailleurs, plusieurs savants et professeurs – abusivement désignés comme les symboles des dérives de votre système failli – vous servent de boucs émissaires, rendus responsables d'avoir formé des monstres.

Procès en sorcellerie !

Je vous vois venir : leur demanderez-vous maintenant de vous seconder dans la réforme du système capitaliste que vous vous êtes proprement employés à dessouder, sans que vous soyez capables d'arrêter vos TGV automatisés... lancés sans chauffeur à pleine vitesse ?

Accepter vos suggestions serait, messieurs les grands

bandits de la finance qui avez soigné la fièvre de vos portefeuilles avec des suppositoires au cyanure, faire crédit à des têtes sans cervelle.

De la même manière que l'on ne peut imputer au physicien Robert Oppenheimer, père de la bombe atomique, l'utilisation qui en fut faite à Hiroshima pour mettre fin à la Seconde Guerre mondiale, il serait stupide de reprocher à des mathématiciens, dont c'est le métier de phosphorer, un usage abusif de leur créativité.

Comme d'autres de ses collègues, Nicole El Karoui, professeur de mathématiques financières à l'université de Paris-VI (associée à Polytechnique) et porte-drapeau de l'école française qui forme un tiers des « quants » du monde, ne vous l'envoie pas dire : « La complexité des modèles [*mathématiques, utilisés par les banques*] accompagne la complexité des produits [*qu'elles titrisent et vendent*]. En d'autres termes, si les financiers continuent à proposer des produits complexes, ils ne peuvent pas s'étonner de la complexité des modèles [*confectionnés par les « quants » qu'ils emploient*]. C'est une contradiction absolue. Vous n'allez pas prendre les commandes d'un avion si vous ne savez pas le piloter. »

À Paris-VI, d'entrée de jeu – si je puis dire –, les élèves de Nicole El Karoui sont prévenus : « Un peu de bon sens est plus utile que les mathématiques. Un "quant" doit posséder une connaissance approfondie des marchés sur lesquels il travaille... »

Encore aurait-il fallu, messieurs les banquiers aujourd'hui prudemment enfermés dans un silence de plomb, que vous ne leur imposiez pas de produire à la chaîne des superbombardiers composés de matériaux composites... en carton-pâte.

À l'instar de cet éminent professeur, Marc Touati, médiatique directeur de la recherche économique et financière chez Global Equities[1], a l'honnêteté d'admettre l'utilisation quotidienne de « machins » – comme disait le général de Gaulle – sans rapport avec les fondamentaux économiques : « Nous sommes allés trop loin dans la mathématisation de la finance. Certes, les modèles mathématiques sont nécessaires, mais il ne faut pas leur faire une confiance aveugle ; malgré leurs avantages, ils ont aussi leurs limites. Et ces limites, nous les avons un peu oubliées ces dernières années. »

Un peu ? Que se serait-il donc passé si ça avait été beaucoup ?

Passons ! À quoi bon chipoter ?

« Qu'il y ait des phases de bulles, de krachs, c'est tout à fait logique, déclare-t-il, mais il ne faut pas utiliser des outils opaques et complexes. »

Amers lendemains de fête... qui forcent ce sympathique financier à battre sa coulpe, à stigmatiser les « outils opaques et complexes » qui ont alimenté la bulle de vos spéculations, « pour reléguer l'économie au second plan et la jeter aux oubliettes ».

Cédant à l'envie d'en savoir davantage, je me suis plongé dans deux polycopiés de cours intitulés « CDO Squared : modèle et simulation de risque » du 27 mars 2006, et « Cours de risque de crédit de CDO Squared »[2]. Histoire de voir de près de quoi

---

1. Global Equities : présente en France et en Chine, cette entreprise d'investissement indépendante intervient principalement sur les marchés d'actions et produits dérivés d'actions.

2. CDO Squared voulant dire CDO au carré, dans lequel les risques sont démultipliés.

il retourne au juste. Atterré, j'y découvre des exposés mathématiques abscons où, flanqué de ses diverses composantes (rendements, risques, intervenants...), le CDO apparaît sous forme de chiffres et équations, dans un jargon non moins incompréhensible. Comment résister au plaisir de les mettre ici en vitrine ? Car, comme le disait si bien Franz Kafka, pourfendeur visionnaire des bureaucraties qui enfoncent nos sociétés dans l'impersonnalité et une aliénation cauchemardesque, « si le livre que nous lisons ne nous réveille pas d'un coup de poing sur le crâne, à quoi bon le lire ? ».

Avec le premier texte dont il s'agit, le lecteur en aura pour son compte. Voici quelques morceaux choisis, échantillons représentatifs pour lesquels je lui conseille l'absorption préalable d'une bonne dose d'aspirine :

• Pour définir le « CDO squared » (comprenez un CDO de CDO ou « *CDO* au carré », qui peut être même un « *CDO* au cube », soit un « CDO de CDO de CDO »), une petite entrée en matière vous reste, d'emblée, sur l'estomac. Qu'on en juge :

« Le CDO squared est un type de CDO avec une structure de double couche (two-layer), dont le sous-jacent portefeuille est composé de certaines tranches des single-layer CDOs. Il est structuré comme un single-layer CDO selon le niveau de risque et sa perte est la somme des pertes portées à certaines tranches des CDOs sous-jacents. Un cash CDO squared contient un portefeuille de tranches des cash CDOs existants. D'autre part, le sous-jacent portefeuille d'un Synthetic CDO squared est composé de tranches des Synthetic CDOs, qui en général sont créés exprès pour structurer un CDO squared. D'ici, la tranche dont nous parlerions signifiera la tranche Mezzanine et la subordination signifiera la tranche Equity. Les tranches dans le Master CDO et les Inner CDOs s'établissent avec des points d'attachement et points de détachement, qui définissent les tailles de tranche et la subordination. Les pertes souffertes par les tranches des Inner CDOs entrent dans le Master CDO. »

• Pour les imbéciles qui, comme moi, n'auraient rien compris, un paragraphe du deuxième cours, plus décoratif, tombe à pic... Je le retranscris ici tel quel. Comprenne qui pourra :

« **Le CDO Squared**

Soit P_{CDO} un portefeuille de *m* tranches de CDO notées $CDO_i(N'_i, Att_i, Det_i)$, de montant nominal N'_i, de coupons d'attachement et de détachement Att_i et Det_i. La valeur d'un tel portefeuille de tranches de CDO est donnée par

$$V(P_{CDO}) = \sum_{i=1}^{p} N_i' \cdot V(CDO_i, Att_i, Det_i)$$

De la même manière que pour le CDO, le détenteur d'une tranche de CDO Squared assume la différence entre la performance du portefeuille et son coupon d'attachement, dans la limite de son coupon de détachement. Sa valeur est donnée par

$$V(Squared, Att', Det') = (V(P_{CDO}) - Att') \cdot 1_{\{Att' \leq V(P_{CDO}) \leq Det'\}}$$

Ce type d'option est sensible à la corrélation entre les rendements des actifs impliqués dans les CDO sous-jacents, mais aussi à la redondance des actifs dans les portefeuilles. »

• Pour évaluer la performance d'un portefeuille de CDO – qui devrait être le souci premier des grands établissements versés dans ce sport violent –, un autre paragraphe est encore une fois stupéfiant de clarté :

« Soit P un portefeuille de n actifs

$$A_i(N_i, x_i, d_i),\ i \in [1, n]$$

N_i étant le montant nominal de l'actif dans le portefeuille, x_i étant le rendement de chaque actif et d_i étant la probabilité de défaut de l'actif. De la probabilité de défaut de l'actif, on peut déduire un seuil de rendement en dessous duquel on considère que l'actif fait défaut. Notons s_i ce seuil. La performance du portefeuille est donnée par

$$V(P) = \sum_{i=1}^{n} N_i \cdot 1_{\{x_i > s_i\}}$$

Remarque : dans ce cas, nous faisons l'hypothèse que le taux de recouvrement de l'actif est 0 %. S'il était un λ_i *quelconque, la valeur du portefeuille serait*

$$V(P) = \sum_{i=1}^{n} N_i \cdot (\lambda_i + (1 - \lambda_i)1_{\{x_i > s_i\}})$$

Formidable littérature... digne de l'immortel humoriste Pierre Dac, fondateur du Mouvement ondulatoire unifié, apôtre de la « dépédantisation » et créateur de « l'absurde à partir du réel », dont je garde fidèlement en mémoire le cours magistral :

« Le Schmilblick ne sert absolument à rien ; il peut donc servir à tout, étant rigoureusement intégral, tant il est vrai que d'après Euclide, le carré est un quadrilatère dont les quatre angles sont droits et les quatre côtés égaux, tandis que selon Sophicléide, le carré est un triangle qui a réussi ou une circonférence qui a mal tourné. »

Telle est en somme, messieurs les fossoyeurs et apprentis sorciers de l'épargne mondiale, la traduction qui me paraît le mieux convenir à vos écritures mathématiques. Engendrées par votre saint-père le diable, elles ont le mérite de nous confirmer que, dans votre univers, les canards boiteux ne sont pas des enfants du bon Dieu. Et que si, d'ordinaire, chez tout être vivant « la fonction crée l'organe » – suivant la théorie de Lamarck [1] –, force est de constater que chez vous, les hystériques de la croissance (par la titrisation de créances toxiques), spéculateurs compulsifs et capitalistes de casino en état d'addiction, la formule crée l'orgasme.

La démonstration de son incommensurable puissance en est faite dans un autre fascicule... plus distrayant, au chapitre intitulé « L'implémentation » (voulant dire la mise en œuvre, dans le charabia mâtiné d'anglais des golden boys). S'y trouve décrite « La méthode de Monte-Carlo », qui est à vos fameux « quants » ce qu'était au Moyen Âge l'exorciste infaillible qui chassait le démon. Dans vos établissements transformés en laboratoires nucléaires, elle consiste à utiliser l'algorithme [2]... pour associer aux dérivés de

1. *Philosophie zoologique ou exposition des considérations relatives à l'histoire naturelle des animaux*, livre classique de l'histoire des sciences publié par Jean-Baptiste de Monet de Lamarck en 1809.

2. Algorithme : ensemble des règles opératoires propres à un calcul ou à un traitement informatique.

subprimes (et autres produits titrisés) une approche statistique des risques encourus. Autant dire à marier la carpe et le lapin... votre animal fétiche. Au service de votre petit personnel, voici donc la martingale qui, à force de vous y frotter, vous a ratissés comme n'aurait pu le faire le pire des croupiers marrons.

Ah ! le bel exorciste infaillible que voilà ! Attention, ami lecteur, ceci n'est ni une parodie ni un pastiche, mais bien le texte d'un cours de CDO. Littérature surréaliste :

« Nous avons implémenté le pricer de CDO Squared en utilisant la méthode de Monte-Carlo. Nous avons défini un pool de 200 actifs (grandes multinationales, clubs de rugby de France, Angleterre, Nouvelle-Zélande, Australie et Afrique du Sud, marques de cosmétiques) définis par leur bêta et leur probabilité de survie à un an (échéance de notre portefeuille). Puis nous avons défini un certain nombre de CDO et de CDO Squared que nous valorisons pour le marché simulé. Nous effectuons donc plusieurs tirages de l'environnement de marché (facteur macroéconomique puis les n actifs du marché) pour lesquels nous évaluons nos options. Cette méthode offre l'avantage d'être une très bonne méthode pour les problèmes, avec un grand nombre de variables comme le problème auquel nous avons affaire, mais son principal inconvénient est connu : la convergence est d'ordre 1/2. Des méthodes permettant d'améliorer la qualité du résultat existent (réduction de variance, stratification) mais ne semblent pas facilement applicables dans

notre cas. [...] Les briques fondamentales du pricer de CDO^2 par Monte-Carlo sont :
- la représentation du marché et des actifs,
- le moteur de Monte-Carlo,
- le générateur de nombres aléatoires,
- les payoffs CDO et CDO^2. »

C'est-y pas beau tout ça, messieurs ?

Marché et actifs financiers associés à Monte-Carlo... dans l'exploitation d'un générateur des chiffres aléatoires de vos CDO au carré et au cube, dérivés de CDO ?

Qui pourrait mieux faire ?

Seul, me semble-t-il, dans la discipline des écritures creuses et illisibles, l'illustre baragouineur Georges Molinié, primé pour s'être fait l'animateur de la « sémiotique, la forme la plus extrémiste et la plus calamiteuse de la stylistique » française qu'il professe, selon le juste jugement de l'éminent universitaire René Pommier. Nouveau président de la fac de lettres Paris-Sorbonne – qu'il a littéralement mise en grève continue en 2009 (l'ayant livrée à des gauchistes échevelés) –, Georges Molinié expose habituellement à ses élèves des traités magistraux du style : « Le sermon est tout entier un acte illocutoire – nous voici en pleine pragmatique – qui ne saurait se réduire, comme acte, à la seule manifestation obvie de toute extériorisation langagière, des remuements coordonnés des organes de la phonation » ; ou : « Le système est appréhendé comme un catactérisème de littérarité, c'est-à-dire comme une détermination langagière fondamentalement non informative (même fictionnellement) dans le fonctionnement textuel. »

Folie sorbonnarde... mais aussi financière, consistant à

enfumer les jobards avec des formules et discours prétentieux et délirants qui pervertissent le monde des lettres, aussi bien que celui de l'économie et de la finance.

Quand je vois, dans le rapport annuel 2008 de BNP Paribas (fièrement garnie de l'entière palette des produits corrompus qui ont cassé l'économie mondiale), la référence constante à la méthode de Monte-Carlo, les bras m'en tombent ! Par exemple ceci, au chapitre des « Contrats d'épargne et de prêt réglementés » (page 107) :

- « Pour traduire l'incertitude sur les évolutions potentielles des taux et leurs conséquences sur les comportements futurs modélisés des clients et sur les encours en risque, les engagements sont estimés par application de la méthode de Monte-Carlo. »
- « Pour la valorisation des caractéristiques de certaines attributions secondaires liées à la performance relative de BNP Paribas par rapport à un indice sectoriel, la méthode dite de Monte-Carlo a également été retenue. »
- « Pour traduire l'incertitude sur les évolutions potentielles des taux et leurs conséquences sur les comportements futurs modélisés des clients et sur les encours en risque, les engagements sont estimés par application de la méthode de Monte-Carlo. Dans des situations exceptionnelles de marché nécessitant un changement de stratégie, les titres de transaction peuvent être reclassés dans les catégories "titres de placement" ou "titres d'investissement". »

La tambouille, en somme... qui n'a plus rien à voir avec le traditionnel métier de banquier investisseur sensé, prudent, sachant où il va et – surtout ! – sachant ce qu'il fait. Un banquier qui ne joue pas, comme vous, messieurs les dirigeants de BNP Paribas :

- avec les dépôts et débits de ses clients (qui, eux, n'ont droit à aucune mansuétude) ;
- avec des engagements spéculatifs disproportionnés, délirants, par rapport à ses fonds propres, risques fondés sur les faibles variances d'estimations aléatoires ;
- avec des titres qui aujourd'hui – méthode de Monte-Carlo ou pas ! – ne valent plus un clou, ni un pet de lapin ;
- avec des bilans fardés à l'encaustique.

Ce que je dis là vaut – cela va sans dire et encore mieux en vous le criant – pour la plupart de nos grandes banques... celles que nous retrouverons au chapitre (cimetière) de vos exploits et brillants résultats.

« Méthode de Monte-Carlo » et autres billevesées modélisées : chaleur roborative des mots... qui me renvoie à ce jour lointain de mai 1958 où, à Alger, sur le Forum, le général de Gaulle nous lançait : « Je vous ai com-pris ! »

Pris ? Certes, nous le fûmes ! Et cons, bien davantage ! Jeune con, je fus vacciné, immunisé. Et m'étais promis de pas l'être une seconde fois ! D'où cette *Lettre ouverte* pour vous y dire, tête haute et cœur serré (car, que voulez-vous, à mon âge on ne refait pas le chameau) : « Banquiers, bandits de la finance, je vous ai com-pris ! »

Non sans ajouter à votre endroit, paraphrasant la pensée de Jean Yanne évoquée au début de cet ouvrage : « Si la connerie pouvait être "titrisée", messieurs les banquiers titriseurs de n'importe qui et n'importe quoi, plutôt que de nous ruiner, vous nous auriez rendus tous milliardaires ! »

« Injustes parenthèses », me direz-vous ? « Si ce n'est pas juste, disons que ça me soulage ! » À me triturer les méninges, à passer un temps fou à tenter de déchiffrer vos CDO et applications financières à la noix de la « Méthode de Monte-Carlo », j'en perds ma bonne humeur.

Comme l'indique son appellation – au demeurant bien choisie par ses pairs –, la « Méthode de Monte-Carlo », votre petite préférée, fait référence aux jeux de hasard des casinotiers de la légendaire SBM, la Société des bains de mer de Monaco, cotée à la Bourse de Paris.

Pour économiser les temps de calcul, « la méthode de Monte-Carlo » fut inventée, pendant la Seconde Guerre mondiale, sous l'impulsion de trois grands maîtres américains des mathématiques appliquées [1], pour la fabrication de la bombe atomique lancée sur Nagasaki. Mais sans entrevoir – vous en conviendrez, messieurs les banquiers – que leurs formules magiques seraient exploitées, en dépit du bon sens, soixante ans après, irradiant vos CDO dans un Tchernobyl financier.

Interloqué, j'appelle François M., un vieil ami, poète, spécialiste des techniques financières dont je viens de me rappeler qu'il avait claqué la porte de la Société générale, à l'époque où elle commençait à se lancer, à corps perdu, dans les opérations de titrisation :

« As-tu vu la méthode de Monte-Carlo ?

– Non, je n'ai vu monter personne ! Mais j'ai vu dégringoler Bouton [2] ! »

Que la gestion de millions de titres, en rapport avec l'activité humaine et ses impondérables, repose exclusivement sur des intelligences informatisées, artificielles, sur des mathématiques définies par Ernest Renan

1. Nicholas Metropolis, Stanislas Ulam et John von Neumann.

2. Daniel Bouton : archétype de l'énarque golfeur et inspecteur des Finances, hautain et sûr de lui, parti pantoufler dans le privé, après mise sur orbite dans les cabinets ministériels ; président de la Société générale depuis 1997 et qui finit par démissionner en avril 2009.

comme la « science de l'irréel », ne vous a pas le moins du monde inquiétés. Pétris de certitudes, croulant sous les milliards qui tombaient dans vos caisses comme l'amour furtif sur les meilleures « gagneuses » – n'en connaissant d'ailleurs même plus l'exacte origine –, vous avez laissé vos « quants » libres d'agir à leur guise. Sans discernement. Sans réel contrôle prudentiel. Sans voir que vos sataniques CDO – conçus sur mesure... pour gagner à tous les coups – ne sont plus qu'une infernale table de jeu où vous alliez vous retrouver tous piégés. Introduisant dans vos machines des modèles théoriques, qu'avez-vous fait des sages leçons du Prix Nobel Albert Einstein : « La théorie, c'est quand on sait tout et que rien ne fonctionne ; la pratique, c'est quand tout fonctionne et que personne ne sait pourquoi ; si la pratique et la théorie sont réunies, rien ne fonctionne et on ne sait pas pourquoi. » Le grand maître ne pouvait mieux dire.

Passant d'un polycopié à l'autre, je m'aperçois que vos docteurs *honoris causa* en CDO ont toutes les peines du monde à s'y retrouver. Conscients du caractère hautement risqué (voire improbable) de ces placements financiers (par mathématiques appliquées interposées, totalement déconnectées du monde réel), les malheureux s'en ouvrent dans le document que je viens de citer. Sous le titre « Modèle gaussien avec overlapping » – ça ne s'invente pas –, je lis : « On avoue que construire des portefeuilles de CDO sous-jacents exactement tels qu'ils sont requis est difficile. On utilise un simple algorithme pour construire des portefeuilles approximatifs. »

Conclusion des mêmes auteurs : « De toute façon, le marché de CDO et de CDO-squared a constaté un développement exponentiel à travers les années, et les principaux acteurs ne cessent jamais d'inventer des véhicules donnant du spread [*écart*] plus important. **En revanche les investisseurs devront se méfier du risque plus élevé en général.** »

Autrement dit, paroles de professeur : « Attention, dynamite ! Casques à pointe, cottes de maille, tous aux abris ! Un jour, tout finira par sauter ! »

Mais vous, banquiers du diable en goguette à Monte-Carlo, de la dynamite vous n'avez pas peur. Itou des incroyables « modèles mathématiques » de vos « quants » pour faire et défaire vos CDO, sous-CDO, sous-sous-CDO et sous-sous-sous-CDO...

Que vous n'ayez pas mieux saisi que moi ce dont il s'agissait, que vous ne l'ayez pas compris... soit ! Soyons bon prince. Mais que vous ayez laissé faire est criminel !

Je crois savoir – rappelez-vous que mes écrits sont toujours vérifiés – qu'un de vos pairs français avait tenté de se faire expliquer par ses traders, bien avant que tout tourne en béchamel, ce qu'ils faisaient au juste. Du même acabit que les fleurs de Monte-Carlo que je viens de mettre en vase, leurs réponses l'avaient stupéfié, si ce n'est épouvanté. Il en avait immédiatement conclu qu'il était urgent de solder, fût-ce à perte, les positions en « produits structurés » de la banque dont il était (et demeure) le gardien. Mal lui en prit. Cela lui valut l'humiliation de passer, peu après, plusieurs heures menotté, attaché à un radiateur d'un des services publics en charge de la surveillance des marchés financiers.

Aussi, je ne m'étonne guère qu'à ce type d'outrage dégradant, vous ayez préféré la faillite. Reste, tout de même, le bel exemple de cet homme... que vous connaissez tous : pour son courage ; pour sa prudence ; pour être l'un des rares, parmi vous, qui – de haute lutte – sut résister aux pressions, se bouchant résolument les oreilles... afin d'échapper au chant des sirènes ; pour s'être honoré (sans bruit)... en préservant (à temps !) l'avenir de son groupe ; et, en définitive, lui avoir épargné de figurer aujourd'hui sur la liste de vos banqueroutiers.

Alarmé, inquiet, je m'en vais voir du côté de la Banque de France. Là, bonne nouvelle : ses spécialistes émérites se sont penchés sur la question... dès juin 2005, dans le numéro 6 de la *Revue de la stabilité financière* (*sic*). Encore une fois, je n'invente rien. Sous la plume d'Olivier de Cousseran, directeur des études et des statistiques monétaires, et d'Imène Rahmouni, de la direction de la coordination de la stabilité financière, un épais rapport sur *Le Marché des CDO* est on ne peut plus éclairant. Lucides, précis, ces experts y expliquent avec talent, à l'intention des plus hautes autorités de l'État et des banques, les modalités de fonctionnement et les implications de ces nouveaux instruments financiers. J'ai maintenant la preuve – indubitable – qui me manquait : trois ans avant l'explosion finale, le mal est diagnostiqué et les remèdes suggérés... pour être prescrits urgemment. Comme toujours en France chez les grands commis de l'État, les mots sont pesés et les alertes raffinées. Au même titre que d'autres, ultérieurement, celles-ci seront passées à l'as :

« En tant qu'instruments de transfert du risque de crédit, les CDO facilitent la redistribution de ce risque au sein ou en dehors de la sphère bancaire et financière, tout en renforçant le degré de complétude du marché de crédit. Ils sont donc de nature à exercer une influence a priori favorable du point de vue de la stabilité financière. Cependant, comme tel est souvent le cas pour les innovations financières, l'évaluation des CDO et de leurs risques fait appel, notamment en ce qui concerne les CDO synthétiques, à des techniques complexes et plus ou moins éprouvées. Les investisseurs, tout comme les intervenants du marché, peuvent ainsi être exposés à des pertes plus ou moins sévères. Pour l'heure, ce risque ne semble pas revêtir de dimension systémique eu égard à la taille et à la relative jeunesse du marché. Mais il pourrait en aller autrement si celui-ci devait continuer sur sa lancée en s'étendant à un cercle d'investisseurs de plus en plus large, tout particulièrement en Europe où les CDO synthétiques sont prépondérants. Par ailleurs, la multiplication des émissions de CDO semble bien avoir contribué au resserrement prononcé des spreads [*écarts*] intervenu au cours de ces deux dernières années sur l'ensemble des marchés de crédit. Ce phénomène soulève la question des liens entre le marché des CDO et les marchés d'obligations privées et de dérivés de crédit. Il justifie, en particulier, de porter attention au risque de propagation et d'amplification des tensions susceptibles de naître sur le marché des CDO compte tenu de sa liquidité et de sa transparence encore limitées. »

Que penser, dans ces conditions, du contenu de l'épais *Rapport*[1] établi à Paris, par l'AMF, l'Autorité des marchés financiers, le 18 septembre 2007 ?

Un pavé de **90** pages... qui, bien sûr sans le dire, prend le contre-pied des avertissements lancés par les experts de

1. *Rapport sur l'évaluation du cadre de régulation de la multigestion alternative en France* [l'activité des hedge funds] *et les voies envisageables de son amélioration.* En 2008, deux tiers des hedge funds qui, jusqu'alors, réalisaient des performances insolentes, vont imploser, pris à revers par leurs propres spéculations, par effets de levier. Je précise que, en France, les représentants les plus connus de la « gestion alternative » sont les hedge funds.

la Banque de France, tout de même représentée dans le groupe de travail de l'AMF, auteur de ce pensum, par un seul de ses membres : l'adjoint au Service des relations avec la Place, près la Direction générale des opérations. Quatre-vingt-dix pages pour, en quelque sorte, nous chanter des balivernes mathématisées et encenser les hedge funds, ces grands consommateurs de produits titrisés qui ont échappé à tout contrôle, étant réfugiés dans les paradis fiscaux d'où ils polluent la planète finance : aux îles Caïmans pour 67 % d'entre eux, dans les îles Vierges pour 11 % et aux Bermudes pour 7 %.

Lisant ici l'introduction de ce *Rapport* (qui dut coûter bonbon à l'AMF) sur l'activité régalienne des hedge funds, le lecteur observera qu'il ne prend nulle distance avec ces joueurs... dont je rappelle, au passage, l'exploit historique : avoir réussi à alimenter les débats du G 20 de Londres, les 1er et 2 avril 2009, au cours duquel les chefs d'État des grandes puissances économiques du monde devaient essayer de s'entendre, en catastrophe, pour mettre un terme aux spéculations dévastatrices des bandits de la finance.

Voyons donc cet exposé modèle... où l'on comprend – avec quelques difficultés, il est vrai – que les hedge funds sont étagés, à la manière des produits dont ils font commerce, un fonds français (ou d'autre nationalité) pouvant être investi dans un hedge fund étranger, pour devenir un fonds de fonds de gestion alternative.

Éminences de Grand Caïman – qui « sucent les entreprises, qui les pompent et leur enlèvent toute la richesse », comme le dit, avec force gestes, le président Nicolas Sarkozy[1] –, vous les fonds spéculatifs, bienve-

1. Allocution devant les salariés de l'usine Alstom, à Ornans, dans le Doubs, le 27 mars 2009.

nue au club AMF. À votre égard, les pandores de la Bourse de Paris ne tarissent pas d'éloges :

« Ces dernières années, l'activité de l'industrie des hedge funds a enregistré un essor remarquable, avec une croissance significative de ses encours sous gestion, particulièrement à partir de l'éclatement au début des années 2000 de la bulle financière sur les marchés boursiers. À l'échelle mondiale, il est estimé que les encours sous gestion des **8 000** hedge funds représentent aujourd'hui plus de **1 500** milliards de dollars. Cette croissance des encours a résulté en partie de la capacité des hedge funds à procurer des rendements intéressants à un moment où l'épargne mondiale était essentiellement investie dans des actifs liés à des indices traditionnels aux rendements modestes ou négatifs. »

À l'AMF, installée dans les anciens locaux du Club Med, des hedge funds on en veut et on en redemande, même pour les petits épargnants :

« Pour accéder aux techniques de gestion alternative, les investisseurs ont, par ailleurs, de plus en plus fréquemment, eu recours aux fonds de hedge funds[1]. Ces fonds ont eux aussi rencontré un succès considérable au cours des dernières années : d'un encours mondial de moins de **50** milliards de dollars à la fin de l'année 1999, les montants sous gestion des **3 000** fonds de hedge funds qui existent à travers le monde sont compris aujourd'hui, selon différentes

1. Les références aux fonds de fonds alternatifs, fonds de hedge funds, fonds de fonds de gestion alternative et fonds de multigestion alternative seront utilisées indifféremment dans le présent document pour viser les OPCVM français ou les fonds qui investissent en parts ou actions de fonds utilisant des techniques de gestion alternative. (Note de l'AMF)

estimations, entre **700** et **1 000** milliards de dollars. Il apparaît ainsi que les fonds de hedge funds sont de loin le premier vecteur de diffusion des hedge funds auprès des investisseurs finaux. Les hedge funds, qui étaient jusqu'à très récemment réservés à des investisseurs qualifiés ou fortunés, ont ainsi vu leur base de distribution s'élargir. Les investisseurs institutionnels, puis la clientèle particulière, se sont tournés vers ce type de placement, à travers notamment les fonds de hedge funds qui leur sont accessibles sous des conditions de moins en moins contraignantes. C'est notamment le cas en France où les fonds de hedge funds sont accessibles, à l'issue d'une prestation de conseil adaptée, dans un cadre régulé, à tout investisseur pouvant souscrire la somme minimale de **10 000** euros. »

Tout de même, messieurs de l'AMF, avouez que vous êtes plutôt audacieux. Dois-je vous rappeler que le 27 septembre 2007, au moment où – avec votre groupe de travail (composé pour l'essentiel de banquiers versés dans la finance tropicale) – vous vantez les hedge funds, le massacre des subprimes et de leurs produits dérivés achetés et vendus par les « fonds alternatifs », business des « hedges funds », est en train de prendre une tournure singulièrement fâcheuse ? Je ne puis, faute de place, m'étendre ici sur toutes vos écritures : un livre entier n'y suffirait pas. Au lecteur – qui peut à loisir consulter cette abondante littérature sur le site Internet de l'AMF[1] – je limiterai charitablement mon propos en citant le passage de votre page 13, relatif à « **Un marché français aux encours en forte croissance mais d'un montant encore modeste et concentré**

1. Pour le document dont il s'agit, voir le lien Internet : http ://www.amf-france.org/documents/general/7924_1.pdf

sur un nombre réduit d'acteurs », ce que vous semblez regretter :

« En dépit de cette croissance soutenue, le groupe de travail a constaté que le montant global des encours des véhicules régulés de gestion alternative était encore décevant : ils ne représentent qu'une très faible part des OPCVM agréés par l'AMF (1 % environ des encours globaux). »

Arrive l'os à moelle. À l'automne 2007, l'AMF, gardien de l'épargne française, devrait se mobiliser contre les dérives dangereuses des hedge funds, nouveaux pirates de la finance planétaire. À l'inverse, elle réclame pour eux un allégement des « contraintes » :

« Il [*le groupe de travail*] attribue principalement ce relatif échec commercial à l'inadaptation de la réglementation s'appliquant aux investisseurs institutionnels (mutuelles, organismes de retraite, compagnies d'assurances, etc.) plutôt qu'à des faiblesses intrinsèques de la réglementation française de la gestion alternative. Il considère que des contraintes réglementaires, non nécessairement justifiées du point de vue de la régulation des investisseurs institutionnels, empêchent d'investir dans des produits de gestion alternative. Il rappelle l'importance d'un marché domestique performant pour servir de base au développement des sociétés françaises à l'étranger. »

Moins de règles pour les hedge funds des paradis fiscaux qui n'en respectent aucune : nous sommes chez les fous.

Vient maintenant ce petit encadré, que je vous joins, en mouchoir, pour essuyer vos larmes :

« Le groupe de travail demande que la réglementation des investisseurs institutionnels (mutuelles, organismes de retraite, compagnies d'assurances, etc.) soit adaptée afin de leur permettre d'investir davantage dans ces véhicules alternatifs. Il considère que le présent rapport, et surtout le débat qu'il suscitera sur la Place, devraient être l'occasion d'une prise de conscience, par les autorités de tutelle des investisseurs institutionnels, de l'importance de cet enjeu. Il demande que, pour sa part, l'AMF effectue une démarche en ce sens auprès d'elles. »

Je n'en dirai pas davantage, messieurs, laissant le lecteur juge, et vous, qui n'êtes pas des bandits, respectueusement à votre conscience endeuillée, deux tiers des hedge funds étant morts avec la crise des subprimes, un an après.

Il est heureusement le gouverneur de la Banque de France, Christian Noyer, pour nous apporter une bouffée d'oxygène. Plus de trois ans après l'intervention – qui ne fut pas unique – de ses experts, ce gardien indépendant des deniers nationaux s'exprime, le 21 octobre 2008 – en pleine tourmente des marchés mondiaux, aux prises avec une panique indescriptible – devant le congrès de la Fédération nationale du Crédit agricole. Désormais, les banquiers présents sont rappelés à la raison... et les constructions vendues et revendues par les hedge funds chers à l'AMF désignées pour ce qu'elles sont : des tours infernales, labyrinthiques... dont il était impossible d'espérer sortir vivant :

« Cette crise nous est aussi apparue comme une crise de la titrisation. La titrisation est une technique très ancienne, qui a été appliquée avec succès depuis trente ans au refinancement des prêts automobiles, des crédits à la consommation, et [*oui !*] des prêts immobiliers. Depuis dix ans, toutefois, elle est également utilisée dans des conditions plus discutables : pour financer à très court terme des produits complexes et structurés dont la liquidité est inexistante et la valeur très incertaine, car le plus souvent déterminée par des modèles théoriques. De tels montages sont intrinsèquement vulnérables et fragiles. Cette fragilité a été doublement dissimulée par l'abondance de la liquidité et l'action de certains intermédiaires de marchés, en particulier les agences de notation et les assureurs monolines [*rehausseurs*]. [...] L'effondrement de la titrisation structurée a mis en lumière une réalité fondamentale. Pour une grande part, **l'innovation financière de ces dernières années a servi en fait, non pas à mieux gérer et répartir le risque, mais à accroître le volume de crédit par unité de fonds propres, ce que nous appelons, dans notre jargon, l'effet de levier. La hausse du levier se manifeste partout** : dans l'expansion du bilan des banques ; dans la multiplication des véhicules hors bilan [*CDO, CDS utilisés notamment par les hedge funds*] qui fonctionnent, pour la plupart, sans fonds propres, c'est-à-dire avec un levier infini ; enfin, comme je l'ai dit, dans l'utilisation du capital limité des “assureurs monolines” pour garantir un volume important de produits structurés. Une caractéristique bien connue du levier est qu'il amplifie à la fois les gains et les pertes. Le boom immobilier américain a engendré, pendant de nombreuses années, des retours importants sur investissement. Mais, avec le retournement du marché, des dépréciations très importantes ont dû être constatées sur les “produits structurés” [*CDO et autres livrés aux hedge funds*] qui ont dépassé, pour beaucoup d'institutions, le niveau de leurs fonds propres [*sic*]. L'impossibilité de se recapitaliser a conduit certaines à la défaillance. [...] Nous traversons aujourd'hui des circonstances exceptionnelles dans lesquelles même les banques les plus profitables et les plus solides, comme le sont les banques françaises, ne sont pas assurées de trouver sur le marché les ressources nécessaires. Tant que persiste cette incertitude, nous devons mettre notre système de crédit à l'abri des aléas et préserver son rôle dans le financement de l'économie. »

Beau travail, messieurs les abonnés aux parachutes en or massif, bonus insultants et salaires himalayens, inversement proportionnels à vos performances cataclysmiques que je tente, ici, avec combien de difficultés, de retracer. Insultants paquets de millions que certains d'entre vous, pour les justifier, osent comparer aux revenus des rois du ballon rond. Sauf que eux ne sont pas payés – comme vous l'êtes ! – pour marquer des buts contre leur camp !

Au moment de clore ce chapitre, un de vos « quants » – toujours aux manettes – m'offre de m'assister pour la confection de la formule mathématique confidentielle qui vous permet maintenant, sans coup férir, de tirer avantage (sur le dos des contribuables et de vos actionnaires) de la faillite générée, en 2008-2009, par votre historique gouvernance :

P–Dg+B*a*+Q–Se–R*T*–*p*N*n*+DLF*c*+D*e*+La*L*une+ G2 + 1 + oQ

= [*à lire à haute voix*]

P – **Dg** + **B**andits***a***veugles + **Q**ui – **Se** – **R**etrouvent-***T***oujours + ***p***ar**N**uit***n***oire + **D**errière – **La** – **F**ace-***c***achée + **D*e*** + **La*L*une** + **G**deux**Ailes** + **oQ**

Bingo ! Vous avez encore gagné !

7.

Notaires de l'Apocalypse, vos agences de notation cèdent à la corruption !

VOUS adressant ces admonestations, messieurs les grands bandits de la finance, il me faut aussi donner la fessée – cul nu et à la règle, comme jadis nos instituteurs en blouses grises – à vos collègues, patrons des trois « Rating Agencies », les grandes agences de notation financière :

- Standard & Poor's, la doyenne, créée lors de la guerre de Sécession ;
- Moody's, fondée en 1909... qui détient 40 % du marché mondial de la notation ;
- Fitch Ratings, née en 1913, championne toutes catégories des CDO et... propriété du groupe français Fimalac de Marc Ladreit de Lacharrière. Une figure de mes anciennes connaissances.

Ces poids lourds figurent, en tête, sur la liste de vos complices, dans le hold-up interplanétaire... dont je m'emploie, ici, à narrer les épisodes. Leur complaisance, leur permissivité, je dirais même leur connivence, vous ont permis d'empiler dans vos cavernes des montagnes de trésors frelatés.

Payées à prix d'or, en qualité de greffiers de la finance mondialisée, les agences de notation productrices d'informations cruciales pour les marchés financiers se sont vendues à Belzébuth. Et, comme vous tous, messieurs, elles ont été laissées libres de pervertir leur mission essentielle : noter, « en toute transparence et indépendance », la solvabilité des gros intervenants, qu'il s'agisse des États, des entreprises, des banques, des collectivités publiques (villes ou régions, par exemple), des placements financiers... en emprunts, obligations, actions, options, produits titrisés, et j'en passe.

Si, lors des précédentes crises financières – la bulle Internet et l'affaire Enron dont j'ai parlé –, les analystes financiers et cabinets d'audit comptable – principalement Arthur Andersen – s'étaient distingués par leurs coupables connivences avec celles et ceux qu'ils avaient auscultés, omettant de les déclarer en état de mort clinique [1], cette fois les agences de notation prennent le relais, tenant un rôle essentiel :

- dans la mécanique des crédits subprimes titrisés ;
- dans le dispositif de contrôle prudentiel des banques voulu par les marchés.

Et de quelle vilaine manière !

Censées être des arbitres impartiaux et experts infaillibles, garde-fous des marchés, toutes trois encaissent des rétributions se chiffrant en milliards d'euros... pour des kilomètres de notations fallacieuses. Sans – bien sûr ! – voir venir la crise des subprimes, ni le krach général dont nous sommes aujourd'hui, aux jeux du cirque, les spectateurs impuissants. Et sans avoir tiré le moindre signal d'alarme... pour tenter de stopper un système qu'elles – par le poids des lingots

1. Cf. *Le Marché aux voleurs*, Albin Michel, 2003. Voir le chapitre « À vous, les analystes financiers et les banquiers, piranhas du système dont nous faisons les frais », *op. cit.*, pages 281 à 316.

qui leur tombaient sur le crâne – devaient savoir en état de démence.

Que dire, en outre, de l'agence AM Best, fondée en 1899, spécialisée dans le secteur de l'assurance, qui – n'appartenant pas à la puissante « bande des trois » – ne voit pas venir la déconfiture complète d'un de ses premiers clients, AIG (American International Group), leader mondial de l'assurance et des services financiers, avec 74 millions de clients, dans 130 pays. Géant... totalement englué dans les subprimes, AIG a déjà été pris en flagrant délit de fraudes comptables en 2005, scandale soldé par le règlement de **1,6** milliard de dollars d'amende, le 9 février 2006. Il faut attendre le 23 mai 2008 pour que, subitement, innocemment, AM Best se réveille, la première. D'un coup d'un seul, le feu couvant à la cave, AIG se voit retirer sa note d'excellence, le triple **AAA**, must des agences de notation. Dans la foulée, pris de court, les majors de la note (lyrique) en rajoutent une louche : AIG se retrouve dégradé, par étapes. Les ministres en charge du portefeuille de la notation lui retirent, de conserve, ses galons d'or. Dès lors, AIG n'aura plus de mouchoirs pour éponger ses pertes... noires.

À votre égard, messieurs les souverains pontifes des agences de notation, ma sévérité ne supporte aucune retenue. Dans *Le Marché aux voleurs*, vous figuriez déjà parmi les grands responsables du désastre de la bulle Internet qui avait affecté des millions d'investisseurs, au début de notre jeune siècle : « Quels sont donc ces organismes tout-puissants qui se réveillent à la dernière minute, s'étant gardés au préalable de sanctionner les dépenses outrancières de P-DG saisis par la débauche ? écrivais-je alors. Vos insuffisances scandaleuses, mesdames et messieurs [...] des agences internationales de notation, sont une des tares majeures du système. Elles soulèvent le problème de ces professionnels juges et parties, censés être indépendants, mais qui, en fait, tirent profit de ceux-là mêmes qu'ils doivent passer au crible. Ainsi naissent ce que nos juges appellent des "conflits d'intérêts". Ils conduisent tout droit aux grandes catastrophes financières. »

Six ans plus tard, rien n'a changé. Je peux reprendre ces lignes, telles quelles. Avec le recul du temps, elles me paraissent même dépassées par l'immensité des crimes financiers que vous avez laissé commettre... sans, cette fois, l'excuse de l'erreur humaine.

Pire, par le sentiment de confiance et d'impunité que vos agences ont donné aux opérateurs des subprimes, des ABS, des MPS, des CDO et autres CDS, vos agences de notation sont intervenues comme des cracheurs de feu pour alimenter l'incendie. Votre blanc-seing aura été le starter du sprint final... de la course infernale aux profits.

Pour devenir plus grands, messieurs les « noteurs », vous avez appliqué la loi du roi de la jungle : pour dominer, vous avez dévoré, un à un, tous vos petits concurrents... jusqu'à former « le club des trois », aujourd'hui détenteur d'un quasi-oligopole, avec **95 %** du marché mondial de la notation. Habillés à l'anglo-saxonne, vous êtes ainsi parvenus à truster tout ce que la Terre compte de produits à évaluer, les « structurés » représentant **50 %** (!) de vos chiffres d'affaires... réalisés avec l'argent de ceux que vous notez.

De votre métier, messieurs, fixons les contours : deux de vos agences – Standard & Poor's (filiale du géant de la communication McGraw-Hill) et Moody's – sont à 100 % américaines, tandis que, basée également à New York, où elle est née, Fitch Ratings appartient, via sa société Fimalac (initiales de la Financière à son nom), au milliardaire français Marc Ladreit de Lacharrière. Une figure du petit monde parisien des affaires et de la culture et l'un des acteurs du dossier Executive Life... ayant échappé à ce scandale d'État.

Dans vos cuisines, passant au crible les comptes de vos clients, vous leur attribuez une note codifiée... pour qu'elle soit publiée (comme le bulletin de santé annuel du Président François Mitterrand... dont les médecins de l'hôpital militaire du Val-de-Grâce nous assuraient qu'il était en parfaite santé, alors qu'il était atteint d'un cancer incurable). D'une agence l'autre, vos méthodes et grilles diffèrent. Vos décorateurs n'ont pas les mêmes goûts. Comme pour mieux opacifier les ténébreuses affaires soumises à votre auscultation. Pour faire court, disons que vos notations s'établissent suivant une échelle de **A** à **D.** La clarté n'étant pas le maître de vos soucis, vos sigles ne sont pas standardisés. À vos notes respectives, vous ajoutez des nuances, sous des formes diverses : **+** ou **–** ; ou **1** et **2** ; ou **a** et **b**. Ainsi, la notation **AAA** veut désigner la meilleure des solvabilités.

Ah ! les belles notations que voilà ! Qui changent d'appellation, suivant que l'on passe de Fitch et Standard & Poor's (calées sur les mêmes) à Moody's. Les **AAA**, **AA+**, **A+** et **BBB+** des deux premières correspondent, chez l'autre, aux **Aaa** ; **Aa1** ; **A1** ; **Baa1**. Pourquoi faire simple quand on peut tout compliquer ?

Encore ne s'agit-il là que de la catégorie des produits considérés comme des investissements. Pour les spéculatifs, la danse des signes recommence : aux

BB+, **B+** et **CCC** de Fitch et Standard & Poor's, Moody's préfère d'autres guirlandes : **Ba1** ; **B1** ; **Caa1**.

Contre monnaie sonnante (qui pour une fois n'est pas factice !), vous assurez aux investisseurs – lesquels, in fine, l'auront dans le baba (au rhum... Negrita, de mes copains d'école à Sorèze, Éric et Hugues Bardinet) – que leurs sous seront placés dans des entreprises (ou produits) solides comme du béton armé. Tandis que les notes **AAA** ou **Aaa** (selon les hiéroglyphes choisis par vos scribes) confèrent le prix d'excellence, les **BBB+** ou **Baa1** signalent une qualité de crédit moindre. Et les **CCC** ou **Caa1** un risque grandissant de défaillance. Tout en bas de vos escabeaux aux marches branlantes, les notes **D** (différemment dessinées) sont dévolues aux sociétés et emprunts en situation de faillite imminente, ou déjà à terre. Ce que jamais les produits subprimes n'ont eu le désagrément de supporter au temps de leurs victorieuses cavalcades.

Pour toute entreprise à la recherche d'argent frais sur les marchés financiers internationaux, la qualité de votre appréciation est capitale. La meilleure est un sésame : elle lui assure de pouvoir remplir ses caisses... à un prix défiant toute concurrence. A contrario, une note passable ou mauvaise – signalant un risque plus ou moins élevé – entraîne, ipso facto, une majoration du taux d'intérêt qu'elle doit payer. Juste contrepartie, dites-vous, du risque encouru par l'investisseur. Enfin, si d'aventure la note **AAA** vient à être dégradée, la conséquence est immédiate : avec un taux d'intérêt plus élevé, l'entité soumise à notation voit ses frais financiers alourdis... et ses perspectives de rentabilité assombries. Logés en catégorie **C**, l'entreprise ou l'emprunt évalués sont ravalés au rang de junk bonds. Ces

« obligations pourries » rapportent à leur souscripteur des taux supérieurs de 3 à 5 %, voire davantage à l'intérêt normal. Et comme le miel attrape les mouches, je n'ai pas besoin de m'étendre ici sur les effets de ces piqûres d'orties.

Auscultant en permanence les entreprises contraintes de faire appel à vos services, vos agences (Standard & Poor's, Moody's et Fitch) ont accès à leurs comptes les plus confidentiels. Elles peuvent réclamer, si besoin est, tout complément d'information.

Dès lors, comment ne pas s'interroger sur votre incapacité à repérer les situations précomateuses qui ont engendré la crise des subprimes. Quels sont donc ces organismes tout-puissants qui se réveillent à la dernière minute ? Malgré mes avertissements sans frais et les mises en garde de combien d'autres, vos agences sont restées sourdes, immobiles, continuant à épandre leurs notes **AAA**... à tour de bras. Ainsi deviennent-elles, comme on dit dans les chambres de commerce, des sociétés de services. Et quels services ! Sans leurs « prix d'excellence », banques et institutions financières ne pourraient écouler, par tonnes, auprès des fonds de retraite (immensément riches) et de placements réglementés – soumis à de strictes obligations de qualités – leurs ABS, CDO et divers autres rats crevés. À New York, le trader Michael Lewis en témoigne : Standard & Poor's – quand on l'interrogeait – n'avait aucune idée de ce qui se passerait en cas de retournement du marché immobilier ; l'agence déclarait avoir modélisé ses programmes de notation sur une hausse continue du prix des maisons, sans y intégrer – ne serait-ce qu'accessoirement – une possible baisse. Du propre ! Mieux que chez « Monsieur Propre »... qui lui pourtant ne donne pas dans le synthétique.

Distribution de prix et de prébendes, donc... où agences et clients se récompensent mutuellement, dans de joyeuses agapes : à chacun sa tournée, celle du patron noté étant la plus prisée.

Tant que le moulin des subprimes tourne à plein régime, en costumes noirs, payés pour être borgnes, vous surévaluez des entreprises dont il n'est guère difficile de voir que leurs créances, sur emprunts risqués, sont hautement vérolées. Même après 2006, quand il est devenu évident que les subprimes sont des produits empoisonnés, vos agences s'accordent, à l'unisson, pour délivrer des notes archi-positives.

Sans vous inquiéter des implications de cette criminelle cécité, vous attribuez les meilleures notes **AAA** à des produits faisandés, du type RMBS ou CDO. Au point de me faire douter que vos brillants analystes en aient réellement compris le contenu et le fonctionnement. D'ailleurs, comment ces malheureux pourraient-ils saisir la dangerosité de montages que même les plus grands banquiers et P-DG, diplômés de Harvard, Polytechnique ou l'ENA sont (aujourd'hui encore) incapables de comprendre ? À cet égard, je vous mets tous au défi – modèle de titrisation en main – de venir, sur un plateau de télévision, décrypter, en ma présence (et en français, s'il vous plaît), les méthodes mathématiques fondant la valeur des CDO et autres placements que vous n'avez cessé de signaler comme des plus sûrs.

Puis, soudain, quand la crise des subprimes commence à pointer son nez, en juillet et octobre 2007, sans honte aucune, et comme si vous vouliez rattraper vos errements, vos yeux s'ouvrent. Comme par miracle :

Finie la canne blanche !

Finis les petits fours au congrès mondial des aveugles !

Vous voilà maintenant, martinet en main, jouant les pères fouettards, dégradant subitement prêts et entreprises du marché des subprimes, brûlant d'un coup d'un seul ce que vous avez adoré... jusqu'à déclencher un raz-de-marée financier. Pour vous rattraper, vous révisez vos notes à la baisse. Tous en même temps et, comme d'ordinaire, tous ensemble... quitte à devenir les boutefeux de la crise des subprimes.

Les collectivités locales françaises – régions, départements, communes ou hôpitaux – seront les victimes collatérales de votre incurie. C'est la raison pour laquelle les gouvernements français, belge et luxembourgeois sont venus au secours de Dexia, principal intervenant du secteur. Pendant longtemps, les collectivités ont géré leurs besoins de financement en « bons pères de famille », en empruntant à taux fixe, avec une grande visibilité sur le montant de leurs remboursements. Mais depuis les années 1990, des établissements spécialisés – Dexia en tête – leur ont proposé les fameux produits « structurés » de plus en plus complexes, basés sur des cocktails d'indices aussi exotiques que les cours du dollar ou du yen, les taux d'intérêt au Japon, en Pologne ou en Afrique du Sud, voire sur les cours du pétrole (matière première dont les cours sont hautement volatils !).

L'objectif était de faire baisser les mensualités des emprunteurs. Mais, avec la crise, les courbes se sont inversées. Et de plus en plus de collectivités voient désormais exploser leurs frais financiers, avec des taux d'intérêt... et frais financiers qui doublent ou triplent. Aux portes de Paris, le département de Seine-Saint-Denis (l'ex-premier département communiste de

France) s'est commis dans les « dérivés de crédits ». Bêtise énorme, dont il se mord les doigts. De même que la ville de Lyon (dont le maire socialiste a indexé certains de ses prêts sur le cours du baril de brut !), des organismes HLM – et combien d'autres ! – sont maintenant sous la table :

• En 2008, sur **67** milliards d'euros de produits titrisés placés dans les collectivités publiques, **10** milliards au moins portent sur des « produits toxiques ». Ministre de l'Intérieur de Nicolas Sarkozy, Michèle Alliot-Marie suit le dossier. Au début du mois d'octobre 2008, en pleine débâcle, elle s'inquiète : « En début de semaine, nous avons eu une réunion avec les banques au ministère des Finances pour identifier les ressources : il faut trouver plusieurs milliards. [...] Les communes ont fait comme dans toutes les entreprises, pour présenter des choses bien lissées. On appelle cela la comptabilité optimisée [*sic*]. Mais lorsque les élus ont signé ces prêts, ils sont en principe responsables. Personne ne vous oblige à signer... »

• Présidée par la socialiste Martine Aubry, aujourd'hui premier secrétaire du PS, la communauté urbaine de Lille a **57 %** de ses **1,7** milliard d'euros de dette adossés à des produits spéculatifs, l'essentiel venant de la banque Dexia, maintenant moribonde. Interrogé, l'adjoint aux finances de la ville de Lille, dont Martine Aubry est le maire, se veut rassurant : les produits structurés ne représentent que **30 %** de sa dette (160 millions d'euros). Un rien !

• À Saint-Étienne, le maire socialiste découvre au printemps 2008, à l'occasion d'un audit financier de sa ville, les engagements loufoques de son prédécesseur de droite, UMP. Branle-bas de combat... pour des sommes faramineuses. Le ministre des Finances est saisi.

Le 10 octobre 2008, c'est *Eco89*, département d'information économique, nouveau-né du site Internet de *Rue89*, créé par d'anciens journalistes de *Libération*, qui éclaire ma lanterne. Sous le titre « Un plan de sauvetage pour les villes spéculatrices », voici aussi, à Tulle, l'ancien premier secrétaire du Parti socialiste, François Hollande, coincé pour avoir « choisi un prêt de pente en 2007 ». L'enquête de David Servenay est confondante. J'y trouve rassemblés tous les venins de la titrisation vendue à des milliers d'élus irresponsables, poussés à la faute :

« Qu'elles soient de droite ou de gauche, écrit-il avec des exemples précis que je ne retrouverai nulle part ailleurs, ces municipalités ont fait un pari très risqué sur l'avenir. Avec l'immense avantage de pouvoir afficher, juste avant les élections, une réduction substantielle des charges financières. Une sorte de brevet de bonne gestion, quitte à jouer à la roulette sur les années suivantes. L'exemple de Tulle est emblématique. En juillet 2007, la ville corrézienne contracte, sous l'égide de son maire, François Hollande, un prêt de **6,7** millions d'euros (pour une dette globale de **29,5** millions), à un taux fixe de **3,65 %** sur vingt ans, à condition que l'écart entre les taux à un an et les taux à trente ans reste positif. Dans le jargon de la finance, c'est un "prêt de pente" sur la courbe des taux. "Une gestion dynamique de l'endettement", commente Laurent Bourgès, directeur général des services. En juin 2008, la courbe des taux s'inverse. Catastrophe, le taux "fixe" de 3,65 % s'envole. Tulle renégocie alors son contrat avec Dexia. Elle obtient une garantie de taux fixe pour 2008, un passage à

4,3 % pour 2009 et, pour 2010... un retour aux conditions du premier contrat ! “Nous étions avec Dexia hier, ajoute Laurent Bourgès, et heureusement les courbes se sont recroisées il y a une semaine.” Cette fuite en avant est la seule solution possible. Pour repasser sur un taux fixe, la banque exigeait 6 à 7 % de taux d’intérêt. »

Dans toute la France, de même qu’en Allemagne et en Italie, les ravages sont terribles. De nombreuses petites communes, telles que Pont-Saint-Esprit, dans le Gard, ou Monteux, dans le Vaucluse, ont cédé aux sirènes des produits structurés. « Ces petites villes ne souhaitent pas communiquer, car elles auront alors plus de difficultés pour négocier avec les banques », confie le délégué de l’Association des petites villes de France, André Robert.

Dans le classement des villes à forts engagements risqués et aux finances plombées – tel qu’établi par le cabinet indépendant Public Evaluation System (PES) –, figurent en triste place : Marseille (l’une des métropoles les plus endettées de France avec 2 290 euros par habitant en 2006, pour une moyenne, dans sa catégorie, de 995 euros), Grenoble, Tours, Mulhouse et Reims.

Tels sont, messieurs, les résultats du comportement laxiste de vos agences de notation. Il ne fait aucun doute qu’élus et fonctionnaires ne se seraient pas perdus dans ces ruineuses extravagances – forcément répercutées sur les factures des taxes locales payées par les contribuables – si, évaluant pour ce qu’ils valent les produits financiers pourris de banques spéculatrices, vous les aviez prévenus des risques qu’ils encouraient à s’en repaître.

Il faut attendre juillet 2008 pour que Fitch se réveille, six mois après un rapport des services de l'ambassade de France à Washington. Alors que les corbillards s'alignent au dépôt de la morgue, les pompiers de Fitch sortent enfin de la caserne, sirènes hurlantes, dans un rapport d'analyse (huit pages) intitulé « La dette structurée des collectivités locales : gestion active ou spéculation ? ». Il arrive comme une serpillière sur la soupe renversée.

Maintenant, en costumes de la maison Borniol, les analystes de Fitch agitent le chiffon rouge :

« Les établissements bancaires ont progressivement développé une palette très large de produits structurés promettant aux emprunteurs des **gains spectaculaires**. Cependant, deux exemples réels montrent que **ces produits s'avèrent extrêmement risqués pour leurs souscripteurs**. [...] Contrairement à la comptabilité d'entreprises, les normes de la comptabilité publique n'ont pas évolué dans le sens d'une meilleure maîtrise de ces nouveaux produits. Les collectivités n'ont ainsi ni l'obligation d'évaluer le coût global des produits structurés ni celle de réaliser des provisions pour les pertes latentes qui pourraient en résulter. Elles sont donc incitées à une véritable fuite en avant consistant à masquer les pertes potentielles par la souscription de nouveaux financements encore plus risqués. L'encours des produits structurés souscrits par les collectivités françaises (régions, départements et communes) s'est ainsi développé très rapidement et pourrait atteindre **20 à 25 milliards d'euros**. En outre, **des produits de plus en plus risqués ont fait leur apparition**. »

Ah ! bon ? Et c'est maintenant que vous le dites, à l'heure des obsèques, et alors que vous le saviez – forcément – de longue date ?

Continuons notre lecture. Voici la preuve que vous n'êtes pas nés de la dernière pluie. Vous dressez maintenant le plan d'un hold-up au préjudice de la puissance publique. Nous sommes au casse du gang des égoutiers dont, il est vrai, vous ne faites pas partie. Bien placés, aux premières loges, vous avez tout vu... et tout compris :

« Dans un premier temps, ces produits structurés ont été proposés dans le cadre du réaménagement d'anciens prêts à taux fixe, devenus trop onéreux par rapport aux taux de marché. Or, les prêteurs [*les banques spécialisées, dont Dexia... qui va exploser !*] ne se seraient probablement jamais engagés dans un tel mouvement de renégociation de la portion la plus rémunératrice de leur portefeuille sans en attendre une contrepartie. Ainsi, si les collectivités ont pu afficher une réduction de leurs frais financiers, les produits qui leur ont été proposés ont induit des risques nouveaux en matière de taux. Ces opérations [...] ont permis aux banques de dégager des marges substantielles sur ces produits réputés à forte valeur ajoutée. **Les prêteurs ont donc réussi à imposer une situation paradoxale où, au lieu d'être rémunérés pour prendre un risque (de crédit) supplémentaire, ils l'ont été pour faire prendre un risque (de taux) à leurs clients** [*les collectivités locales*]. »

Merci, messieurs, pour cette analyse lucide, bien que tardive. Elle ira droit au cœur de mes lecteurs, habitants des villes, départements et régions concernés, aujourd'hui en loques financières par la faute des banques prêteuses – les Américains disent « voleuses » – et de leurs élus, bêtes comme des pieds-de-biche.

Ces faillites de communes et collectivités – dont on

se garde, bien sûr, de parler, de peur d'exciter davantage la colère des électeurs et des contribuables –, de même que l'énorme scandale de la banque Dexia, n'auraient pu survenir si vous n'aviez pas été défaillants... et si complaisants.

Acceptez tout de même que nous éprouvions quelque amertume !

Conservateur en diable, j'ai retrouvé dans mes dossiers – datant de l'époque où je ferraillais avec les réseaux de la corruption ramifiée – un cri d'alarme qui m'avait intrigué. Le marché des produits dérivés – que j'avais expérimenté... pour m'y faire proprement rincer – me semblait être un sérieux repaire de flibustiers. À l'œuvre pour l'écriture de mon livre *Rendez l'argent !*, suite logique de *Mitterrand et les 40 voleurs...* (qui venait de paraître), j'avais sélectionné – le mardi 4 octobre 1994, date figurant sur ma découpe – un « Point de vue » paru dans *Le Monde*, relatif aux perspectives offertes par les dérivés de crédits, termes barbares à l'époque et qui ne retenaient pas l'attention des foules. Ni celle de nos gouvernants. Encore moins de nos parlementaires qui, comme nous tous, n'y comprenaient goutte. Son auteur, un monsieur a priori sérieux, installé dans une institution financière internationale, ne trempait pas sa plume dans l'éther. Formidable document qui, ressorti de mes rayonnages quatorze années après, montre, déjà !, que les agences de notation – de même que les spécialistes de la finance – savaient que banques et États marchaient sur des braises. Pour la lecture de ce qui suit, j'invite les presbytes à essuyer leurs lunettes, car encore une fois ce n'est pas triste. Dès ce fatidique 4 octobre 1994, le cataclysme du 15 septembre 2008 est annoncé... dans ses moindres détails, avec des faillites en gestation que l'auteur de cette tribune libre avait d'ores et déjà repérées, localisées, quantifiées. Voici, publiée il y a quinze ans, sa prophétique analyse. Don étonnant de divination :

« Le climat d'instabilité qui caractérise le système monétaire international depuis l'abandon en 1971-1973 de la convertibilité du dollar en or et de la fixité des taux de change a entraîné la création de nouveaux instruments financiers [*les produits dérivés*]. Leur but : protéger les banques et les détenteurs de capitaux contre les fluctuations de grande ampleur des taux d'intérêt, des cours des devises ou des matières premières. [...] **Aujourd'hui le volume de ces transactions porte sur 12 000 milliards de dollars, un montant bien supérieur aux capitaux propres des banques engagées dans ces opérations**. Aux États-Unis, un géant de l'industrie bancaire comme JP Morgan a des engagements hors bilan, incluant les "dérivatifs" [*ce que nous appelons aujourd'hui les produits dérivés*], de **1 731** milliards de dollars, contre un capital actions de **9,9** milliards [*autrement dit, JP Morgan est en virtuelle faillite... "hors bilan"*]. Chez Bankers Trust, la proportion est de 1 923 milliards de dollars contre 4,5 milliards [*la même situation bilancielle que JP Morgan*]. Bien que la valeur nominale de ces engagements hors bilan ne reflète qu'imparfaitement leur valeur relative sujette aux variations du marché, l'énorme disparité entre leurs montants et les capitaux propres des intervenants fait naître des appréhensions sur la capacité de ces derniers à honorer leurs obligations en cas de crise majeure de paiement. Le spectre d'une telle crise ne peut être écarté en dépit des déclarations apaisantes d'un Alan Greenspan, patron de la Réserve fédérale, et des conclusions rassurantes de l'étude sur les marchés dérivés du “groupe des trente[1]”, publiée aux États-Unis en juillet 1993. En effet, les modèles [*mathématiques*] sur lesquels se fondent les “dérivatifs”, quoique établis par des cerveaux scientifiques de premier ordre, n'en reposent pas moins sur des hypothèses qui tentent de mesurer le niveau futur d'agrégats éminemment fluctuants. **Les risques de pertes découlant d'une mauvaise lecture du marché ou de l'insolvabilité d'une des parties contractantes sont donc bien réels.** D'ailleurs, les erreurs d'appréciation coûteuses sont légion dans le monde des marchés dérivés. Cette année, Metallgesellschaft a perdu **1,4** milliard de dollars sur des “dérivatifs” en produits pétroliers, la compagnie pétrolière japonaise Kashima **1,5** milliard de dollars sur des “dérivatifs” en devises et Procter & Gamble **102** millions de dollars sur des “dérivatifs” en taux d'intérêt. **Étant donné l'interaction des engagements sur les marchés des capitaux, la défaillance majeure d'une banque entraînerait automatiquement une insolvabilité généralisée** [*c'est-à-dire la faillite, telle que nous la vivons depuis le 15 septembre 2008*]. »

Voilà, nous y sommes ! Mais, attendez, messieurs les notaires des banques. Ne coupons pas la parole à votre Nostradamus... que vous avez rejeté – vous, comme vos clients banquiers – comme un importun. D'autant que lui, à la différence du devin de Saint-Rémy-de-Provence, s'exprime en français d'aujourd'hui... dans une synthèse qui ne supporte pas les hypothèses :

1. Groupe des trente : basé à New York, composé des gouverneurs des Banques centrales et des géants de la finance internationale, triés sur le volet, appelé aussi « Groupe de consultation sur les affaires économiques et monétaires internationales ».

« Dans une situation d'insolvabilité généralisée, le rôle du prêteur de dernier ressort échoirait aux Banques centrales [*eh oui !, exactement ce qui se passe aujourd'hui, et écrit, noir sur blanc... dès 1994*]. [...] L'instabilité à l'origine de la création des dérivatifs réside dans l'extension, hors de tout contrôle des Banques centrales, d'un système privé d'émission, de circulation et de détention monétaire. Tant que ce problème n'est pas résolu, l'économie d'endettement continuera, et la menace de son effondrement persistera. »

Voilà, messieurs, ce que vous n'avez pas voulu prendre au sérieux, préoccupés que vous étiez de faire commerce de votre influence. Aujourd'hui, très au-delà des Banques centrales de nos continents, ce sont les États eux-mêmes qui se ruinent à payer la casse de tout ce beau monde, gardien corrompu de l'épargne mondiale.

Ah ! j'allais l'oublier : l'auteur de cette parfaite prévision du 4 octobre 1994 n'habite pas à Paris, dans le XVIe Grand Nord. Il ne fréquente pas le Jockey Club. Sanou Mbaye est sénégalais. Alors chargé de finance principal au bureau européen de la Banque africaine de développement (BAD), vous pouvez lui téléphoner. Il est toujours d'attaque. Du moins, je l'espère. Je vous le recommande. Sanou Mbaye est un remarquable expert.

Plaise à Dieu qu'il ne vous raccroche au nez ! Ce serait dommage : lui ne lit pas dans le marc de café... à l'ombre de Monte-Carlo et des paradis fiscaux de vos bobos, saignants de CDO.

À ce premier stade de présentation de votre rôle clé, le lecteur aura déjà compris qu'ayant attribué aux CDO – comme nous venons de le voir – des **AAA**... à n'en plus finir, vous vous êtes soit moqués du monde, soit endormis sur les matelas de billets verts dont les corrupteurs de la *Subprime connection* vous abreuvaient.

Oui, messieurs les examinateurs, vous êtes les sorciers qui ont envoûté les marchés. Vous avez donné des lettres de noblesse aux produits bouffons émis par les banques et les « arrangeurs » de CDO. Vous avez apposé vos cachets officiels sur leurs sandwichs avariés, incluant, empaquetés les uns sur les autres, des dizaines de milliers de prêts hypothécaires, d'origines les plus variées.

Travail bâclé !

Votre devoir ? Faut-il vous rappeler ce que vous n'avez pas fait... et pas voulu faire ? Il était : d'en déterminer le montant précis ; ainsi que la situation géographique du bien donné en garantie ; de retracer l'historique des états financiers du ou des emprunteurs. Seule manière de fixer une note objective.

Si cette mission essentielle avait été accomplie en bonne et due forme, vous ne vous seriez pas retrouvés pris à l'improviste, au piège des ragondins, obligés de dégrader massivement, du jour au lendemain, vos notations **AAA** qui, pour tous les investisseurs, semblaient gravées dans le marbre. Cette tromperie ne vous sera pas pardonnée.

Aux États-Unis, la colère monte. Organisme chargé de vous surveiller, la SEC s'est naturellement penchée sur vos curieuses pratiques. En 2007, elle mobilise 50 experts pendant un an d'enquête. Récolte abondante : **100 000** pages de documents internes sont saisis ; plus **2 millions** d'e-mails, relatifs aux travaux de vos trois agences, de 2002 à 2007... pour la notation des principaux produits titrisés : RMBS (Residential

Mortgage Backed Securities) et les CDO (Collateralized Debt Obligations).

Rendu public le 8 juillet 2008, le rapport (trente-sept pages) des incorruptibles de la SEC vous accable. Résumons :

• Les trois agences de notation travaillent toutes à l'économie. De 2002 à 2007, grisées par le boom des produits titrisés et les bénéfices monumentaux qu'elles encaissent, elles négligent d'engager et former un nombre suffisant d'analystes qualifiés. Elles vivent même en état de sous-effectif chronique. Dans un e-mail retrouvé, un analyste immobilier l'indique de manière on ne peut plus explicite : « Les problèmes de personnel font qu'il est difficile pour nous de rendre un travail à la hauteur des honoraires que nous encaissons. »

Un autre se lamente : « Les tensions sont élevées. Trop de travail ! Pas assez de gens ! De la pression de la part de la compagnie, beaucoup de rotation dans le personnel et aucune coordination de la direction. »

Les messages de détresse tombent comme à Gravelotte : « Les analystes travaillent bien plus de **60** heures par semaine. Ils sont à bout. Nous avons eu plusieurs démissions, et d'autres sont attendues. »

Le stress a gagné vos services. Lucide, n'en pouvant plus, un analyste s'emporte contre les CDO : « **Des monstres ! Espérons que nous serons tous riches et en retraite quand ce château de cartes s'écroulera**. »

Ben, dis donc ! En voilà de la morale !

• La complexité des produits financiers auscultés se conjugue dangereusement avec le déficit de personnel qualifié. Par voie de conséquence, les agences sont conduites à délivrer des analyses de risques souvent fausses et incomplètes. Contrairement à vos engagements, elles se gardent de détailler et de rendre public l'ensemble de leurs méthodes d'analyse. Vous vivez dans un complet brouillard. En interne, un analyste se plaint : « Notre modèle d'évaluation ne prend en compte qu'à peine la moitié du risque des placements que nous analysons. Même fabriqués par une vache, nous le noterions encore ! »

Meuheuheuh !...

• Deux de vos agences (Standard & Poor's et Moody's) avouent même des bugs et défaillances dans leur système informatique, avec parfois pour conséquences des notations fantaisistes. Par charité chrétienne, je ne m'y étendrai pas...

Arrive maintenant le grief principal, la casserole que nos juges, plutôt que de vous mettre sous bracelet électronique, seraient bien inspirés d'accrocher à vos chevilles.

Celui, précisément, que je dénonçais, cinq ans plus tôt, dans *Le Marché aux voleurs*. La SEC fustige dans vos maisons de sérieux « conflits d'intérêts » : « Les agences cherchent à obtenir du business de sociétés qui leur commandent des notations, ce qui peut les empêcher de fournir des évaluations honnêtes. »

Ainsi s'est évanouie votre impartialité, étant payés pour vous tromper ou ne rien voir. La somme des blâmes s'allonge : si vos règlements internes interdisent à vos analystes de participer aux négociations avec les clients sur vos honoraires, en réalité cette Muraille de Chine est contournée. La SEC ne saurait l'accepter.

Ce n'est plus moi qui l'écris, mais la toute-puissante autorité de contrôle et de répression des marchés américains qui dénonce vos inadmissibles dysfonctionnements : « Les agences de notation n'ont pas pris de mesures pour empêcher que des préoccupations de parts de marchés ou de chiffres d'affaires n'influencent les méthodes de notation ou les notations elles-mêmes. »

En termes crus, ces observations d'un organisme officiel – celui de la première puissance économique et financière du monde – signifient que vos trois agences se sont agenouillées sous la cloche d'or de leurs clients. Au point de pouvoir affirmer que certaines de vos notations étaient directement liées au montant de vos honoraires. Un témoignage écrit l'atteste : « Notre équipe doit se réunir cette semaine pour ajuster nos méthodes d'évaluation des CDO immobiliers, à cause de la menace de perdre ce contrat. »

Autrement dit, votre cartel est prêt à tout, jusqu'à délivrer – pourquoi se gêner ? – des notations maquillées comme des voitures volées afin de conserver vos juteux contrats.

Comportement encore une fois mafieux et système d'entente généralisée que la Banque des règlements internationaux (BRI) de Bâle dénonçait, dès la fin de 2004, ayant observé que les banques initiatrices de CDO sélectionnaient les agences en fonction de la méthodologie de notation proposée. En clair, elles faisaient leur choix...

Pendant que les P-DG des banques s'acharnent à vendre des quantités phénoménales de subprimes véreux... pour gonfler leurs bonus, vous, messieurs les grandes consciences des agences de notation, vous recommandez à l'achat des valeurs exsangues, n'ayant qu'une seule idée en tête : faire de l'argent. Quelles qu'en soient les conséquences, vous souciant des entorses à la morale et à la loi comme d'une guigne.

« Conflits d'intérêts », disions-nous ? Tout préoccupés à remplir vos bas de laine, vous en avez oublié qu'ils sont passibles de lourdes peines. Des procès sont annoncés.

Cessons donc, messieurs, de tourner autour du pot. Les 1er et 2 avril 2009, au sommet du G 20 à Londres, les chefs d'État ont été bien inspirés d'exiger que vous soyez mis sous strict contrôle.

Il aura donc fallu attendre que tout vole en éclats, aux quatre coins du monde, pour qu'enfin, prenant son courage à deux mains, l'un d'eux, en l'espèce Nicolas Sarkozy, s'engage, le 1er avril 2009 (au micro de Jean-Pierre Elkabbach, sur Europe 1), à obtenir que l'on en finisse avec votre monopole scandaleux.

Que de temps perdu, entre ce que je vous écrivais en 2003, et ce que déclare le président de la République française six ans après, quelques heures avant de devoir se rendre à ce sommet réuni spécialement... pour tenter de trouver une solution à la crise !

Le général de Gaulle aimait à le dire : « Un homme et une politique se jugent à leurs résultats. »

Eh bien, messieurs les notaires de l'Apocalypse, reprenons les textes, tels que publiés : le premier, sous ma plume, en janvier 2003 – longtemps avant que vous ayez fini votre sale besogne au cimetière des subprimes garni de CDO –, le second dans l'interview de notre Président, à la date du 1er avril 2009.

En 2003, voici donc ce que j'écrivais, entre autres choses, à propos de vos méfaits : « Quelle peut être l'indépendance réelle de l'agence de notation Fitch Ratings, présidée et détenue à 96 % par Marc Ladreit de Lacharrière, qui siège (ou a figuré, jusqu'à il y a peu) aux conseils d'administration d'une multitude de sociétés cotées en Bourse, parmi lesquelles certaines des vedettes de ce livre : France Télécom (de 1995 à 1998) ; Canal + (de 1987 à 2002) ; Air France (en 1996 et 1997) ; le Crédit lyonnais (pendant ses années noires, de 1986 à 1993) ; L'Oréal ; le groupe Flo ; Euris ; Casino-Guichard. Bel exemple de confusion des genres chez un énarque passé par la banque de l'Indochine et de Suez, ancien numéro deux de L'Oréal, aujourd'hui membre du conseil consultatif de la Banque de France et vice-président de la Fondation Agir contre l'exclusion (FACE) de la socialiste et ancien ministre Martine Aubry. Comment est-il possible qu'avec une carte de visite aussi fournie, cet étonnant cumulard et homme d'affaires puisse présider aux destinées d'une agence de notation, tout en continuant à siéger au conseil de plusieurs des grands noms de la Bourse de Paris ? Entre les jetons de présence et la notation, il faut savoir choisir. »

Quand, le 1er avril 2009, le Président Sarkozy reçoit dès potron-minet Jean-Pierre Elkabbach dans le salon Murat du palais de l'Élysée, je retrouve la tonalité de mon cri de colère de janvier 2003 (sans, bien entendu, que le nom de l'illustre Marc Ladreit de Lacharrière soit prononcé) :

« *Jean-Pierre Elkabbach :* Nicolas Sarkozy, il y a, vous le dites bien, les hedge funds, les paradis fiscaux, les agences de notation, les abus des traders, les centres off-shore, mais est-ce que c'est ça qui va régler la crise et qui peut relancer la croissance ?

Nicolas Sarkozy : C'est un préalable ! Les agences de notation, il faut quand même voir cette chose, absolument invraisemblable, il existe trois agences de notation, pour l'essentiel logées aux États-Unis.

Jean-Pierre Elkabbach : Dont une en France aussi.

Nicolas Sarkozy : Non ! Enfin, l'un des propriétaires de cette agence est français, ça n'en fait pas une agence française. Ces agences ont en charge de noter un certain nombre d'entreprises d'État ou de produits financiers pour marquer, aux acheteurs de ces produits ou aux clients de ces États, leur dangerosité. Voilà des agences qui, avant la crise, notaient le vendredi **triple A**, c'est-à-dire une note qui veut dire : "**Achetez, il n'y a aucun problème**". Le même produit, le lundi, était noté "**triple B**", voire "**triple C**". Et on s'est aperçu qu'il n'y avait aucune transparence et que certaines des agences avaient des intérêts dans les entreprises qu'elles notaient. Eh bien, ça doit changer. Pareil pour les hedge funds : il est inimaginable que des hedge funds, des fonds spéculatifs, ne soient pas contrôlés. Pareil, la notion de hors bilan pour les banques est une notion, là aussi, invraisemblable. »

Invraisemblable ? Façon de parler. Car, dans la faillite mondiale que je m'attache ici à autopsier – quitte à donner à cet ouvrage l'allure d'un réquisitoire –, cette « notion » de hors bilan – malheureusement toujours d'actualité ! – ne date pas d'aujourd'hui. Je l'avais retrouvée, utilisée en permanence, dans le bidouillage des comptes de Vivendi Universal (sous Jean-Marie Messier) et des sociétés confiées aux technocrates faillis de la bulle Internet.

Nous entrons là dans un autre domaine, celui des quatre géants mondiaux de l'audit financier, les « Big Four » (Quatre Grands), chargés de certifier les comptes et bilans des banques et entreprises. Si je blâme ici les agences de notation, complices sans lesquelles la crise des subprimes n'aurait jamais eu lieu, il me faut aussi montrer du doigt ces quatre champions – Deloitte, Ernst & Young, KPMG et PriceWaterhouse-Coopers – qui se partagent un florissant business d'environ 100 milliards de dollars par an, pour apposer leur signature au bas d'états comptables certifiés « conformes et sincères ». À ce prix, l'erreur humaine devient difficilement tolérable.

Pour la plupart, les reproches adressés aux agences de notation financière sont à dupliquer pour les quatre compères mondiaux de l'audit.

En situation d'oligopole, à l'instar des trois grandes agences, eux aussi sont juges et parties, grassement rémunérés par ceux-là mêmes qu'ils sont chargés de contrôler. Tous ont certifié, en dormant, les milliards d'actifs toxiques cachés dans les comptes des principaux acteurs de la crise des subprimes : banques, fonds d'investissement, sociétés de Bourse, entreprises de construction, promoteurs immobiliers, etc.

Et quand je dis toxiques, permettez-moi d'ajouter, messieurs, que je suis gentil. Je reviendrai plus tard sur le dossier de l'escroc Bernard Madoff, épinglé aux États-Unis, en décembre 2008. Madoff, colosse du vol boursier, du détournement de fonds, des faux en tout genre, des accointances au plus haut niveau... dont il se prévalait pendant qu'il réalisait son casse. Auditeur de la sicav Luxalpha, l'un des attrape-nigauds du plus grand escroc de tous les siècles, messieurs les associés de Ernst & Young, vous gagnez là que je vous élève au rang de grands commandeurs de ma Légion d'horreur... sur canapé !

Vos cabinets, messieurs, ont au moins le mérite d'être remarquablement insonorisés. Ils n'entendent rien... et ne font pas de bruit. Malgré les millions de dollars d'honoraires encaissés pour chaque dossier, malgré leur présence constante aux côtés des états-majors des groupes cotés à Wall Street et ailleurs, jamais ils n'ont tiré le signal d'alarme. Aujourd'hui encore, ils empochent des commissions galactiques dans l'assistanat des gouvernements et entreprises aux prises avec la crise des subprimes, les aidant à digérer les centaines de milliards de créances toxiques dont ils s'étaient gardés de dénoncer l'existence. Ainsi, ils ne pouvaient ignorer la pratique dévastatrice du **hors bilan**, véhicule principal de toutes ces turpitudes.

De cela, comme de tout le reste, vous aviez la charge, messieurs les cumulards des agences de notation, et vous surtout, messieurs les auditeurs des grands cabinets mondiaux. Il vous appartenait de dénoncer ces honteux hors bilan et d'établir la réalité, fût-elle cachée, des comptes soumis à vos signatures officielles. Je me suis longtemps penché sur la question. Voici ce que je disais en 2003 :

« Hors bilan ? Ces termes signifient que des engagements financiers ne sont pas pris en compte et sont simplement signalés, en caractères lilliputiens et dans un jargon incompréhensible, dans le rapport annuel [*de l'entreprise cotée, soumise à notation*], de telle manière que les analystes financiers les plus avisés et a fortiori les petits actionnaires n'y prêtent pas attention. [...] ces cachotteries pétrifient les investisseurs, la foule des épargnants. Elles font planer de sérieux soupçons de dissimulation. »

Aujourd'hui ajoutées à la colère du président de la République française, attendez-vous à subir, messieurs les auditeurs, les foudres des investisseurs qui ne pardonnent pas vos coupables faiblesses. Les plaignants s'activent. En avril 2009, l'un de vous quatre, KPMG, est visé, nommément, par une plainte fustigeant sa « négligence fautive » dans la crise des subprimes. Les initiateurs ? Un groupe de créanciers de New Century Financial Corporation, gros vendeur de subprimes (comme Countrywide, d'Angelo Mozilo), dont la faillite, le 2 avril 2007, fut le détonateur de la crise. Dans leur requête, déposée devant des tribunaux de New York et Los Angeles, ces investisseurs floués exigent que KPMG soit condamné à les dédommager à hauteur de **1** milliard de dollars. Ils l'accusent d'avoir failli à son devoir de surveillance, en omettant de signaler les problèmes « catastrophiques » et les « erreurs comptables et financières » qui ont conduit cet établissement financier à la déroute. La plainte dénonce, entre autres griefs, des falsifications intervenues, selon ce qu'ils en disent, en 2005, avec la publication d'un rapport d'audit de New Century Financial Corporation, alors que le contrôle des comptes n'était pas terminé. Vilain ! Pour l'heure, KPMG n'entend pas réagir publiquement. Sa direction affirme seulement avoir respecté les règles de sa profession. À l'en croire, la faillite de New Century résulterait de l'échec de ses activités de crédit et n'aurait rien à voir avec des problèmes comptables. À suivre.

Visant des faits similaires, une autre plainte à la nitroglycérine cible le prestigieux cabinet Deloitte & Touche LLP, avec sa filiale Deloitte & Touche (Caïmans), en qualité d'auditeurs de la banque d'affaires new-yorkaise Bear Stearns. La plainte vise la faillite, en juillet 2007, de deux hedge funds aux noms à rallonge, se voulant à hauts rendements : « Bear Stearns High Grade Structured Credit Strategies Fund » et « Bear Stearns High Grade Structured Credit Strategies Enhanced Leverage Fund ». Le sinistre est un électrochoc pour la finance américaine. Il nécessite **3,2** milliards de dollars lors d'un urgent refinancement. Déposée en juin 2008 devant le tribunal du district sud de New York, la procédure est lancée par les liquidateurs et les créanciers de ces deux fonds, spécialisés dans les placements off-shore et les titres exotiques, tels que les CDO. Ils entendent récupérer la bagatelle de **1,5** milliard de dollars perdus, disent-ils, dans une « fraude sophistiquée » qu'ils imputent à Bear Stearns et ses dirigeants. Deloitte & Touche et sa filiale du paradis fiscal des îles Caïmans figurent parmi les parties poursuivies car, indique la plainte, « l'un et l'autre ont matériellement participé à la fraude de Bear Stearns et l'ont facilitée ».

Lancé en 2003, pour être réservé à de gros investisseurs, le premier des deux fonds « High grade » est présenté comme un placement de toute confiance. Investi à 90 % dans les meilleures tranches de CDO, il porte la note **AAA** des grandes agences de notation Standard & Poor's, Moody's et Fitch. Tant que le marché immobilier américain carbure, le jackpot est assuré. Les souscripteurs voient leur pelote enfler à vue d'œil : plus de 46 % de gains cumulés en deux ans et demi. Rémunéré à hauteur de 20 % sur les gains réalisés par les fonds, le gestionnaire Ralph R. Cioffi est sur un nuage. Il reçoit une commission de 2 % sur les fonds gérés. Revenus de golden boy avec jet privé Gulfstream et loisirs comme producteur du film *Just like my son* (Juste comme mon fils) avec la danseuse et actrice de Brooklyn Rosie Perez. Lancé en août 2006, peu avant la débâcle, le second fonds pratique lui aussi l'effet de levier, consistant à emprunter pour spéculer. Au total, les deux fonds consomment **9** milliards de dollars obtenus auprès des plus grands établissements : Bank of America, Citigroup, Deutsche Bank, Goldman Sachs, JP Morgan Chase, Lehman Brothers et Merrill Lynch. Sommes immédiatement investies en CDO, CDO au carré et autres titres des plus biscornus. Réveil brutal, fin 2006, quand l'immobilier américain se met à plonger. Les dirigeants des deux hedge funds ne bronchent pas. À leurs clients, ils continuent de peindre un tableau idyllique. Jusqu'à la banqueroute de l'été 2007. Et là, patatras : les investisseurs découvrent que les titres de pères de famille sont essentiellement des produits titrisés adossés à des subprimes à valeur voisine de zéro. Pire : si, dans les relevés mensuels des deux fonds, les titres subprimes figurent pour 6 à 8 % des investissements, en réalité ils constituent plus de 60 % des placements. Informations mensongères et tromperie manifeste.

Au dernier moment, Deloitte & Touche tente de se rattraper. Ses audits des deux hedge funds pour l'année 2006 – rendus publics en mai 2007 – comportent enfin des réserves sur la fiabilité des comptes. Mais bien timides, voire illisibles, dans une langue de bois de comptable soviétique. Deloitte évoque des « différences substantielles » qui pourraient survenir dans l'évaluation des portefeuilles. Pour les investisseurs grugés, ces réserves arrivent bien tard : une quinzaine de jours avant les premiers craquements qui obligent Bear Stearns à geler ses deux fonds en état de faillite.

Parmi les employés d'un des fonds aujourd'hui poursuivis, figure un trader débutant d'une vingtaine d'années, Richard Bierbaum, longuement entendu par la justice. Sans expérience, avec encore ses dents de lait, le jeune homme retrouve vite un travail, en mars 2007... chez Calyon-New York, la banque d'investissement du Crédit agricole. Embauche des plus habiles, j'ose même dire des plus perspicaces. Elle va vous coûter un saladier, messieurs les banquiers vernis du Crédit agricole !

Six mois plus tard, votre moussaillon, débarqué du hedge fund de Bear Stearns en faillite, fait chez vous merveille : **250** millions d'euros de pertes, avec des spéculations indignes... sur des indices de CDS.

Un Kerviel bis... cinq mois avant Jérôme Kerviel, le trader solitaire qui, en janvier 2008, a fait exploser les compteurs de la Société générale de notre ami Daniel Bouton (d'or !).

8.

À trop en faire, le grand singe de Lehman se condamne à finir en cage

LANCÉ à pleine vitesse, en surrégime, le TGV des subprimes est condamné à dérailler. Comment pourrait-il en être autrement, avec dans ses wagons une population bigarrée de banques, compagnies d'assurances, caisses de retraites et d'épargne, organismes de financement des collectivités locales européennes, hedge funds et divers fonds communs de placement, porteurs de l'épargne populaire, pour des montants phénoménaux ? Spectacle dantesque... qui fait entrer dans l'Histoire la bombe subprime comme la calamité économique la plus dévastatrice de tous les temps.

Outre-Atlantique d'abord, puis en Europe et partout dans le monde, banquiers et P-DG menteurs, honteux d'avoir à révéler vos incompétences, vos frasques et trains de vie de nababs tirés de votre oriental trafic, vous allez devoir vous couper le nez, rendre des comptes, contraints – pour beaucoup d'entre vous – de renoncer, sous la menace, à vos privilèges et salaires de nantis... en attendant, fébriles, d'être appelés à vous en expliquer sous le glaive de la justice.

Vos faillites pleuvent comme des hallebardes. Le 14 mars 2008, les marchés financiers tremblent à l'annonce de l'hospitalisation aux urgences de Bear

Stearns, en coma profond. Créée en 1923 à New York, la grande banque d'investissement élue en 2005 et 2007 la « plus admirable » (*most admired*) société de valeurs mobilières par le magazine *Fortune*, ne se remet pas de la banqueroute de ses hedge funds. La Federal Reserve se rend à son chevet... pour lui octroyer une garantie de **29** milliards de dollars. Sauvée, in extremis, la banque est rachetée à la casse par JP Morgan Chase... celle qui a inventé les funestes CDS.

Le 7 septembre 2008, Fannie Mae et Freddie Mac, chars de tête de la division blindée des subprimes, sont purement et simplement nationalisés par le gouvernement américain, pour être renfloués avec une première injection colossale de **200** milliards de dollars, suivie d'autres perfusions. Cette tornade de milliards tirés des caisses de l'État fédéral pour sauver les deux poutres maîtresses du crédit hypothécaire donne naissance à un typhon... qui augmente de violence, au fur et à mesure de son avancée, ponctué par l'annonce de nouvelles faillites. Et non des moindres.

À trop tirer sur la corde, elle finit par rompre. La confiance, motrice de toutes les Bourses du monde – qui ne pardonnent pas les tromperies –, se mue en défiance. Un à un, les guichets interbancaires se coupent du monde. Les plus grandes maisons sont paralysées par le venin de la suspicion. Les produits titrisés pourris étant par excellence parqués « hors bilan » des banques, beaucoup de celles-ci se trouvent acculées... mises en quarantaine.

Arrive le lundi noir, le 15 septembre 2008 : alors que la tempête fait rage, un autre sauvetage doit intervenir. Impérativement ! La série noire poursuit son chemin, inexorablement : Merrill Lynch – troisième banque d'investissement américaine, fondée en 1914 – est plombée par les subprimes. Cette fois, c'est du sérieux : présente dans quarante pays, son ardoise dépasse les **52** milliards de dollars. Wall Street est aux abois. Pour ne pas se déclarer en faillite, Merrill n'a plus le choix : à l'image des bourgeois de Calais, son état-major doit se livrer, têtes basses et corde autour du cou, au géant Bank of America. L'humiliation suprême ! Qui ne le vaccine pas de ses mauvaises habitudes.

Racheté in extremis, son conseil d'administration décide, en décembre 2008 – juste avant la finalisation du sauvetage –, le versement de quelque **3,6** milliards de dollars en primes diverses à **795** cadres de Merrill Lynch. Les quatre plus haut gradés se font octroyer une enveloppe globale de **121** millions de dollars. Environ **30** millions de dollars remis à chacun... pour un naufrage terminé dans les canots de sauvetage de Bank of America !

Ben voyons ! Chez vous, messieurs les bandits de la finance, tout est bon... comme dans le cochon !

Ajouté à combien d'autres, le coup de ces 121 millions proprement volatilisés n'est pas du goût du procureur de New York, Andrew Cuomo. Une procédure est déclenchée.

Terrible 15 septembre 2008 ! Qui entre dans l'histoire de la finance mondiale comme le pire jour jamais connu. En l'espace de vingt-quatre heures, vos pertes annoncées... tombent sur les dépêches par brouettes : les centaines de milliards de dollars défilent, dans un bruit assourdissant.

Quatrième des grandes banques américaines d'investissement, Lehman Brothers n'a pas la chance de

Merrill Lynch. Avec des dettes abyssales, de **615** milliards de dollars, dont **85** milliards classés comme « actifs toxiques », l'administration fédérale décide de lui tourner le dos. Mille sabords !

Là, messieurs, vous êtes coincés. À trop narguer Oncle Sam, avec vos mœurs de nouveaux riches, vous l'avez enfin fâché. Quand il se met en colère, tonton Sam – c'est connu – n'est pas commode !

Patron de Lehman, votre brutal et arrogant copain, Richard Fuld – « Dick » pour tout le monde et « le Gorille » pour les dames qui n'apprécient pas vraiment ses amabilités viriles –, a tenté une ultime partie de poker, pendant tout le week-end. Négociations de la dernière chance... mais vouées à l'échec : d'abord avec la Bank of America (qui lui préfère Merrill Lynch) ; puis avec la britannique Barclays... qui jette l'éponge, faute de recevoir une garantie du gouvernement américain sur la partie des actifs compromis qui pose problème.

L'enjeu est de taille : ce lundi 15 septembre, Lehman est privé de porte de sortie honorable. À 62 ans, « le Gorille » en est à grimper aux arbres, pour se placer sous la protection du chapitre 11 du *Bankruptcy Code* fédéral, autrement dit sous la loi régissant les faillites.

Plus d'un siècle et demi après sa création, en 1850, par Emmanuel et Mayer Lehman, deux frères immigrants juifs allemands, la « légende » de Wall Street est contrainte de mettre la clé sous le paillasson.

Incroyable mais vrai ! Lehman – qui a réussi à sortir indemne de la guerre civile américaine, puis de la crise de 1929, et enfin de l'effroyable attentat qui fit s'écrouler les tours jumelles, devant lesquelles son siège social était installé –, s'éteint lamentablement, emporté par la vague tueuse des produits titrisés.

Vous, bandits de la finance – où que vous soyez –, voyez dans cet arrêt de mort prononcé le signe avant-coureur de ce qui vous attend. Mais, obnubilés par vos rêves d'argent, vous maintenez le cap, fonçant droit, moteurs à plein régime, vers votre objectif final : le bonus de fin d'année. Vous vous l'êtes promis. Crise ou pas, 2008 sera un bon cru.

Parmi nous, les gueux de la pelouse, qui l'aurait cru ? Un an auparavant, Lehman était encore encensé par le prestigieux magazine économique *Fortune*, en recevant le prix de **la** banque d'investissement des États-Unis. Les dommages collatéraux de sa faillite – la plus importante dans la longue vie du capitalisme américain – sont considérables. Le jour même, Wall Street s'effondre, entraînant l'ensemble des Bourses mondiales. Par contagion, des centaines de banques, établissements financiers ou fonds de placement, de toutes nationalités, doivent déposer leur bilan ou se faire renflouer, à la va-vite, par les États.

Les banques françaises sont directement touchées. Selon les chiffres disponibles, leur ardoise chez Lehman dépasse les **2,5** milliards d'euros :

- **577** millions d'euros pour BNP Paribas ;
- environ **500** millions pour le Crédit mutuel ;
- **248** millions pour Natixis, la filiale de la Caisse d'épargne et des Banques populaires ;
- **60** millions pour la prudente Banque postale.

Outre les cent trente salariés remerciés de sa filiale bancaire française, Lehman laisse sur le carreau six cents logements achetés à prix d'or, rue de la République, à deux pas du Vieux-Port de Marseille. À Paris, les dégâts se mesurent également, à l'aune de la tour Cœur Défense, building de cent quatre-vingts mètres de haut, dans le prestigieux quartier d'affaires qui abrite les sièges des grandes banques et multinationales : Société générale, Total, AGF, Crédit agricole-Calyon. Là encore, des sommes folles ont valsé. « Le Gorille » joue avec l'argent de ses actionnaires comme au Monopoly. Acquis par Lehman pour **2,11** milliards d'euros fin mars 2007, avant le déclenchement de la crise, l'immeuble n'en vaut plus que la moitié. À condition de trouver preneur.

Si la faillite de New Century Financial Corp., en avril 2007, a marqué le début de la crise des subprimes, celle de Lehman Brothers, le 15 septembre 2008, donne le véritable signal du tremblement de terre (force 10 sur l'échelle de Richter) qui va durablement affecter l'économie mondiale. Aussi une question inévitable, légitime, obsédante, revient-elle : pour quelles obscures raisons l'État américain a-t-il refusé de débloquer les milliards qui pouvaient tirer Lehman d'affaire, tandis qu'il mettait **200** milliards de dollars sur la table, huit jours plus tôt, pour sortir Fannie Mae et Freddie Mac des glaces du Grand Nord ? Et alors que, deux jours plus tard, le 17 septembre 2008, il ouvrait à nouveau sa cassette, allongeant **85** milliards de dollars, coût de la nationalisation du géant de l'assurance AIG, numéro un mondial des CDS, à la recherche, comme un pauvre mendiant, de **75** milliards de dollars pour faire face à d'immédiates obligations ?

Le secrétaire américain au Trésor Henry Paulson, le président de la Federal Reserve, Ben Bernanke, et le patron de la Fed de New York, Timothy Geithner – actuel secrétaire au Trésor du président Barack Obama –, ont refusé tout net que les fonds publics servent au sauvetage de Lehman. Pour beaucoup, l'option choisie reste la « pire stupidité économique de la crise ».

Tel n'est pas l'avis de Nouriel Roubini, ancien conseiller du président Bill Clinton à la Maison Blanche, l'un des rares économistes à avoir vu venir la crise. Et à l'avoir dit courageusement, quitte à se voir appeler « Docteur catastrophe » après son intervention, le 26 septembre 2006, au Fonds monétaire international (FMI), où il avait pétrifié son auditoire en dessinant les contours de « la crise en gestation ». Deux jours avant la décision des autorités américaines, Nouriel Roubini avait prédit la chute de Lehman Brothers. Ce qu'il en dit maintenant, a posteriori, est glaçant :

« Sauver Lehman, qui était bourré d'actifs toxiques, serait revenu à donner un chèque en blanc à toutes les institutions financières, même les plus pourries. Le système aurait sans doute tenu plus longtemps, mais il aurait quand même fini par imploser. Selon moi, le péché originel de la Fed, c'est Bear Stearns. En volant au secours de la plus petite des banques de Wall Street, en mars 2008, les autorités ont laissé penser qu'elles sauveraient tout le monde. Du coup, les dirigeants de Lehman et des autres banques d'investissement n'ont pas cherché à prendre des mesures radicales pour éviter la faillite, pensant qu'ils seraient de toute façon secourus au nom du risque systémique. Les investisseurs sont en train de réaliser que, si le risque d'effondrement total du système financier est provisoirement écarté, c'est maintenant un effondrement de l'économie réelle qui se profile. Les conséquences du resserrement du crédit vont être terribles pour la consommation, l'investissement, les achats immobiliers et l'emploi, avec un effet boomerang sur les marchés. La zone euro est déjà en récession. Contrairement à ce que certains prétendaient, le système financier européen s'est avéré interdépendant du système américain. Il en est de même pour l'économie réelle. Quand les États-Unis attrapent froid, le reste du monde tousse. Et aujourd'hui, ce n'est pas un petit rhume qu'ont attrapé les États-Unis, mais une pneumonie chronique. Il va donc y avoir une récession globale d'une violence inouïe, à laquelle l'Europe n'échappera pas. D'autant moins qu'elle a ses propres problèmes à gérer. Le marché immobilier de certains États membres, tels que la Grande-Bretagne, l'Espagne ou l'Irlande, est en pleine débâcle. Les banques européennes, réputées prudentes, sont pour certaines d'entre elles bourrées de produits toxiques. Il ne faut pas oublier que la moitié des obligations émises aux États-Unis, sur la base d'actifs immobiliers pourris, ont été achetées par des étrangers, le plus souvent par des institutions financières européennes[1]. »

Président de la Federal Reserve, Ben Bernanke a fourni sa propre explication, deux jours après le lundi noir 15 septembre qui vit la faillite de Lehman Brothers : « Une solution publique était impossible pour Lehman parce que la banque ne disposait pas d'actifs suffisants pouvant servir de garantie à l'octroi d'un prêt par la Federal Reserve, et parce que le Trésor américain n'avait pas autorité pour absorber les milliards de dollars de pertes attendues chez Lehman et pour faciliter son acquisition par une autre firme. »

Justifiant le sauvetage concomitant d'AIG, il ajoutait :

« Concernant AIG, la Federal Reserve et le Trésor ont estimé qu'une faillite aurait menacé sévèrement la stabilité financière et les performances économiques

1. Point de vue de Nouriel Roubini publié par Élisa Parisa-Capone, sur RGE Monitor (23 janvier 2009).

des États-Unis. Nous avons aussi considéré que les aides financières d'urgence de la Fed à AIG pourraient être garanties, de façon suffisante, par les actifs d'AIG. Pour protéger les contribuables américains et atténuer la possibilité que ce prêt à AIG puisse encourager à l'avenir des prises de risques déraisonnables de la part de sociétés financières, la Fed s'est assurée que les conditions du crédit accordé à AIG imposent des contraintes et des coûts significatifs aux actionnaires de la société, à ses dirigeants et ses créanciers. »

Autrement dit, le gouvernement américain a tranché, en faisant deux poids, deux mesures : s'il acceptait de renflouer AIG, Freddie Mac et Fannie Mae, mais lâchait Lehman Brothers, c'était – comme le soutient Nouriel Roubini – pour passer un message fort et clair à la communauté financière frappée de surdité. Et pour indiquer, du même coup, aux spéculateurs de tous poils qu'il y avait des limites à tout, le contribuable américain ne pouvant servir à chaque fois de pompier de service.

Les gesticulations du « Gorille » ne servaient à rien. À trop en faire, le grand singe de Lehman s'est condamné à finir en cage.

Telle est la réalité qui vous dérange, messieurs les banquiers du diable. Parce qu'elle ne vous honore pas, parce que, dans vos jungles – que vous soyez gorilles ou ouistitis –, vous avez trop volé, trop dévasté.

Prévenus de longue date, dans les conditions que je viens d'exposer – par le FBI ; par le FINCEN ; par les experts de la Chambre des représentants ; et par les sénateurs John McCain et Barack Obama (qui s'affrontent dans la dernière ligne droite de l'imminente élection présidentielle de novembre) –, la Fed et le gouvernement savent pertinemment que le champ de bataille où il leur est imposé d'intervenir (pour arrêter le massacre) est **totalement** miné, jonché de pestilentiels charniers, que vous, messieurs les bandits de la finance, avez soigneusement cachés, pensant pouvoir éviter de rendre à la justice des comptes... dont vous avez perdu le contrôle.

Il faut choisir, trancher dans le vif : l'économie ? ou la politique ? Dilemme ! Sur fond d'arrière-pensées, de rancœurs, de honte et dans l'affolement. Sauver le traître Lehman et ses foyers de pertes aux quatre coins du monde... pour calmer les marchés ? L'abandonner dans la faillite, quitte à froisser, voire à paniquer ? La réponse – sage ou folle, l'histoire le dira – tombe, sèche comme un coup de trique : Lehman a vécu ! Lehman doit mourir... pour l'exemple ! Quitte à provoquer une formidable onde de choc !

La politique l'a emporté.

À la guerre, c'est ainsi : même la plus puissante armée du monde n'est jamais assurée de s'en sortir victorieuse et sans casse. En l'espèce, les soldats, les peuples, se retrouvent pris à votre piège, messieurs les bandits de la finance, dans la débâcle cauchemardesque du 15 septembre 2008.

Comme toujours en pareil cas, des commentateurs (romanciers ?) s'accordent pour faire de l'exécution publique du « Gorille » de Wall Street un scénario hollywoodien. Alimentée par des poissons-pilotes, la rumeur enfle : secrétaire au Trésor de George W. Bush depuis mai 2006, Henry Paulson aurait profité de l'aubaine pour régler un vieux compte. On se le répète : avant d'être promu le premier argentier des États-Unis, Henry Paulson[1] a effectué l'essentiel de sa carrière dans la grande banque d'affaires Goldman Sachs, jusqu'à en devenir le président. Or, justement, Goldman Sachs – « la Firme » redoutée des milieux financiers – est (de toujours !) l'ennemi juré de Lehman Brothers.

Il n'en faut pas plus pour soupçonner le ministre des Finances d'avoir profité de l'opportunité de la crise pour mettre KO la banque du « Gorille » contre laquelle il s'était battu pendant vingt-deux ans.

Qui dit vrai ? La réponse est dans le bilan des deux banques... et les péripéties qui suivent.

À l'inverse de Lehman, Goldman a réussi la prouesse de traverser, sans trop de dommages, la crise des subprimes, où elle a pourtant enregistré des pertes gigantesques. Elle est l'une des grandes gagnantes du fameux « plan Paulson », dévoilé le 18 septembre 2008. Trois jours après la faillite de Lehman, le secrétaire au Trésor a décidé de débloquer **700** milliards de dollars de fonds publics pour racheter aux établissements financiers pris au piège des subprimes leurs actifs toxiques invendables. Illico, Goldman Sachs a reçu le feu vert de la Fed pour changer son statut de banque d'affaires en Bank holding company (holding bancaire). La martingale qui sauve les établissements de crédit ! Elle lui permet d'obtenir **10** milliards de dollars de subsides fédéraux, pris sur les **700** milliards du plan Paulson.

---

1. À ne pas confondre avec le financier milliardaire John Paulson, président de Paulson & Co... qui a doublé sa fortune – aujourd'hui évaluée à 6 milliards de dollars – en pariant, avec ses hedge funds, dès 2007, sur l'éclatement de la bulle des subprimes.

Connu pour son flair, lui-même à la tête de multiples hedge funds, le milliardaire Warren Buffett a pris le train en marche, avec un ticket de **5** milliards de dollars dans le capital de Goldman, pour des titres sur mesure : des « actions préférentielles perpétuelles », portant un intérêt de **10 %** l'an.

Les affaires sont les affaires ! Et Warren Buffett est un vieux monsieur... qui sait compter, sans avoir à recourir à d'improbables modèles pour produits titrisés.

En avril 2009, Goldman a retrouvé le sourire avec **1,81** milliard de dollars de bénéfice net, au premier trimestre. Grâce, substantiellement... aux résultats records de ses opérations spéculatives sur les marchés du crédit, des matières premières et des changes.

Warren Buffett ne s'est pas trompé.

Ah ! comme il est bon de battre monnaie, avec l'argent du contribuable !

En France, comme partout ailleurs, il en est de même, les salles des marchés continuant de spéculer... usant et abusant des mathématiques financières, tamis vérolés des produits titrisés.

Du coup, après la séance de massage et la piqûre dopante du plan Paulson, Goldman Sachs se déclare pressé de rembourser les **10** milliards de fonds fédéraux qui lui ont été avancés, pour ne pas connaître le sort de Lehman Brothers. Impossible de faire autrement. Car – ne soyons pas dupes ! –, comme tous les autres banquiers (quelle que soit leur nationalité), les dirigeants de Goldman Sachs n'ont qu'une idée en tête : se libérer des chaînes du galérien Barack Obama, furieux – on le comprend – de les voir continuer à taper dans la caisse, après avoir mis le monde dans la panade... et avoir fait la manche à l'automne 2008, au pied des escaliers de la Maison Blanche, pour pouvoir boucher leurs trous. Le Président a décidé de taxer à **100 %** les bonus des dirigeants des banques bénéficiaires de fonds publics.

Justice immanente !

Après la chute de Lehman, Richard Fuld – ancien pilote de chasse, longtemps star de Wall Street – devient **le** symbole de la rapacité bancaire... pour avoir provoqué l'explosion volcanique de la finance mondiale... tout en s'en mettant plein les poches. Le 6 octobre 2008, le P-DG maudit est sommé de venir s'expliquer devant la commission de Surveillance de la Chambre des représentants, présidée par l'inoxydable Henry Waxman. À en-tête du Congrès des États-Unis, la lettre de convocation lui a été envoyée le 18 septembre 2008, trois jours seulement après la faillite de Lehman ; au Parlement américain, on fait diligence, comme on dit dans le Far West. Fuld est prié de faire parvenir à la commission toutes ses archives, y compris les e-mails, de même que celles de son conseil d'administration, sur la période des cent quatre-vingts jours qui ont précédé la banqueroute. Lui et ses administrateurs doivent également envoyer la liste complète de leurs rémunérations depuis janvier 2000 : salaire de base ; bonus en cash, attribution d'actions, etc.

Ah ! comme nous sommes loin de la France.

Suivant attentivement les débats, j'observe que les documents sont montrés, affichés, mis à la disposition de qui veut les consulter, ou en prendre copie.

Au jour dit, le « Gorille », en costume de deuil noir et cravate à pois, encaisse les coups du mieux qu'il le peut. Dans une déclaration préliminaire, il a quelque peu irrité les congressistes : « Mes actions étaient prudentes et appropriées. »

Fichtre ! Et comme Jean-Marie Messier, il se défausse sur les spéculateurs, « vendeurs à découvert » qui ont joué la chute de Lehman, comme d'autres, au temps de Messier à la tête de Vivendi Universal, lequel, aujourd'hui encore, persiste à mettre la crise sur le dos de la vente à découvert, c'est-à-dire à terme. Pauvre argument, venant d'hommes qui se sont servi abondamment de la Bourse et de ses spéculations pour grimper en haut du cocotier.

Lors de l'audition de Richard Fuld, les parlementaires sont furieux. Démocrates, comme républicains. Les accusations fusent : « Aujourd'hui, vous êtes le coupable ! » lui lance le représentant républicain de Floride, John Mica.

Devant les caméras de télévision, qui – comme toujours aux États-Unis – retransmettent l'audition en direct, Henry Waxman est féroce. Les salaires et primes que le P-DG s'est scandaleusement octroyés lui sont balancés à la figure, comme autant de gifles... dont les Américains font les frais : « Monsieur Fuld s'en tire à bon compte : c'est un homme riche, qui a gagné plus de **500** millions de dollars ! Mais les contribuables se retrouvent, eux, avec une ardoise de **700** milliards pour sauver Wall Street et l'économie en crise. »

Le « Gorille » encaisse... sans broncher : il en a vu d'autres.

John Mica brandit le document qui fait mal : le récapitulatif des rémunérations mirobolantes de l'ex-P-DG de Lehman. Le tableau s'affiche en bleu, sur un écran géant. Je me gratte la tête. Nous sommes dans un autre monde, où une seule année de salaire suffit pour mettre à l'abri du besoin une dynastie pendant dix générations. Ce document, le voici :

9:48 am PT

Take-Home Compensation for Richard S. Fuld, Jr.

	Salary & Other Comp.	Cash Bonus	Option Exercises	Stock Sales	Total
2000	$763,710	$8.8 mil.	$43.0 mil	-	$52.5 mil.
2001	$762,517	$4.0 mil.	$93.6 mil.	-	$98.4 mil.
2002	$763,008	$1.1 mil.	$21.1 mil.	-	$22.9 mil.
2003	$764,439	$6.7 mil.	$37.5 mil.	-	$45.0 mil.
2004	$766,028	$10.3 mil.	$13.9 mil.	-	$24.9 mil.
2005	$767,791	$13.8 mil.	$75.0 mil.	-	$89.5 mil.
2006	$939,585	$6.3 mil.	$31.9 mil.	$67.1 mil.	$106.2 mil.
2007	$903,169	$4.3 mil.	$40.3 mil.	-	$45.4 mil.
Total	$6.4 mil.	$55.0 mil.	$356.3 mil.	$67.1 mil.	$484.8 mil.

CSPAN

Récapitulons :

- Année 2000 : **52,5** millions de dollars
- Année 2001 : **98,4**
- Année 2002 : **22,9**
- Année 2003 : **45**
- Année 2004 : **24,9**
- Année 2005 : **89,5**
- Année 2006 : **106,2**
- Année 2007 : **45,4**
- **Total : 484,8** millions de dollars = **372,3** millions d'euros.

Le républicain John Mica ne lâche pas prise : « J'ai

une question élémentaire à vous poser : est-ce honnête ? »

Regard sombre, visage crispé, le « Gorille » est saisi d'un rictus. Pas de réponse. Après tout, le blé est ramassé.

Pressé de s'expliquer, Richard Fuld tente de contester ces chiffres : c'est tout juste s'il consent à avouer timidement **250** millions de dollars de recettes ; le solde (bonus, stock-options et ventes d'actions de Lehman, pourtant bien réels) passe à l'as.

Texte en main – un e-mail retrouvé chez Lehman Brothers –, Henry Waxman s'étonne que, quatre jours avant la faillite, la direction générale de la banque ait distribué **20** millions de dollars à trois de ses hauts responsables :

« Autrement dit, alors même que Richard Fuld implorait le secrétaire au Trésor, Henry Paulson, de venir au secours de la banque, Lehman Brothers continuait à jeter des millions par les fenêtres, pour satisfaire ses dirigeants. Tandis que monsieur Fuld et les autres responsables de Lehman s'enrichissaient, ils entraînaient Lehman Brothers et notre économie vers un précipice. »

Tel est votre héros, messieurs les banquiers des subprimes, vous qui, encore aujourd'hui, utilisant les aides qui vous sont allouées sur fonds publics... pour continuer de vivre, persistez à vous faire attribuer de scandaleux salaires et bonus... à la manière de ce Richard Fuld, spécimen exemplaire dans la cohorte des bandits de la finance.

Richard Fuld... bandit jusqu'au bout !

Sur le fond du dossier de l'effondrement de Lehman Brothers, le casseur de Wall Street n'accepte d'endosser « aucune responsabilité ». À l'en croire, sa chute n'est intervenue qu'en raison « d'une série de facteurs déstabilisants ».

Ainsi raisonne, ainsi fonctionne l'un des banquiers les plus en vue de la génération subprimes.

L'ancien maître de la finance – qui, à l'époque de sa gloire, répétait à ses collaborateurs le même discours humaniste – « La vie est un combat, vous devez tuer l'ennemi ! » – a perdu sa superbe. Sonné, il ne sait plus que dire : « À la fin, malgré tous nos efforts, nous avons été dépassés par les événements. »

Par les événements ? Sans doute.

Mais pas par l'appât du gain. Ni le choc des chiffres... que je viens de citer !

Le 22 décembre 2008, le rigoureux *Financial Times* de Londres lui décerne le prix du « P-DG le plus surpayé de l'année » ; il l'assortit de la palme convoitée de « P-DG le plus voleur ». Distinction remportée, de haute lutte : à plate couture, Richard Fuld bat Dick Syron, pour ses **33** millions de dollars barbotés au long de ses deux années à la tête de Freddie Mac, et Daniel Mudd pour ses **23** millions chez Fannie Mae, durant la même période.

Le grand quotidien économique de Londres se fait un devoir de détailler les faits d'armes du patron déchu de Lehman Brothers : ses revenus, par dizaines de « millions de dollars en 2006, puis en 2007, les deux années précédant l'effondrement de sa banque ; il a refusé de la vendre quand il était encore temps. Et il a déclenché un tremblement de terre sur les marchés financiers mondiaux ».

Sonnez trompettes !

Conclusion du journal : « Dick Fuld place la barre très haut pour notre futur prix 2009. »

À cet égard, je suis plutôt optimiste : au train où vont les choses – puisqu'il ne se passe plus de jour sans que l'on nous annonce, ici des pertes subprimes, là une escroquerie banale portant sur des milliards dont les volumes le disputent à l'irréel –, il se trouvera bien un autre margoulin pour enfoncer le record du « Gorille ». Car – ne l'oublions pas ! –, du côté des CDS, un magma couve... qui peut à tout instant exploser, réduisant en cendres, bien au-delà des banques, les États eux-mêmes... aujourd'hui garants de ces bombes à uranium enrichi, dont la fabrication et la commercialisation (à une échelle industrielle) continuent comme avant. Et parfois même de plus belle !

Croulant sous les critiques, menacé de plaintes, dont celle du comté californien de San Mateo, l'ex-tycoon de Lehman Brothers s'est dépêché de mettre sa fortune à l'abri. L'homme est un conservateur. Les registres immobiliers du comté de Martin, en Floride, l'attestent : fin 2008, Richard Fuld a vendu son palais de Jupiter Island, près de Palm Beach, à son épouse Kathleen. Prix de la transaction : **100** dollars, le minimum autorisé par la législation locale.

100 dollars... pour une propriété de milliardaire de **1,3** hectare, face à l'océan, à côté de celles de la chanteuse Céline Dion et du champion de golf Tiger Woods ?

Investisseur d'ordinaire avisé, j'ai manifestement raté une affaire !

100 dollars pour une résidence de **13** millions de dollars (sa valeur d'achat, en mars 2004) ? À n'en pas douter, la crise de l'immobilier américain fait de sérieux ravages.

Là, messieurs les banquiers, vous avez trouvé un confrère plus fort que vous tous ! À 100 dollars, vous connaissant de longue date, je puis témoigner que jamais l'un d'entre vous n'a osé si bon coup.

Pauvre King Kong déchu, jeté de chez Lehman comme un malpropre, mais qui... possède aussi, pour ses vieux jours :

• une résidence de **26,2** millions de dollars à Manhattan ;

• une maison de vingt pièces avec huit chambres à coucher, piscine, courts de tennis et de squash à Greenwich, dans le riche Connecticut où il réside le plus souvent, et dont la valeur ne saurait figurer au catalogue ;

• une autre encore, plus modeste – **9** millions de dollars ! – à Ketchum, dans l'Idaho.

Ah ! j'allais l'oublier : toujours fin 2008, le prudent fossoyeur de Lehman Brothers a urgemment liquidé, au rabais (**13,5** millions de dollars !), une collection de précieux dessins précédemment estimée à **20** millions de dollars.

Dans leurs tombes, Picasso et Dalí se morfondent.

Au lendemain de ces tragiques beuveries... à la santé des actionnaires volés, des contribuables moqués, des États ruinés... un peu de rigolade. Voici, mes bons amis, adaptée à votre intention par mes soins, l'histoire de *La crise des subprimes selon Ginette.* Une histoire – dont l'auteur m'est inconnu – pour ceux aussi qui n'en auraient pas totalement saisi les subtils mécanismes. Elle nous ramène en France.

C'est la fable du bar de Madame Ginette, réjouissante et pertinente analyse du commerce développé – avec les résultats que l'on sait – par vous, messieurs les bandits de la finance.

La scène se passe à Bertincourt, petite localité du

Pas-de-Calais (arrondissement d'Arras) : 886 habitants, 7,58 kilomètres carrés, code postal 62124. Suivez-moi bien, vous allez vous y retrouver :

Madame Ginette y tient une modeste buvette. Pour augmenter ses ventes, la tenancière décide de faire crédit à ses fidèles clients, tous alcooliques, et presque tous en chômage... de longue durée, les 35 heures de Martine Aubry n'arrangeant pas leur situation.

Depuis qu'elle fait crédit à ses consommateurs, Madame Ginette accroît la fréquentation de son établissement... qui lui permet d'augmenter quelque peu le prix de base du calva et du canon de rouge.

Jeune et dynamique directeur de l'agence locale de la Banque Picsous, établissement séculaire implanté dans toute la France[1], Jérôme flaire la bonne affaire. Féru des techniques modernes de la finance, il calcule que les ardoises du troquet de Madame Ginette constituent, somme toute, des actifs recouvrables ; il propose à Ginette de lui faire à son tour crédit... en prenant, en garantie, les dettes des ivrognes inscrites derrière le bar.

À Paris, au siège de la Banque Picsous, « quants » et traders en costumes trois pièces transforment ces actifs liquides (les dettes des pochetrons) en ABS, CDO, CDO au carré, CDS et autres produits à sigles abscons, que personne dans la banque ne comprend, y compris le fringant directeur d'agence de Bertincourt.

Empaquetés, ces instruments financiers de haute volée sont expédiés, par la maison mère, via son réseau d'affaires internationales, sur les grandes places

1. Je laisse au lecteur le soin de deviner l'établissement qui se cache derrière la Banque Picsous : il n'a que l'embarras du choix, elles se ressemblent toutes.

financières mondiales – New York, Paris, Londres, Francfort, Bruxelles, Madrid, Milan, Genève, Moscou... –, pour servir à des spéculations sur « produits dérivés de crédit »... à fort effet de levier. Ainsi, sans que personne n'en sache rien, les ardoises des ivrognes de Madame Ginette se retrouvent bien loties, servant de « garanties sous-jacentes » aux ABS, CDO, CDO au carré, CDS et autres produits titrisés.

Reposant sur les dettes des ivrognes de Madame Ginette, ces « dérivés de crédit » sont négociés pendant plusieurs années, sur les marchés financiers de **80** pays, comme autant de titres solides et sérieux, faisant normalement l'objet de la meilleure notation **AAA** délivrée par les grandes agences internationales, Standard & Poor's, Moody's et Fitch Ratings.

Arrive le jour où un analyste financier, plus curieux que les autres, débarque à Bertincourt et y découvre que, bourrés comme des cartables, les alcoolos du troquet de Madame Ginette n'ont pas un rond pour payer leurs dettes accumulées.

Le pot aux roses étant découvert, l'affaire transpire sur les marchés : c'est la panique, assortie d'un délit d'initiés : la banque de l'analyste a vendu ses ABS, CDO, CDO au carré, CDS avant la publication de l'étude de son analyste. Ses investissements et profits sont saisis. L'affaire fait scandale. Sur les marchés, les ABS, CDO, CDO au carré, CDS adossés aux libations impayées des ivrognes de Bertincourt ne trouvent plus preneurs. Coincée, l'agence de la Banque Picsous coupe ses crédits à la buvette de Madame Ginette... qui fait faillite.

Résultat : le monde entier l'a dans l'os... même les ivrognes, maintenant jetés à la rue.

9.

En France...
ici reposent les plus riches du cimetière

À l'automne 2007, tandis qu'aux États-Unis les subprimes font de premiers ravages chez les majors des banques américaines (Merrill Lynch, Citigroup, Morgan Stanley, tenus de déclarer des milliards de dollars de pertes), chez vous, messieurs les banquiers de France, tout est normal. Ou presque. Vous êtes aussi sereins que le gouvernement français le 29 avril 1986, à propos du terrible nuage radioactif issu de l'explosion de la centrale nucléaire de Tchernobyl, en Ukraine, à 4 600 kilomètres de Paris.

En novembre, lors de la publication des comptes du troisième trimestre, vous affichez tous une franche satisfaction, au point d'endormir les plus hautes autorités de l'État :

• Dans un numéro de funambule de chef-lieu de canton, la Société générale fait la belle, exhibant un bénéfice confortable, bien qu'en recul de 11,5 %. La banque que vous présidiez, monsieur Daniel Bouton, limite à **230** millions d'euros ses dépréciations d'actifs dues à la crise naissante des subprimes. Le 24 janvier 2008 – un mois et demi après ! –, le chiffre est multiplié par **10** à l'occasion de la découverte de « l'affaire

Jérôme Kerviel », honteux scandale vous obligeant à annoncer, d'un coup d'un seul, **7,1** milliards d'euros de pertes, dont **4,82** imputés aux spéculations clandestines de votre jeune trader... indélicat, et **2,28** milliards dilapidés dans l'aventure des subprimes, alors que quelques mois auparavant, le 8 septembre 2007, vous osiez affirmer à vos actionnaires et à vos clients : « Notre banque est exposée à la crise des “subprimes” indirectement et de manière marginale. »

• Même sérénité chez BNP Paribas, premier groupe bancaire français, avec des profits en hausse de 21 % et **301** millions d'euros de pertes potentielles sur les subprimes. Peu de chose, au regard de ses milliards engrangés. Dans un avenir proche, le tableau sera moins florissant.

• Au Crédit agricole présidé par le Savoyard René Carron (prix du « stratège de l'année » en 2003 pour avoir réussi à mettre la main sur le Crédit lyonnais), on enregistre **546** millions d'euros de dépréciations d'actifs dues aux subprimes ; mais on se flatte d'une hausse de 21 % du bénéfice net au troisième trimestre, à **2** milliards d'euros. Inutile donc de s'affoler.

• À Bercy (singulièrement mal informé !), la ministre de l'Économie et des Finances Christine Lagarde rassure les investisseurs : « La crise de l'immobilier et la crise financière ne semblent pas avoir d'effet sur l'économie réelle américaine. Il n'y a pas de raisons de penser qu'on aura un effet sur l'économie réelle française[1]. »

---

1. Déclaration au micro de Jean-Pierre Elkabbach, sur Europe 1, le 5 novembre 2007, suivie, le 18 décembre sur France Inter, de cette autre prévision : « Nous aurons certainement des effets collatéraux, à mon sens mesurés. [*Il est*] largement excessif de conclure que nous sommes à la veille d'une grande crise économique. »

• Enfin, voici la palme de la mauvaise foi, remportée – haut la main ! – par vous, monsieur Axel Miller, P-DG de l'établissement franco-belge et luxembourgeois Dexia (la « banque des communes », ancien Crédit local de France), qui nous avait affirmé, le 6 août 2007 : « La crise immobilière américaine ne devrait être à l'origine d'aucune perte [*chez Dexia*], même en cas de poursuite de la détérioration de ce marché. » Trois mois après, patatras ! Dexia nous annonce que FSA (Financial Security Assurance), sa filiale aux États-Unis spécialisée dans le « rehaussement » de crédits de type subprimes, enregistre une perte nette de **122** millions de dollars au troisième trimestre. Au final des courses, dix mois plus tard, ces millions auront fait des petits : plus de **6** milliards d'euros que les contribuables français, belges et luxembourgeois devront sortir de leurs poches... pour sauver Dexia de la faillite.

Au printemps 2008, le vernis s'écaille sérieusement, lors de l'annonce des résultats définitifs de l'exercice 2007. Les uns après les autres, contraints et forcés, les P-DG avouent des dépréciations importantes... directement liées aux subprimes américains. La cavalcade des trésors disparus prend un tour inquiétant :

• **1,2** milliard d'euros chez Natixis, la banque d'affaires filiale des Caisses d'épargne et des Banques populaires... dont ce n'est pas la vocation de transformer l'argent de leurs déposants en jetons de casino ;

• **1,27** milliard d'euros chez BNP Paribas, montant quatre fois plus élevé que celui de l'ardoise annoncée à l'automne, mais plus très éloigné des pertes latentes de **1,6** milliard annoncées en août 2007, à la suite du pataquès médiatique, du plus mauvais effet, dont j'ai déjà parlé[1] ;

- **2,1** milliards d'euros au Crédit agricole, soit environ quatre fois les dépréciations publiées en novembre 2007 ;
- **2,6** milliards d'euros à la Société générale...

La valse endiablée des capitaux fondus ne fait que commencer. En mai 2008, le Crédit agricole est en effervescence, obligé de lancer une augmentation de capital géante de **5,9** milliards d'euros, seul moyen de couvrir son exposition aux subprimes, via sa filiale d'affaires Calyon, dont le directeur, le polytechnicien Marc Litzler, spécialiste des produits dérivés et ancienne vedette de la Société générale, est brutalement éjecté.

Dans cette atmosphère alourdie, les chiffres présentés par vos services, messieurs les banquiers, sont encore loin de ceux qui, connus à partir d'octobre 2008, vont noircir vos réputations de gestionnaires éclairés. Colossales, nombre de vos ardoises devront être refilées à l'État, via le plan de financement d'urgence décidé par le Président Sarkozy et le Premier ministre François Fillon, confié à la **SPPE** (Société de prises de participation de l'État) ; cette structure financière ad hoc – créée le 8 octobre 2008 et alimentée par des emprunts sur les marchés, au travers de l'Agence France Trésor, bénéficiant de la signature de la France – aura pour tâche de recapitaliser vos maisons en difficulté, à commencer par Dexia... en situation de faillite. Ainsi, **10,5** milliards d'euros d'argent frais seront injectés dans les six plus grandes banques françaises, par l'émission de « titres de dette subor-

1. Cf. *supra*, pages 157 à 160.

donnée », sortes d'obligations rémunérées à environ 8 % l'an[1]. Sur ce total, **3** milliards d'euros seront attribués au Crédit agricole, **2,55** milliards à BNP Paribas, **1,7** milliard à la Société générale, **1,2** milliard au Crédit mutuel, **1,1** milliard aux Caisses d'épargne et **950** millions aux Banques populaires.

Autant de banques, messieurs, dont vous nous disiez, en 2007, au début de la crise des subprimes, qu'elles allaient « mieux que bien ». Tout au contraire, je ne compte plus le nombre des dossiers gigognes de cette époque... qu'il me faut éclaircir, me faisant parfois cantonnier, troquant la plume contre la pioche. Bientôt, les loups vont sortir des grottes. La méfiance – cancer le plus redouté des marchés financiers – s'incruste ! Dépassée par la crise, déboussolée par l'écroulement des demandes d'emploi, l'université Paris-Dauphine décide de fermer – pour un an, de juin 2009 à l'été 2010 – son « master 203 », l'une de ses formations en « finance de marché », d'où sortent nombre des « quants » et traders qui sévissent dans le monde. La direction dit vouloir profiter de cette interruption pour réfléchir – il était temps ! – sur « les métiers financiers de demain », estimant que, désormais, les débouchés sont davantage dans le contrôle et la régulation des banques et entreprises. Enfin ! Toutefois, les onze autres masters en finance de Paris-

1. Selon une formule complexe : elle prévoit que, fixe pendant les cinq premières années, le taux d'intérêt versé par les banques à l'État est calculé en fonction du taux sans risque de l'État français, auquel s'ajoutent 300 points de base et cinq fois le prix moyen du « Credit Default Swap » (CDS) à cinq ans, calculé sur la période du 1er janvier 2007 au 30 août 2008. Textuel ! Les CDS ne sont pas morts.

Dauphine – dont celui de « Probabilité et finance » de Nicole El Karoui (qui enseigne aussi à Polytechnique et Paris-VI) – demeurent ouverts. Je crains le pire, malgré toute la sagesse et la bonne volonté de Nicole El Karoui[1]. Les résultats sont là, sous mes yeux... qui me tournent la tête.

Le 18 septembre 2007, le Crédit agricole, numéro un en France, est la première des banques à ouvrir le bal des nouvelles qui fâchent. Avec quatre mois d'avance sur les **4,82** milliards d'euros perdus par le dénommé Jérôme Kerviel à la Société générale et un an avant les **751** millions d'euros envolés à la Caisse d'épargne, en raison des spéculations déroutantes d'un autre trader fou (Boris Picano-Nacci... que nous retrouverons ultérieurement), la banque verte publie, le plus discrètement possible, une perte sèche de **353** millions de dollars (soit 250 millions d'euros !) dans des opérations hasardeuses à Wall Street. Succinct – eu égard à la somme perdue –, son communiqué qui se veut rassurant est un modèle de trompe-l'œil :

« Le 4 septembre 2007 au soir, la direction générale de Calyon [*filiale d'investissements du Crédit agricole, issue des rachats successifs d'Indosuez et du Crédit lyonnais*] a été informée de l'identification dans les livres de trading pour compte propre, gérés par sa succursale de New York, de l'existence d'une position de marché anormalement élevée. Cette position sur certains indices du marché du crédit, sans aucun rapport avec le marché des "subprimes", avait été constituée pour l'essentiel dans les derniers jours du mois d'août, au-delà de

1. Cf. *supra*, page 167.

toute autorisation et délégation. À ce jour, elle a été ramenée à l'intérieur du cadre de fonctionnement normal des activités de trading chez Calyon. Les actions disciplinaires appropriées ont été engagées. Les dispositifs d'alerte et de sécurité ont été immédiatement renforcés afin d'empêcher tout nouvel incident de ce type. Compte tenu du coût de débouclage de cette position, l'impact total de cette opération sur les résultats de Calyon est évalué à **250** millions d'euros et sera entièrement pris en compte au troisième trimestre 2007. Dans un contexte de marché dégradé en septembre, contrairement à juillet et août, le résultat net de Calyon au troisième trimestre 2007 devrait donc s'inscrire en forte baisse par rapport à celui du troisième trimestre 2006, tout en restant positif. »

Jeune trader de vingt-six ans à qui cette « paume » géante est attribuée, Richard Bierbaum est prestement remercié, en compagnie de cinq de ses supérieurs, dont le patron de Calyon New York et le responsable mondial (à trente-trois ans !) de ses marchés de crédit. Embauché en mars 2007, sept mois seulement avant sa boulette à 250 millions, Richard Bierbaum avait pour unique référence son passage dans le hedge fund de la banque d'affaires new-yorkaise Bear Stearns dont j'ai narré plus avant la faillite calamiteuse, objet aujourd'hui de multiples plaintes. Quand il se retrouve désigné comme le responsable numéro un de cette perte, le zozo ne manque pas de culot. Comme Jérôme Kerviel quatre mois plus tard, il se pose en victime, affirmant que sa direction était parfaitement au courant de ses positions sur les marchés : « J'étais considéré comme l'enfant prodige du trading de produits de crédit à New York, confie-t-il à l'agence Bloomberg, se gardant bien d'évoquer sa piteuse prestation chez Bear Stearns. Mes positions étaient enregistrées, chaque jour, et rien n'a explosé. Il y a certainement eu quelques pertes, mais dans des proportions qui n'ont rien à voir avec les sommes avancées. »

En cause, ses spéculations sur des indices liés aux « Credit Default Swaps », les fameux CDS... permettant aux investisseurs de s'assurer contre les pertes de crédits à risques, tels que les subprimes[1]. Ainsi, contrairement au communiqué officiel du Crédit agricole, la perte de 250 millions d'euros était bel et bien en rapport avec le marché des subprimes. Outre le communiqué mensonger que je viens de reproduire, le dossier Calyon révèle qu'une banque de premier ordre a pris le risque de confier à un jeune homme de vingt-six ans sans expérience la gestion de fonds énormes, avec pour résultat des pertes en rapport. Car, à l'inverse des « quants » à la française, certains sortis de Centrale ou de Polytechnique, Richard Bierbaum n'a rien d'un surdiplômé. Enfant gâté et turbulent, issu de la bourgeoisie new-yorkaise, son principal cursus fut un passage à la Rocky Mountain Academy, à Bonner Creek, dans l'Idaho, sorte de pension pour

1. À l'en croire, le jeu de Richard Bierbaum consistait à miser sur les profits que les opérateurs de CDS réaliseraient lors d'une éventuelle baisse du coût de l'argent par la Federal Reserve, la Banque centrale américaine. Et effectivement, le 17 août 2007, la Fed avait bien diminué son taux directeur de 0,5 %, provoquant dans la foulée une chute du coût des CDS. Mais le 4 septembre 2007 – jour où le Crédit agricole affirme avoir découvert la perte –, les indices basés sur le coût des CDS étaient à nouveau repartis à la hausse. Ce qui a sans doute pris l'apprenti trader à contre-pied.

adolescents difficiles. Pas de quoi faire de vous un trader de génie ! Sorti en 2003 du modeste Trinity College de Hartford, dans le Connecticut, son premier job fut de faire visiter des appartements pour un groupe immobilier. En octobre de la même année, il était entré comme petite main chez Bear Stearns, la fameuse firme de courtage de Wall Street dont j'ai déjà relaté les exploits, banque d'affaires que dirigea Henry Tilford Mortimer, financier influent à New York, père du second mari de maman Bierbaum.

Chez Bear Stearns, Richard Bierbaum a fait ses premiers pas dans les produits structurés : le piège des pièges pour qui ne les maîtrise pas pleinement. Cette première expérience – qui, nous l'avons vu, ne fut pas une éclatante réussite – lui vaut aujourd'hui d'être abondamment cité dans une des plaintes visant la banque Bear Stearns pour la banqueroute, en juin et juillet 2007, de ses hedge funds et, au bas mot, **3,2** milliards de dollars évaporés. Massivement investis dans tout un cocktail sulfureux d'ABS, MBS, CDO et autres produits dérivés, les deux fonds[1] ont vu leur valeur tomber progressivement à zéro. Plusieurs investisseurs, dont la Barclays Bank britannique, ont déposé une plainte... dénonçant des conflits d'intérêts et arguant que les deux fonds de Bear Stearns les avaient trompés en leur cachant les risques qu'ils prenaient. Longuement interrogé comme témoin, Richard Bierbaum a dû détailler ses activités une année et demie durant, de juin 2005 à novembre 2006, en qualité d'« assistant trader » – sans formation suffisante – du

1. « Bear Stearns High Grade Structured Credit Strategies » et « Bear Stearns Enhanced Leverage Fund », dont je parlais plus avant (cf. *supra*, pages 218 à 221, 225 et 226, et 231).

fond « High Grade » de Bear Stearns, et la mise en œuvre (dont il était incapable) des « lettres de consentement » devant précéder toute transaction importante. En décembre 2006, Bierbaum avait dû quitter la banque d'investissement par la petite porte... en raison de son incompétence. Tel est donc le trader de concours que la filiale Calyon du Crédit agricole a recruté en mars 2007, lui confiant des milliards de dollars pour... les jouer au casino de Wall Street.

Aux prises avec la Bourse américaine, la banque des agriculteurs n'est pas au bout de son chemin de croix. À la fin du mois d'août 2007, lors de la présentation de ses résultats semestriels, elle rassure ses actionnaires, la main sur le cœur, non sans avouer son implication dans le marché piégé et hautement spéculatif des produits titrisés qui, dans un an, va bloquer l'énorme machine économique mondiale, ruiner les banques. Pour l'heure, à « J – 365 (jours) », quel actionnaire, quel client, fût-il le mieux averti des procédures financières dernier cri, peut comprendre ce que signifie vraiment (et donc peut cacher !) le verbiage que voici... d'où il ressort – c'est bien là l'essentiel ! – que le groupe Crédit agricole s'en est allé se perdre dans les bambous du marécage des « structurés de crédit » ? Est-ce pour pervertir à ce point son métier d'origine de distributeur de fonds, de financement de l'économie, et son devoir de respecter de strictes normes prudentielles, que l'ex-grande banque mutualiste, créée à la fin du XIXe siècle, s'est égarée, à New York et dans on ne sait combien de paradis fiscaux, cavernes d'Ali Baba des hedge funds ? Rappelant au lecteur le fameux slogan publicitaire du Crédit agricole, « Le bon sens près de chez vous », voici comment le sien s'est génétiquement modifié sous l'effet de la « méthode de Monte-Carlo »... appliquée à des « dérivés de crédits » qui – par milliards de dollars – vont devenir « illiquides » :

« La crise des crédits "subprimes" américains a un impact **limité** [*sic*] sur Crédit agricole SA. Seuls deux domaines d'activité sont concernés : les métiers d'actifs et la banque de financement et d'investissement. La gestion d'actifs du groupe Crédit agricole ne détient pas en direct de créances "subprimes" américaines ; ses seules positions, au demeurant très limitées (**100** millions d'euros) [*excusez déjà du peu !*], proviennent de l'activité de multigestion. Calyon ne détient pas de créances "subprimes" américaines en direct. Calyon détient, dans le cadre de son activité de montage/distribution de "structurés de crédits", pour le compte de sa clientèle [*resic !*], un portefeuille d'ABS dans la phase de structuration précédant la commercialisation de tranches de CDO d'ABS, ainsi que des tranches de CDO non encore vendues. Depuis le tout début de la crise du crédit hypothécaire américain en février 2007, Calyon n'a initié aucune nouvelle opération de structuration. Le portefeuille d'ABS entreposé ne contient que **586** millions d'euros de créances "subprimes" et a fait l'objet d'une valorisation prudente [*reresic !*]. Les tranches mezzanine de CDO, en cours de commercialisation, représentent un montant limité (**280** millions d'euros) et ont fait l'objet d'une politique de dépréciation prudente [*rereresic !*] : couverture à 68 % à fin juin, aboutissant à une exposition nette de **91** millions d'euros. Sur le deuxième trimestre, les difficultés rencontrées sur ces activités ont été plus que compensées par les performances des autres desks des activités de marchés. Les évolutions constatées en juillet et août conduisent, en première analyse, à un résultat global de la banque de financement et d'investissement sur ces deux mois comparable à celui des deux mois correspondants de 2006. »

Mystification sur toute la ligne ! Fin 2008, à l'heure des comptes qui finissent toujours par prendre le dessus, le Crédit agricole apparaît comme la banque française la plus affectée par la crise des subprimes. Pour elle, la casse atteint près de **7** milliards d'euros. Responsable du désastre, Marc Litzler, le directeur général de la filiale Calyon, débauché à prix d'or de la Société générale, dont il avait fait la fortune avec la « dream team » (l'équipe de rêve) du « desk Delta One » où sévira bientôt Jérôme Kerviel. Marc Litzler, inconditionnel des CDO et autres produits titrisés hautement toxiques (qui ne valent plus rien !), sera finalement démissionné en avril 2008.

Pour ne rien arranger, bon nombre de ses CDO, pour environ **2** milliards d'euros, sont garantis par le « rehausseur » de crédit américain ACA Financial Guaranty, lui-même à bout de souffle, incapable de prendre en charge les créances à risques qu'il prétendait garantir. Résultat : la première banque française doit faire feu de tout bois pour éviter son propre naufrage :

• en janvier 2008, elle cède sa participation historique dans le groupe Suez pour **1,3** milliard d'euros (première étape d'un programme de cessions d'actifs de **5** milliards d'euros) ;

• puis vient, en mai, l'augmentation de capital de **5,9** milliards d'euros... souscrite par les 39 Caisses régionales du groupe, contraintes et forcées de lui servir de tirelire.

Pas mal pour un « impact limité »... dans la crise des subprimes.

Au final, la Caisse nationale du Crédit agricole – société mère du groupe – arrive à sauver les meubles et à demeurer bénéficiaire, pour 1,024 milliard d'euros, en 2008, devant une fière chandelle à ses Caisses régionales mises les pieds dans la glaise pour lui éviter la faillite.

Mais, du côté des clients de Calyon, certaines nouvelles sont plus sanglantes. Propriétaire de huit mille cinq cents logements, la Société HLM de Lyon (SACVL), détenue à 75 % par la Ville, se retrouve victime d'un « produit financier hautement toxique » vendu par la filiale du Crédit agricole, Calyon : un « swap » spéculatif baptisé « Eurostar 3 mois » ; le contrat courant jusqu'en 2022, les HLM de Lyon en sont toutes retournées, craignant qu'il ne se traduise par un coût vertigineux. D'où des négociations engagées, en catastrophe, pour tenter de se sortir du guêpier.

Autre exemple en France, symbolisant la cupidité et l'irresponsabilité des bandits qui ont pris l'épargne publique en otage... pour la dilapider, le parcours du combattant – je devrais dire la descente aux enfers – de la vénérable Caisse d'épargne, transformée en casino de la finance et ruinée par les aventures américaines et les déboires à répétition de sa filiale Natixis.

Natixis, dont sa filiale, la Coface (spécialisée à l'origine dans l'assurance crédit à l'exportation), lancera en juin 2009 sa propre agence de notation, voulant créer une rivale aux trois grands du secteur. Je crois rêver ! Quelle crédibilité accorder à la filiale d'un groupe qui n'a pas été capable de prévoir ses propres déboires ? La comédie continue... comme si rien ne s'était passé.

Pilier de l'épargne populaire, « l'Écureuil » est l'établissement financier chéri des Français. Depuis sa création, en 1818, par une vingtaine de philanthropes plus avisés que les chasseurs de golden parachutes d'aujourd'hui, la Caisse d'épargne et de prévoyance (son intitulé d'origine) est le placement de confiance par excellence. En 2009, plus de 25 millions de clients sont titulaires de son Livret A dont elle partageait le monopole, jusqu'à cette année, avec La Poste. Le rendement est certes modeste, mais stable et solide, conforme à la vocation de la maison dont les fonds sont confiés, depuis 1837, à la Caisse des dépôts et consignations, bras armé de l'État. En principe, une assurance tous risques contre les pertes et les déconvenues. Galaxie de 17 Caisses régionales et 4 352 agences locales, toutes chapeautées par une structure centrale sous « statut coopératif et mutualiste », l'Écureuil fédère le réseau bancaire le plus populaire de France, proche du citoyen lambda... soucieux de préserver son bas de laine en lieu sûr.

Une cible idéale pour vos prédations, messieurs les bandits de la finance !

Tout bascule en 1999, quand un nouveau président, l'ambitieux Charles Milhaud – aux rondeurs et à la faconde provençales – s'empare du pouvoir.

Comme le viaduc du même nom (ou presque), vous aimez, monsieur Milhaud, les grandes enjambées. Avec vous, fini le petit commerce de détail. Vive les grandes surfaces ! Habillé de neuf, l'Écureuil va entrer de plain-pied dans la jungle du capitalisme pur et dur. Adoptée le 25 juin 1999, sous le gouvernement du socialiste Lionel Jospin, une loi transforme opportunément les Caisses d'épargne en une association de banques coopératives, ouvrant leur capital à 3,5 millions de sociétaires répartis dans 411 Sociétés locales d'épargne (dites SLE)[1]. Organe central du groupe doté de nouvelles filiales, la Caisse nationale des Caisses d'épargne (CNCE) est chargée des acquisitions, sans avoir à se mêler des caisses d'épargne régionales... qui possèdent 65 % de son capital, les 35 % restants revenant à la Caisse des dépôts.

Clé du pouvoir sur l'ensemble du groupe, la CNCE a pour premier président un homme du sérail, vous, monsieur Charles Milhaud. Avec désormais toutes les cartes en main pour imposer votre loi, vous allez tout casser... dans une ardeur insensée.

Apparatchik typique de cette honorable maison née au temps de la lampe à huile et de la marine à voile, vous avez fait toute votre carrière à la « Caisse ». Né à Sète, en 1943, dans une famille de pieds-noirs, muni d'un petit diplôme de maths et sciences physiques, vous êtes, à vingt et un ans, à Sète précisément, intégré dans l'agence locale dirigée par votre père. Votre carrière sera météorique. Trois ans plus tard, vous en êtes le directeur, plus tard bombardé (en 1980) patron de la puissante Caisse d'épargne de Marseille. Franc-maçon, dit-on – comme nombre de vos pairs des banques mutualistes, radicaux-socialistes et hommes de

1. Désormais, tout client d'une Caisse d'épargne – personne physique ou morale – peut acquérir des parts sociales d'une Société locale d'épargne (SLE) et en devenir sociétaire. Coopératives sans activité bancaire, les SLE détiennent 80 % du capital des Caisses d'épargne, les autres 20 % revenant à la filiale Natixis, sous forme de certificats coopératifs d'investissement, sans droit de vote. Chaque SLE réunit ses sociétaires en assemblée générale annuelle. Chacun a droit à une voix, quel que soit le nombre de parts sociales détenues.

réseaux aux fluctuantes convictions politiques –, vous êtes bon nageur de combat. Coup sur coup, vous avalez les Caisses d'épargne de Corse, de la Réunion et des Antilles. Vous voilà devenu baron du réseau des Caisses d'épargne, membre de son « comité central ». Votre fringale de pouvoir n'a plus de limites. Vous vous voyez maintenant beau comme un soleil, assis dans le fauteuil du grand patron. Le coup est réussi en 1999... avec l'onction de Dominique Strauss-Kahn, ministre de l'Économie et des Finances du Premier ministre socialiste Lionel Jospin. Au *Journal officiel*, vous obtenez vos galons de général en chef : « président du directoire de la Caisse nationale des Caisses d'épargne », numéro un de l'empire Écureuil.

Pour vous, les guichets de province, le Livret A, la banque de proximité et les succursales dans les petites villes appartiennent au passé. Il faut grandir, se hisser au sommet de la finance internationale. Ses P-DG et ses grands noms vous fascinent. Transformer la vieille dame – dont l'activité s'est longtemps cantonnée à la gestion des livrets d'épargne et l'octroi de prêts aux particuliers – en banque « universelle », capable de rivaliser avec les poids lourds Crédit agricole, BNP Paribas ou Société générale, devient une obsession. Elle vous perdra !

Saisi par une frénésie d'achats brouillons, vous commencez par mettre la main – dans des conditions qui, à l'époque, m'avaient fait bondir... en assemblée générale des actionnaires ! – sur une autre enseigne historique, le Crédit foncier de France... ruiné par ses dirigeants pendant les années Mitterrand. Puis, en juin 2001, sous la houlette de Laurent Fabius, ministre de l'Économie, vous entrez enfin dans la cour des grands, en participant à la création de Eulia, une nouvelle société où vous ajoutez, aux activités d'assurances et de crédit immobilier de la Caisse d'épargne, la banque d'affaires et d'investissements CDC Ixis de la Caisse des dépôts et consignations. L'Écureuil détient 49,9 % du nouvel ensemble, derrière les 50,1 % portés par la Caisse des dépôts. Déjà fortement implanté aux États-Unis, par le biais d'Ixis, sur les marchés à hauts risques des produits dérivés et des subprimes en pleine euphorie, Eulia vous permet de vous frotter au monde de la haute finance... qui vous attend au tournant.

En juillet 2003, n'y tenant plus, vous jetez votre dévolu sur Entenial (l'ancien Comptoir des entrepreneurs, concurrent historique du Crédit foncier). Quinze jours après, rebelote : la banque SanPaolo France (produit du mariage des banques Veuve Morin-Pons, Vernes et Générale de commerce, à la réputation parfois sulfureuse) tombe dans votre escarcelle. Spécialisé dans le financement des PME, l'ensemble est vite rebaptisé Banque Palatine. Dans la foulée, en marathonien accompli, vous réussissez votre plus grand coup, mitonné depuis deux ans. Vous obtenez de Francis Mer, nouveau ministre des Finances de Jean-Pierre Raffarin, le contrôle total de Eulia et CDC Ixis, la Caisse des dépôts vous cédant ses 53 %... en échange d'une participation de 35 % dans le capital de la Caisse nationale des Caisses d'épargne, votre navire amiral.

En combinaison d'astronaute, vous êtes en partance pour la planète Mars.

Avec sous votre coupe la banque d'affaires CDC Ixis, vous entrez au club des Grosses Têtes. Pas celui de notre ami Philippe Bouvard, mais des puissants de la finance. Vous allez enfin pouvoir transformer la Caisse d'épargne de Papa en banque « universelle », capable de défier les ténors de l'argent roi.

Pauvre Charles Milhaud ! À l'altitude où vous vous propulsez, les détails qui tuent s'estompent. Forcément. Dès cette date, vous ne voyez pas que, dangereusement implantée aux États-Unis, votre nouvelle filiale financière Ixis est mêlée à des spéculations indignes de la grande institution dont vous tenez à Paris les commandes. De fait, elle sera le talon d'Achille qui vous coûtera d'être mis au rancart, en 2008... avec le bonnet d'âne.

Président mégalo sûr de sa bonne étoile, vous ne reculez devant rien :

- en 2005, vous déboursez un gros paquet de billets verts – 200 millions de dollars ! – pour (via Ixis) vous offrir une participation de 10 % – aussi coûteuse qu'inutile ! – dans le capital de Lazard Frères, la prestigieuse banque d'affaires... où vous pouvez pontifier ;
- puis l'Écureuil dépense 38 autres millions d'euros, augmentés de 410 millions de prêts, dans le sauvetage pétillant de la société Marne et Champagne (l'excellente marque Lanson), dont l'un des administrateurs, Guy Cotret (ancien chargé de l'informatique et de la gestion des moyens au Crédit foncier), est membre du directoire de la Caisse d'épargne et directeur des ressources humaines de votre groupe ; certes, le champagne ne fait jamais de mal, sauf à en abuser ;
- à l'étranger aussi, c'est la razzia : avec un faible pour les voyages sous les tropiques, vous montez la Financière Océor, implantée en des contrées exotiques (Antilles, Polynésie, île de la Réunion, Nouvelle-Calédonie, Guyane, Maroc, Tunisie, Liban, île Maurice, Luxembourg et Saint-Pierre-et-Miquelon) ;

constituée à coups de rachats et de fusions, la danseuse Océor fait tomber dans le patrimoine de la Caisse d'épargne : trois entités immobilières au Maroc ; une dizaine de banques dans les départements et territoires français d'outre-mer ; la Banque tuniso-koweïtienne ; la Fransabank du Liban, auxquelles s'ajoutent deux établissements judicieusement installés dans deux paradis fiscaux (la banque BCP – ex-banque Troillet – au Luxembourg ; la Banque des Mascaraignes à l'île Maurice).

Sultan à Paris, vous êtes maintenant, monsieur Charles Milhaud, un homme qui compte. Comme d'autres grands patrons, vous vous devez d'avoir l'incontournable Alain Minc (président du conseil de surveillance du journal *Le Monde* jusqu'au 11 février 2008) pour poisson-pilote et conseiller de l'ombre. Toujours à la croisée des chemins politiques et d'affaires, le garçon sait y faire[1]. Et, comme Alain Minc, vous naviguez, à la godille et en chantant, au mieux de vos intérêts :

• lors de vos débuts, à Marseille – sous le socialiste Gaston Defferre –, on vous sait de gauche, proche des syndicats et de l'influente fédération PS des Bouches-du-Rhône ;

• en 1995, vous vous rangez forcément du côté de Lionel Jospin, lors de l'élection présidentielle qui l'oppose à Jacques Chirac ;

---

1. Cf. *supra*, page 16. Installé avec sa société Alain Minc Conseil, avenue George-V à Paris, notre intellectuel et homme d'affaires y voisine avec un autre spécimen de l'intelligence financière : le riche philosophe Jean Gatty, animateur de l'OPCVM contractuel (sorte de hedge fund à la française) JG Capital Management, actionnaire moustique de Bricorama.

• en 1999, en qualité de patron des Caisses d'épargne remodelées, dans les conditions que nous venons d'admirer, vous en appelez à deux socialistes bon teint, invités à entrer dans leur directoire : l'inspecteur des Finances strauss-kahnien Bruno Mettling, et le rocardien Philippe Wahl, venu de Paribas, qui devient votre directeur général ;

• quand, au printemps 2002, la droite revient au gouvernement, ces deux socialistes tireront leur révérence ; vous serez bientôt proche des amis de Nicolas Sarkozy, devenu, en mars 2004, ministre de l'Économie et des Finances du troisième gouvernement Raffarin ; ami de trente ans de l'actuel président de la République, le mondain Thierry Gaubert – époux de la princesse Hélène de Yougoslavie et frère de Patrick Gaubert, actuel président de la Licra – est votre éminence grise, directeur de votre cabinet ; ancien directeur adjoint du cabinet de Nicolas Sarkozy au ministère du Budget, de 1993 à 1995, Didier Banquy est nommé secrétaire général du groupe Caisses d'épargne ; autre transfuge du cabinet de Nicolas Sarkozy, Michel Gonnet est propulsé à la présidence du directoire de la Financière Océor, tandis que Julien Carmona, ancien conseiller économique de Jacques Chirac à l'Élysée, devient le puissant directeur financier des Caisses d'épargne...

Enfin, fin 2006 – ainsi entouré de gens qui comptent –, le bouquet final de votre feu d'artifice sera la création de Natixis, à qui vous fixez l'ambition de devenir le numéro deux des banques françaises.

Un coup de maître, fruit de cogitations secrètes avec votre collègue Philippe Dupont, patron des Banques populaires, et malgré l'opposition du valeureux et clairvoyant Francis Mayer, directeur de la Caisse des dépôts, nommé par Jacques Chirac en janvier 2002[1]. Le projet revient à rassembler les banques d'affaires et d'investissement des deux groupes : Natexis (sous-marque des Banques populaires) et Ixis (héritée de la Caisse des dépôts) dans une nouvelle entité baptisée Natixis. Le tout est introduit illico en Bourse. Opération réussie qui rapporte quelques milliards d'euros, soutirés à **2,8** millions de petits porteurs... très vite plumés. L'occasion est belle pour briser les derniers liens unissant les Caisses d'épargne à la Caisse des dépôts, laquelle consent à leur céder ses 35 % de l'Écureuil, contre **7** milliards d'euros... payés rubis sur l'ongle.

Annoncée en fanfare par un budget publicitaire de 15 millions d'euros – l'un des plus gros de l'année –, l'introduction en Bourse de Natixis, le 17 novembre 2006, est votre jour de gloire, monsieur Charles Milhaud.

« Natixis, la banque d'investissement et de projets », claironne la campagne de l'agence Euro RSCG, avec un slogan qui fait mouche : « Vous n'imaginez pas tous les experts qui se cachent derrière vos projets. »

En « experts » dc très très haute pointure, les gogos seront effectivement servis ! Sur ce point, au moins (et seulement !), la publicité de Natixis n'est pas mensongère.

Pour la promotion de cet épatant programme, de bonnes fées sont à l'œuvre. Sauf cette fois l'inévitable Alain Minc (dont le rôle ancien auprès de Charles Milhaud fut découvert par Laurent Mauduit[2], Minc qui aujourd'hui donne des leçons de

1. Fragilisé par le cancer qui finira par l'emporter, le 9 décembre 2006, Francis Mayer a fini par s'incliner.

2. *Petits conseils*, Stock, 2007.

conduite à ses « amis » patrons englués dans la crise[1]), le P-DG déchu de Vivendi, Jean-Marie Messier soi-même, est chèrement appointé pour dispenser de précieux avis. Révélé par le site Internet d'information Mediapart[2] – dans une remarquable enquête au long cours du même journaliste Laurent Mauduit (venu du quotidien *Le Monde*) –, voici le document qui nous manquait : un contrat de mission « **confidentiel** » (*sic*), signé le 30 mars 2006,

---

1. Dans *Le Figaro* du 23 mars 2009, Alain Minc signe une tribune libre intitulée « Lettre ouverte à mes amis de la classe dirigeante ». Irrésistible discours... à l'intention de personnalités qu'Alain Minc sermonne sur le tard : « Nul ne peut me soupçonner d'être votre ennemi : c'est plutôt le reproche inverse que je subis à longueur de colonnes dans les journaux. Mais je suis aujourd'hui inquiet pour vous, car je ne comprends ni vos réactions, ni vos raisonnements, ni – pardonnez-moi le mot – votre autisme. [...] Mesurez-vous que le pays a les nerfs à fleur de peau, que les citoyens ont le sentiment, fût-il erroné, de subir une crise dont nous sommes tous à leurs yeux les fautifs ? Comprenez-vous qu'aux aguets de l'opinion, comme l'exige leur métier, les parlementaires n'ont qu'une envie : prendre des dispositions sur les rémunérations qui seraient à terme aussi destructrices pour l'efficacité économique que la loi de 1948 sur les loyers a pu l'être, pendant des décennies, sur l'immobilier ? Ignorez-vous que la quête de boucs émissaires est une constante de notre histoire et que 1789 se joue en 1788 ? Sentez-vous le grondement populiste, la rancœur des aigris mais aussi le sentiment d'iniquité qui parcourt, comme une lame de fond, le pays ? Acceptez-vous de méditer ce mot de la comtesse de Boigne, une habituée des révolutions : “Les peuples ont l'instinct de leur approche ; ils éprouvent un malaise général. Mais les personnes haut placées n'aperçoivent le danger que lorsqu'il est devenu irrésistible” ? »

2. http://presite.mediapart.fr/

entre le patron de la Caisse nationale des Caisses d'épargne et le bureau londonien de Messier Partners, société de conseils montée par J6M... avec adresses à roulettes. Ce protocole d'accord – qui porte spécifiquement sur « **l'ambitieux projet** » de création de Natixis – est une petite merveille, un enchantement entraînant pour la confection du chapitre final de cette *Lettre ouverte* :

« Le rôle de Jean-Marie Messier, intuitu personae, sera en tant que conseil du président d'assister Charles Milhaud pour l'ensemble des discussions visées par le projet. »

Ce travail de lobbyiste de luxe, fleurant bon le jeu de l'influence (mondaine et non politique, évidemment !), mérite salaire. La rémunération de Jean-Marie Messier est dûment fixée aux articles 1 et 3 du contrat... à la hauteur – encore plus évidemment ! – de sa réputation et de ses résultats historiques à la tête de Vivendi Universal, en 2002 :

Article 1 : « Dans le cadre de ce projet ambitieux, une attention particulière doit être portée aux relations avec le groupe Caisse des dépôts (dirigeants, organes sociaux, conseils) comme avec les pouvoirs publics (ministère des Finances et direction du Trésor, notamment) et les institutions bancaires (Banque de France, Commission bancaire, CECEI[1]) et plus généralement avec les acteurs dont le soutien au projet est indispensable ou utile. [...] Le rôle de Jean-Marie Mes-

1. CECEI : Comité des établissements de crédit et des entreprises d'investissement, chargé de prendre les décisions ou d'accorder les autorisations ou dérogations individuelles applicables selon la loi aux établissements de crédit et entreprises d'investissement.

sier, intuitu personae, sera, en tant que conseil du président, d'assister Charles Milhaud pour l'ensemble des discussions visées. »

Article 2 : « Une rémunération de **2** millions d'euros sera versée à Messier Partners, au jour de la signature du présent contrat, et lui restera définitivement acquise, qu'il y ait ou non création de Natixis. En addition de ce "retainer fee" [*rémunération forfaitaire*], en cas de création de Natixis, un success fee [*une commission en cas de succès de l'opération*] complémentaire de **4** millions d'euros sera due à Messier Partners, au jour de sa création. Par ailleurs, à sa seule initiative, et sans obligation, la CNCE pourra décider d'attribuer à Messier Partners, au terme de sa mission, un bonus discrétionnaire en fonction de son appréciation du travail fourni et de son efficacité. »

Au bas mot, donc, **6** millions d'euros... pour participer, dans l'ombre pendant six mois, à la création de ce qui restera comme l'un des pires sinistres de l'histoire de la banque française... dont, cette fois, l'illustre commissionnaire Jean-Marie Messier ne peut être tenu pour responsable.

Ben voyons !

Pendant que J6M ouvre son carnet d'adresses et fait la tournée des meilleures popotes de Paris pour convaincre les « acteurs dont le soutien au projet est indispensable ou utile », partout en France, dans les agences des Banques populaires ou des Caisses d'épargne, c'est la mobilisation générale. Du haut en bas des hiérarchies, patrons de Caisses, chargés de clientèle, commerciaux, guichetiers... sont prestement incités à rameuter les clients pour leur placer des actions Natixis, la nouvelle mine d'or maison. Un placement de « père de famille » ! Nul ne s'attarde, bien sûr, sur les risques liés au métier hautement spéculatif de Natixis, dont le marché des subprimes américains oublié dans la notice officielle de l'opération, pourtant frappée du sceau de l'AMF, l'Autorité des marchés financiers.

Dans les deux réseaux, la pression de la direction est si forte que certains conseillers vont jusqu'à convaincre leurs clients – même les plus modestes – de liquider leurs placements sans risque – Livret A ou sicav monétaires – pour investir dans les actions Natixis. D'autres – sans même avoir un ordre écrit de leurs clients – garnissent leurs portefeuilles de titres Natixis. Service d'office !

Grâce à ce forcing, le succès est au rendez-vous. L'introduction en Bourse de Natixis, le 17 novembre 2006, au prix de **19,55** euros, rapporte aux deux maisons mères **5** milliards d'euros d'argent frais. À se partager.

Tout le monde est content... sauf, demain, le cochon de payant dont l'investissement est allé se perdre sur le marché spéculatif des subprimes. Pour l'heure, Caisses d'épargne et Banques populaires se flattent d'avoir réussi à convaincre plus de **2,8** millions de petits porteurs. La plupart sont des clients de leurs agences... incités à acheter des actions de la nouvelle filiale... quand on ne les y a pas forcés.

L'euphorie sera de courte durée. Au printemps 2007, moins de six mois après la cotation triomphale, la crise des subprimes agite fortement les États-Unis. Angelo Mozilo est déjà à la cave et Countrywide en arrêt cardiaque. Les actionnaires de Natixis réalisent avec effroi que leur cagnotte est en première ligne dans ce désastre, dévastée par des produits toxiques, adossés aux subprimes, eux-mêmes pourris. Responsable : CIFG, la filiale américaine de Natixis ; CIFG, rehausseur de crédits (*monoliner* en anglais) dont le métier – je le rappelle – est d'apporter sa garantie financière à des actifs bancaires reposant sur des risques, qu'il s'agisse des dettes de collectivités locales, de crédits subprimes, d'ABS ou de CDO.

Lancée en 2001, CIFG est une riche idée – si j'ose dire – de l'énarque socialiste Isabelle Bouillot, ancienne conseillère économique de François Mitterrand à l'Élysée, élue présidente de CDC Ixis, alors filiale financière de la Caisse des dépôts. La dame se voyait promise aux plus hautes destinées capitalistiques : « C'est une opportunité de diversification des sources de revenus de CDC Ixis, avec un profil de risque faible », assurait-elle, le plus sérieusement du monde, lors de son lancement.

Début 2007, les dirigeants de Natixis prennent un coup de froid. Les encours de créances à risques de CIFG dépassent déjà les **55** milliards d'euros. Des montagnes de crédits que Sœur Isabelle, puis ses successeurs, ont garantis, à tout-va, les consacrant comme des hosties. Leur montant sera finalement rehaussé à **70** milliards d'euros.

Une pure folie, que vous avez laissé commettre, monsieur Charles Milhaud, sans pouvoir prétendre sérieusement aujourd'hui que vous ne saviez pas. Ou alors, à quoi servez-vous ?

Exsangue, Natixis en est réduite à demander à la banque Lazard de lui trouver discrètement un acquéreur capable de récupérer sa filiale maudite. Par les temps qui courent, autant crier « au bain ! » alors qu'un raz-de-marée géant se profile à l'horizon... Personne n'en veut. Le 20 décembre 2007, après que deux des grandes agences de notation (Moody's et Standard & Poor's) eurent dégradé CIFG de AAA à CCC (la note dévolue aux « obligations pourries »), Banques populaires et Caisses d'épargne – les deux marâtres de Natixis – sont contraintes de venir à sa rescousse : elles annoncent lui racheter la CIFG et y injecter **1,5** milliard d'euros de capitaux frais. Histoire d'atténuer les bruits, le siège social de CIFG est déménagé de New York. Bonjour le paradis fiscal des Bermudes... là où les dossiers seront maintenant traités au ventilateur qui disperse les mauvaises odeurs, loin des regards indiscrets !

À la Bourse de Paris, on n'apprécie pas vraiment : les actionnaires sont démontés. Les voyants passent au rouge vif : le cours de l'action Natixis s'effondre à 5 euros environ au printemps 2008, quand la banque encaisse de plein fouet la deuxième vague de la crise des subprimes. Encore ne s'agit-il que du prélude à un effondrement total... en 2009, l'action touchant un plus bas de **0,76** euro, pour rebondir autour de **1,4** euro à l'heure du bouclage de ce livre, le 30 mai 2009.

Malgré une avance de **2,5** milliards d'euros des Caisses d'épargne et des Banques populaires – ses deux actionnaires de référence –, la banque doit être renflouée. Sinon, c'est la faillite. À l'image de leurs confrères du Crédit agricole dans le même bourbier, ses dirigeants étranglés en appellent aux actionnaires qu'ils ont trompés vingt-deux mois plus tôt, les priant de souscrire à une augmentation de capital de **3,7** milliards d'euros. Garantie par les deux maisons mères – c'est du sérieux ! –, l'opération est lancée au prix de **2,25** euros par action, entre le 4 et le 18 septembre 2008, durant la faillite de la banque Lehman Brothers et en pleine tourmente des Bourses mondiales. Une insulte pour les millions de petits porteurs, clients de l'Écureuil et des Banques populaires, qui ont acquis leurs titres à **19,55** euros lors de l'introduction en Bourse de novembre 2006 et qui voient fondre leur épargne. Car qui dit augmentation de capital, dit création de nouvelles actions. S'il n'y souscrit pas en crachant de nouveau au bassinet, l'actionnaire ancien se retrouve dilué dans le bouillon fumant des nouvelles actions émises. Les malheureux ne sont pas au bout de leurs peines. Que ce soit avec des pertes de trading sur les marchés financiers, les malversations de l'escroc du siècle Bernard Madoff ou des bonus insolents pour ses cadres, Natixis est toujours le premier de la classe :

• le 12 novembre 2008, la banque avoue quelque **250** millions d'euros de pertes en octobre, en raison d'un marché « extrêmement difficile, sans précédent connu » et, avance-t-elle, « sans qu'aucun dysfonctionnement puisse être invoqué » ; à ce chiffre, elle ajoute encore « **250** millions d'euros environ » de provisions passées, le même mois, pour prendre en compte « divers risques liés à la crise financière » ;

• le 15 décembre 2008, rebelote, avec une nouvelle perte d'au moins **450** millions d'euros dans la fraude perpétrée par l'escroc Bernard Madoff... dont on se demande comment la filiale des deux plus importantes institutions financières françaises a pu se hasarder à lui confier en gestion une si grande fortune ;

• le 26 février 2009, la banque qui devait rapporter des monceaux de noisettes à l'Écureuil dévoile une perte de **2,799** milliards d'euros pour l'*annus horribi-*

lis 2008 ; aussi lui faut-il une rallonge de fonds publics de **1,9** milliard d'euros, en plus des **3,7** milliards d'euros levés grâce à l'augmentation de capital de septembre ;

• le 9 mars 2009, le cours de l'action Natixis atteint son plancher, à 76 centimes, soit pour l'actionnaire une perte de 96,12 % par rapport aux 19,55 euros de sa valeur d'introduction en Bourse ;

• le 29 mars 2009, Natixis confirme avec embarras que malgré ses **1 250** suppressions d'emplois, elle a versé, en 2008, des bonus divers pour **70** millions d'euros à ses collaborateurs, auxquels s'ajoutent **20** millions d'euros de charges patronales ; soit une moyenne de 23 300 euros par personne, ces primes étant attribuées à trois mille collaborateurs de l'activité « banque de financement et d'investissement »... en récompense de « performances positives » ;

• le pompon arrive avec la révélation par *Libération*, le 10 avril 2009, que l'énarque socialiste Jean-Pascal Beaufret, l'un des hauts dirigeants de Natixis, membre de son directoire et ancien directeur général des impôts – passé par les cabinets ministériels avant de pantoufler dans les affaires –, a touché **1,5** million d'euros, dont **500 000** euros de prime de bienvenue lors de son embauche... pour seulement neuf mois de travail !

« 1,5 million pour regarder sa boîte couler », s'indigne à juste titre Nicolas Cori, de *Libération*.

Ancien de la direction du Trésor, et ex-directeur financier du groupe de télécommunications Alcatel-Lucent, Jean-Pascal Beaufret a été engagé par Natixis le 14 février 2008, pour superviser les finances, le contrôle des risques, les ressources humaines et la gestion des actifs de la banque. Rémunéré **600 000** euros par an – excusez encore du peu ! –, Beaufret a été éjecté, à la fin novembre 2008, la plaisanterie des pertes à répétition faisant vraiment désordre. Mais non sans recevoir, pour ses performances remarquées, un golden parachute de **500 000** euros (six mois de salaire) pour « préjudice ».

Préjudice moral, bien entendu !

Mais aussi une aubaine ! Car, selon la banque, son contrat de travail prévoyait à l'origine qu'en cas d'éviction, Jean-Pascal Beaufret pouvait prétendre à une indemnité de deux ans et demi de salaire, soit **1,5** million d'euros. Bon prince, le cœur toujours à gauche, Jean-Pascal Beaufret a tout de même fini par accepter de limiter le montant de son indemnité de départ (golden parachute) à **300 000** euros. Un brave garçon, en somme, dont j'avais déjà narré les exploits équivalents au Crédit foncier de France, dans *Le Marché aux voleurs.* Pour Nicolas Cori de *Libération* – dont je salue ici l'heureux coup de gueule –, cette fois, c'en est trop :

« Dans la série les dirigeants s'en mettent plein les poches en entraînant leur entreprise dans la faillite, voici Natixis. C'est Dominique Ferrero, le président du directoire de Natixis, qui était allé le chercher. Les deux hommes sont proches : ils ont fréquenté dans les années 80 les cabinets ministériels de la gauche. Sa nomination est alors contestée. Beaufret vient de se faire virer de son poste de directeur financier d'Alcatel-Lucent, une autre entreprise qui ne s'est pas vraiment illustrée par la qualité de ses finances... L'homme n'a aucune expérience dans la banque d'investissement et ses passages dans le monde bancaire n'ont pas laissé un souvenir impérissable dans les années 90. Alors représentant du Trésor, il avait été administrateur du Crédit lyonnais au moment de sa quasi-faillite. Et avait occupé un temps le poste de sous-gouverneur du Crédit foncier, avant de voir sa nomination annulée pour pantouflage. Mais cela n'empêche pas Ferrero de mettre les moyens pour aller chercher Beaufret. Après une telle déconfiture et cette valse des milliards, il y avait le feu à la maison Natixis. [...] Beaufret reste quelques mois, le temps de compter les pertes qui s'accumulent (2,8 milliards d'euros pour 2008). À l'automne, les deux actionnaires de Natixis, les Caisses d'épargne et les Banques populaires, demandent sa tête. Pour garder son poste, Dominique Ferrero sacrifie son directeur financier. Ce dernier part le 30 novembre, mais obtient de pouvoir bénéficier d'un préavis de six mois, ainsi que d'une indemnité de départ d'un montant équivalent. "La rupture du contrat de travail a entraîné le versement en 2009 d'une indemnité pour préjudice", indique le rapport annuel de Natixis. Au final, Jean-Pascal Beaufret aura touché 500 000 euros pour venir, 500 000 euros pour neuf mois de travail, et 500 000 pour s'en débarrasser. Le prix de l'incompétence ? »

Ainsi vivez-vous, messieurs les bandits de la finance, maintenus en vie artificielle avec les milliards déversés dans vos caisses exsangues par vos actionnaires floués, les Banques centrales et les gouvernements, sans voir monter la colère du monde. Partout, des deux côtés de l'Atlantique, les peuples abasourdis s'indignent de votre obstination et de vos artifices. Isolés dans les donjons de vos châteaux solitaires, vous n'êtes plus que les présidents insolents de vos propres fortunes gagnées dans l'organisation du plus épouvantable chaos financier de tous les temps... dont vous ne vous estimez pas responsables.

« À l'insu de mon plein gré », disait le coureur cycliste Richard Virenque, pris en flagrant délit de dopage, dans un charabia qui avait au moins le mérite de faire rire. Le vôtre, messieurs, est bête... à pleurer. Fidèles à vous-mêmes, indifférents aux malheurs provoqués par vos ministères, maîtres consommés de la science banqueroutière, je vous vois déjà écarter – dans le silence du mépris – le récit de mon voyage à la recherche des origines de votre tohu-bohu. Rira bien... qui rira le dernier, quand nous retrouverons, plus loin, Jean-Marie Messier qui porta Natixis sur les fonts baptismaux.

Aujourd'hui, le péril commande d'accélérer la fusion des deux réseaux mutualistes. Au moins **4** à **5** milliards d'euros supplémentaires sont nécessaires pour sortir Natixis de l'ornière : la survie des Caisses d'épargne et des Banques populaires (ses deux actionnaires à 35 % chacun) est en jeu. « Un risque systémique », affirme son actuel patron François Pérol, ancien secrétaire général adjoint de Nicolas Sarkozy à l'Élysée, maintenant en charge de faire le ménage. Vaste programme !

Le 14 mai 2009, il doit révéler une perte trimestrielle surprise de **1,8** milliard d'euros ; et réclamer à ses deux maisons mères une rallonge de **3,5** milliards d'euros, la troisième en un an.

Pour les petits actionnaires de Natixis, c'est la ruine. Tous ont perdu la quasi-totalité de leur mise. Chez les spécialistes de la défense des épargnants, les appels affluent. Par centaines.

« Le scandale est énorme, confie à *Paris-Match*

Colette Neuville, présidente de l'Association de défense des actionnaires minoritaires (ADAM). Au prix de toute une série de mensonges, on est allé chercher les épargnants les moins avertis, souvent des gens modestes, et on les a envoyés à la guillotine. En utilisant pour cela leur confiance aveugle dans l'Écureuil ou les Banques populaires. »

L'affaire est maintenant du ressort des tribunaux. Déposées par la présidente de l'ADAM et plusieurs avocats, dont Frederik Karel Canoy et Daniel Richard – fers de lance des investisseurs ruinés –, les plaintes pénales fleurissent, pour « informations trompeuses, faux bilans et distribution de dividendes fictifs ». Fin mars 2009, le parquet de Paris a décidé l'ouverture d'une enquête préliminaire. Timide réaction, pour de si grands dommages... dont les contribuables devront eux aussi supporter la facture ! Et, le 19 mai 2009, les policiers de la Brigade financière sont envoyés perquisitionner les bureaux de Natixis, des Caisses d'épargne et des Banques populaires, repartant avec des dizaines de kilos de documents.

La Caisse d'épargne est de nouveau visée par une plainte contre X pour « publicité mensongère et escroquerie », déposée par Me Daniel Richard, au nom de plusieurs épargnants. Dans son collimateur, le produit financier « Doubl'Ô Monde »... vendu par l'Écureuil à 240 000 souscripteurs. Sur le papier, lancés entre 2001 et 2002, les six fonds communs de placement « Doubl'Ô » avaient toutes les qualités : « Placement haute performance ; votre capital double en six ans en toute sérénité », proclamaient en gros caractères ses publicités. Elles se gardaient d'évoquer l'autre caractéristique du produit : pour que le doublement intervienne, il fallait qu'aucune des douze actions du panier ne baisse de plus de 40 % pendant ces six années. Résultat : avec la chute des cours de bourse, aucun des six fonds « Doubl'Ô » n'a procuré le doublement annoncé :

« Les petits épargnants ont été piégés, déclare Me Richard. Ils se retrouvent avec leur capital de départ amputé des 3 % de frais de souscription et de 0,7 % de frais de gestion annuels encaissés par les Caisses d'épargne. Sans compter le coût de l'inflation. »

Ainsi finissent vos rêves de grandeur et de pouvoir, monsieur Charles Milhaud, démiurge des Caisses d'épargne, poussé à la démission pour éviter aux vieilles Caisses d'épargne françaises de finir en eau de boudin. En juin 2007, alors que tous les spécialistes voyaient la crise débarquer en France, vous en étiez toujours à jouer aux boules dans l'immobilier. Mais il est vrai que, maçon, vous aimez la pierre.

Pour **1,3** milliard d'euros, vous avez acquis 39,6 % de Nexity, le premier promoteur immobilier français (construit sur les dépouilles de l'ancienne Générale des eaux). Deux ans plus tard, le titre Nexity est effondré, ayant perdu les deux tiers de sa valeur. Une perte potentielle d'environ **1** milliard d'euros pour l'Écureuil. Même erreur d'appréciation avec le rachat, fin 2007, du site Internet « Meilleurtaux.com »... spécialisé dans le crédit immobilier en ligne. Cette petite société vous aura coûté **125** millions d'euros (pour 61 % de son capital), somme délirante eu égard à ses résultats. Et, là encore, par effet de crise, sa valeur est trois fois moindre. Je ne vous humilierai pas en ajoutant, en aparté, pour l'information de notre ami lecteur, qu'en 2008, « Meilleurtaux.com » accuse une perte de **13,8** millions d'euros, pour un chiffre d'affaires de **39,2** millions. Un rapport qualité-prix... qui remet les pendules à l'heure, les Caisses d'épargne devant maintenant refinancer la boîte, ses capitaux propres étant « inférieurs à la moitié du capital social ».

Il est dommage, cher monsieur, qu'on ne vous l'ait pas appris : gouverner, c'est prévoir. Vous, vous n'avez rien pressenti, rien anticipé. Votre coup de grâce est venu avec la perte de **751** millions d'euros – en avant la musique ! – creusée dans les comptes de la Caisse d'épargne, en septembre et octobre 2008, par l'un de vos traders, Boris Picano-Nacci. En pleine tourmente financière, l'apprenti sorcier a été laissé libre de prendre des positions démesurées sur les marchés, espérant un impossible rebond de la Bourse. Âgé de trente-trois ans, votre golden boy est titulaire du master finance de marché de l'université Panthéon-Sorbonne, ainsi que d'un doctorat de mathématiques – nous y revoilà ! – de l'université Paris-Dauphine, où – ce qui ne manque pas de sel – il dispense des cours d'économie. L'imprudent est aujourd'hui mis en examen pour « abus de confiance » par la juge Xavière Simeoni du pôle financier de Paris. Pour la ministre des Finances Christine Lagarde, « cet accident démontre de graves lacunes dans le système de contrôle de l'établissement ». Or, avant ce dernier cataclysme, à deux reprises déjà, la Caisse centrale de l'Écureuil s'est vu sévèrement sanctionner par les autorités des marchés pour des problèmes dans ses procédures de contrôle.

En mai 2005, le premier coup de semonce est venu de la Commission bancaire, l'organisme de contrôle des banques. Elle décernait à la Caisse d'épargne un

« blâme », assorti d'une amende de 1 million d'euros. En décembre 2005, l'Autorité des marchés financiers punissait à son tour l'Écureuil, avec un avertissement et une « sanction pécuniaire de 150 000 euros » pour une série de manquements dans sa tenue de comptes boursiers.

L'affaire du trader Picano-Nacci oblige le président de la République à intervenir. Trop, c'est trop ! Contraint à la démission, en compagnie de votre directeur général Nicolas Mérindol, on vous ménage une porte de sortie, monsieur le président qui avez tout raté.

Éjecté de la présidence des Caisses d'épargne, le 19 octobre 2008, sans parachute doré il est vrai, vous conservez malgré tous ces désastres un joli lot de consolation : président du conseil de surveillance – avec bureau, secrétaire, voiture, chauffeur et dignes émoluments – de la Financière Océor, la filiale des pays chauds, l'un des jobs les plus convoités au sein du groupe Caisses d'épargne-Banques populaires. Et si, entre deux voyages aux antipodes, l'ennui vous guette, il vous est resté aussi votre poste de conseiller municipal « délégué aux relations économiques internationales » (*sic*) de Marseille, sur la liste du sénateur-maire UMP Jean-Claude Gaudin, où, ancien homme de gauche, vous vous êtes fait élire en mars 2008.

Fort de vos compétences, vous aurez à cœur de prendre l'avion pour les Amériques et nous en rapporter le fin mot de « l'affaire Jack Kachkar », du nom de l'escroc débarqué à Marseille en janvier 2007, pour racheter l'OM 115 millions d'euros... avec un vrai-faux chèque de Countrywide, l'établissement le plus en vue dans l'émission de ces subprimes que votre enfant chéri, Natixis, a bus jusqu'à plus soif. Il faudra l'arrivée de François Pérol, le nouveau P-DG chargé de la fusion Caisses d'épargne-Banques populaires pour que soit mis un terme à votre sinécure dans la Financière Océar... que vous devrez quitter en juillet 2009.

Au grand vaudeville des subprimes, la banque des communes Dexia mérite une palme d'or 24 carats pour l'ensemble de son œuvre. Le 27 mars 2007, interrogée sur son exposition aux prêts hypothécaires à risques aux États-Unis, sa direction répond – je l'ai évoqué plus haut – qu'elle est « très bien protégée et qu'ils ne devraient être à l'origine d'aucune perte même en cas de poursuite de la détérioration du marché ».

Paroles d'évangile... dont ces messieurs se font les psalmistes.

Issu du mariage, en 1996, du Crédit communal de Belgique et du Crédit local de France (ex-CAECL, ou Caisse d'aide à l'équipement des collectivités locales, alors sous la houlette de la Caisse des dépôts), le groupe franco-belge est pourtant au parfum des tendances du secteur. En Amérique, le parrain des subprimes, Angelo Mozilo, est déjà en guenilles, mendiant au bas des marches de la cathédrale Bank of America.

En mars 2000, Dexia a acquis, pour la coquette somme de **2,7** milliards d'euros, la société Financial Security Assurance (FSA), l'un des tout premiers rehausseurs de crédit américains. Le métier de ces sociétés est justement d'accorder leur garantie, moyennant commission, aux emprunts des collectivités locales ou aux créances du type subprime. Les rehausseurs les recyclent sous forme de MBS, ABS,

CDO et de je-ne-sais-quoi-encore, en autant de pâtés aux alouettes (faisandés)... où toutes sortes de produits à risques sont brouillés, pour être revendus, surgelés, sur les marchés financiers. Ce 27 mars 2007, le vice-président du comité de direction de Dexia, Jacques Guerber, s'amuse à jouer les oracles :

« FSA et Dexia s'attendaient depuis longtemps à l'apparition de problèmes dans le domaine des MBS [*Mortgage Backed Securities – titres adossés à des hypothèques*], dit-il. Nous avons dès lors fortement réduit les assurances et les investissements dans les prêts hypothécaires à risques depuis deux ans et demi. »

Six mois plus tard, le 16 novembre 2007 – alors que la crise des subprimes est depuis longtemps enclenchée, pour ne plus pouvoir être arrêtée –, le numéro d'autosatisfaction reprend de plus belle. Cette fois, c'est Axel Miller, le P-DG de Dexia, qui joue le comique de service... avec castagnettes, chaussures à claquettes et tout le tintouin. La scène (invisible !) se passe lors d'une très branchée « Press Conference Call » (conférence de presse par téléphone), où je me suis invité par copain interposé. Dans nos métiers, il ne faut rien oublier... et toujours tout noter. Gai comme un pinson, l'Axel Miller en question se lance dans un numéro de pipeau en acajou dont je retiens précieusement les notes :

« Nos résultats économiques au 30 septembre ne sont pas touchés par la crise. Dexia reste bien protégé sur les “subprimes” et n'attend pas de perte dans ce domaine. [...] Les corrections n'ont pas de signification économique. Les ajustements ne sont que du bruit comptable [*sic*] pour des portefeuilles qui sont gérés dans une perspective de détention sur la durée. »

Le lavement (pour ruminant constipé) n'en sera que plus radical !

En fait de « bruit comptable », c'est un tonnerre de casseroles qui va bientôt se déchaîner aux basques de Dexia et de sa filiale FSA, mettant en danger les finances des innombrables villes et collectivités locales françaises (pour ne parler que d'elles !) qui leur ont fait confiance.

En septembre 2008, la messe solennelle est dite : la crise financière est aux portes de Dexia. Croulant sous le poids de ses subprimes, la filiale FSA est en train de couler la maison mère. À la Bourse, le titre Dexia s'effondre. De **24,95** euros en mai 2007, au moment des propos euphoriques de son état-major, il chute à **7** euros (fin septembre 2008), avant d'atteindre **1,21** euro, le 5 mars 2009 : une perte de 95 % et plus en une année !

Le 29 septembre 2008, les États belge, français et luxembourgeois sont contraints d'injecter la somme éléphantesque de **6,4** milliards d'euros de capitaux frais et d'apporter pour **150** milliards d'euros de garanties à Dexia. Il faut, à tout prix, éviter l'infarctus, empêcher que des centaines de communes, en France et en Belgique, se déclarent en faillite. Annonce qui autoriserait les sauvageons de l'extrême gauche révolutionnaire à se revêtir de cagoules pour semer de plus grands troubles.

Le lendemain de ce plan d'urgence, le tandem mis à la tête du groupe – le président français Pierre Richard et le P-DG belge Axel Miller – est démis de ses fonctions, vite remplacé par l'ancien Premier ministre belge Jean-Luc Dehaene, assisté de l'inspecteur des Finances français Pierre Mariani, ex-directeur de cabinet de Nicolas Sarkozy au ministère du Budget.

Le gros de l'orage est passé, mais les masques tombent. Effaré, je découvre que la paisible banque des municipalités dont je suis l'actionnaire – ce que je ne manque pas de lui faire savoir – planquait ses opérations indignes dans les paradis fiscaux... où elle détenait plusieurs filiales :

• Financial Security Assurance International Ltd et XL Financial Assurance Ltd, aux Bermudes ;

• FSA Global Funding Ltd à George Town, aux îles Caïmans.

C'est là que nombre des milliards de créances à risques – dont elle faisait commerce aux États-Unis – ont transité. Comment a-t-il pu se faire que les États et leurs autorités de contrôle, en France et en Belgique, ne se soient jamais inquiétés de ces dangereux circuits, mettant en péril les finances de leurs collectivités locales... pour des montants dépassant l'entendement ?

Les revenus des dirigeants faillis de Dexia sont – comme toujours, dans les grandes institutions financières responsables de la crise ! – inversement proportionnels à leurs résultats calamiteux.

Sonnez trompettes !

• En cadeau de départ, l'ex-P-DG Axel Miller a touché une indemnité de **825 000** euros (une année de son salaire fixe, hors bonus)... alors qu'il s'était engagé à renoncer au golden parachute de **3,7** millions d'euros prévus dans son contrat ;

• De même, l'ancien président du conseil d'administration, Pierre Richard, parti à la retraite en 2006, perçoit toujours – depuis cette date – une retraite « chapeau (l'artiste) », de **583 000** euros par an.

Pourquoi se gêner ? Avec **3,3** milliards d'euros de perte nette affichés par Dexia pour l'année 2008, les contribuables français et belges sont là pour régler la facture !

La justice ira-t-elle mettre son nez dans ces micmacs ? Allez savoir ! Toujours est-il que plusieurs procédures sont lancées. À Paris, à la suite de la plainte d'un professeur d'université de Perpignan, Robert Casanovas, le parquet a ouvert une enquête préliminaire – la belle affaire ! – pour « diffusion d'informations fausses ou trompeuses ». Le plaignant dit subir un préjudice de 685 850 euros. Début 2008, le professeur avait acheté 113 390 actions de la banque franco-belge, à **15** euros. Il dut les revendre à **1,21** euro en mars 2009... la banque annonçant son exposition à des spéculations de blouson noir – pour **13** milliards d'euros ! – dans les pays de l'Est européen. À Bruxelles, la justice est mobilisée par la plainte du professeur Casanovas, tandis que la Commission européenne entend effectuer des investigations « approfondies » pour vérifier « la viabilité » du plan de restructuration de Dexia dont elle n'est pas convaincue.

Qui croire ?

Les gouvernements qui n'en peuvent plus... pour avoir laissé faire, sans prendre au sérieux les mises en garde qui n'ont pas manqué ?

Les banquiers... qui promettent de ne pas recommencer, mais sans rien signer ?

Ou vous, messieurs les bandits de la finance, qui avez pris le parti du diable, envoûtés à tout jamais par l'argent qui, ce soir ou demain, vous accompagnera dans la tombe de vos méfaits, sous l'épitaphe, ô combien méritée : « Ci-gît le plus riche du cimetière ».

10.

Quand l'appât du gain et la folie des grandeurs vous font sombrer dans l'escroquerie

MERCREDI 24 janvier 2008 : Nicolas Beau, un journaliste ami, ancien du *Canard enchaîné*, m'appelle. Rédacteur en chef du site Internet d'information satirique *Bakchich* qu'il vient de créer (en décembre 2007), Nicolas me sait informé de graves problèmes à la Société générale. Une dépêche vient justement de tomber... qui annonce un immense scandale la frappant de plein fouet.

Quelques jours avant, le lundi 21 janvier à 13 heures, au bar L'Antenne, rue François-Ier, dans le VIIIe arrondissement parisien, j'avais eu, en tant que chroniqueur à *Europe1* dans le journal de Jean-Marc Morandini, à la mi-journée, l'occasion d'en prévenir Simon Marty, un jeune confrère du magazine *Marianne* avec lequel nous débattons de temps à autre, en direct. Un informateur m'avait alerté sur l'imminence d'une perte catastrophique à la Société générale, pouvant la mettre en situation de faillite immédiate. Nicolas Beau me demande de prendre la plume pour une analyse à chaud. À cette invitation, je ne puis me soustraire. Très vite, je rassemble mes notes, les confrontant avec les nouvelles qui tombent. Le nom de Jérôme Kerviel – l'acteur principal de ce qui va devenir l'« affaire de la Société générale » – n'est pas encore connu.

De moi, si... avec quelques confrères.

Dans l'heure qui suit, Nicolas Beau met en ligne ma réaction, sous le titre « La Société générale bat le record du monde », assorti d'un petit chapeau melon, comme il faut :

« La banque française a annoncé, jeudi 24 janvier, la découverte d'une fraude interne "d'une ampleur considérable" commise par un de ses traders, immédiatement mis à pied. La perte est évaluée à **4,9** milliards d'euros : record du monde battu ! Comment est-ce possible ? Est-ce crédible ? Auteur du livre *Le Marché aux voleurs*, qui jetait une lumière crue sur les escrocs de la finance et les patrons menteurs, l'écrivain journaliste Jean Montaldo livre son analyse et ses infos. Du brutal ! »

À la Société générale, on évitera évidemment de m'opposer la plus infime objection. Alors que le feu est en train de ravager le centre névralgique de ses spéculations, mes observations écrites à chaud me préparaient pour l'écriture de cet ouvrage.

Jérôme Kerviel s'est alors mis au vert, en province, sachant qu'il ne va pas tarder à être mis sous les « sunlights ». Domicilié à Neuilly, dans la même rue que moi, à quelques mètres de mon antre de travail, il sera provisoirement incarcéré quelques semaines plus tard. Pour donner une idée précise des dommages qu'il a causés à son employeur, j'ai commencé par dresser, année après année, la liste des opérateurs et financiers marrons, « rois des paumes » (pertes dans le jargon boursier) ; l'euro valant nettement plus que les dollars ici recensés, le Français est effectivement leur champion :

• Jérôme Kerviel (Société générale) : **4,9** milliards d'euros (ou 7,2 milliards de dollars), en janvier 2008 ;

• Friedhelm Breuers (WestLB Common, en Allemagne) : **0,8** milliard de dollars, en 2007 ;

• David Lee (Bank of Montreal, aux États-Unis) : **0,8** milliard de dollars, en 2007 ;

• Brian Hunter (Amaranth Advisors Gas, au Canada) : **6,5** milliards de dollars, en 2006 ;

• Wolfgang Flöttl, Helmut Elsner (BAWAG, en Autriche) : **2,5** milliards de dollars, en 2006 ;

• Liu Qibing (State Reserves Bureau, en Chine) : **0,2** milliard de dollars, en 2006 ;

• Chen Juilin (China Aviation Oil, en Chine) : **0,6** milliard de dollars, en 2004 ;

• John Rusnak (Allied Irish Bank, aux États-Unis) : **0,7** milliard de dollars, en 2002 ;

• John Meriwether (Long Term Capital Management, aux États-Unis) : **4,6** milliards de dollars, en 1998 ;

• Yasuo Hamanaka (Sumitomo Corporation, au Japon) : **2,6** milliards de dollars, en 1996 ;

• Nick Leeson (Barings Bank, au Royaume-Uni) : **1,4** milliard de dollars, en 1995 ;

• Robert Citron (Orange County, aux États-Unis) : **1,7** milliard de dollars, en 1994.

Aux internautes de *Bakchich* – site adapté pour la relation de vos propensions à consommer les milliards de vos clients, messieurs les banquiers –, je livre l'essentiel de ce que je sais de manière certaine, avec les montants extravagants des sommes jouées en bourse... et l'identité du héros masqué de la Société générale.

À qui fera-t-on croire, disais-je alors, qu'un simple quidam installé dans un placard à balais de la Société générale – la troisième banque française (**22,40** milliards d'euros de chiffre d'affaires), après le groupe Crédit agricole (**29,156** milliards) et BNP Paribas (**27,9** milliards) –, a réussi l'exploit historique de perdre frauduleusement, en solitaire et en quelques semaines, la bagatelle de **4,9 milliards d'euros** (soit 32,14 milliards de nos défunts francs)... sans qu'aucun contrôle de gestion interne ait repéré la supercherie ? Dois-je préciser que cette saignée – proche du produit national brut de pays en voie de développement, tels le Gabon, le Honduras ou le Sénégal – n'est pas loin d'égaler le dernier chiffre d'affaires connu de la Caisse des dépôts, première des institutions financières de l'État ?

Selon le président de la Société générale, Daniel Bouton [1], cette « fraude interne d'une ampleur consi-

1. Dans le classement du magazine *Capital* de novembre 2007, Daniel Bouton a vu son salaire fixe augmenter de 25 % en 2006, à 1,250 million d'euros. En y ajoutant la part variable, il s'élève à 3,3 millions. Avec les stock options, ses revenus ont dépassé les **10,8** millions en 2006, faisant de lui le deuxième patron le mieux payé de France. Le 29 avril 2009, âgé de 59 ans, il doit quitter la Société générale sous les sarcasmes, sans indemnités de départ. Le 9 mars 2009, Daniel Bouton a reçu, avec d'autres hauts dirigeants de la Société générale, un lot de stock options (70 000 titres à 24,45 euros), alors que la banque est aidée par l'État. Ministre de l'Économie et des Finances, Christine Lagarde exige qu'il renonce à cette prime : « Il serait grand temps, déclare-t-elle, que Société générale rime un peu plus avec intérêt général. » Le 22 mars 2009, avec les autres dirigeants de la banque, il déclare abandonner ses stock options. Mais à partir d'avril 2010, date de son soixantième anniversaire, Daniel Bouton percevra une retraite annuelle de 730 000 euros (environ 2 000 euros par jour, dont on se demande ce qu'il pourrait en faire). Prévus par son contrat de travail, le P-DG sortant a également acquis des droits à pension représentant **58,2 %** de sa rémunération 2007 (1,25 million d'euros), exerçables « lorsqu'il fera valoir ses droits à retraite de la Sécurité sociale ». Le montant de celle qu'il devrait percevoir en qualité d'ancien agent public de l'État viendra s'y ajouter. Vive l'ENA !

dérable » aurait été commise par un collaborateur « au sein d'une sous-division des activités de marchés ». Traduisant cet aveu comme il se doit, j'en conclus qu'une singulière incompétence des organes dirigeants de l'établissement a permis à leur golden boy de jouer avec l'argent des clients.

Incompétence et démence de banquiers avides d'argent... au point de mettre à la disposition d'un obscur collaborateur (dénommé Jérôme Kerviel) des sommes considérables, à charge pour lui d'en faire à sa guise, sans que nul ne songe à auditer, au jour le jour – comme le veut la réglementation des géants de la finance faisant appel public à l'épargne –, l'ensemble de ses opérations !

Trop, c'est trop !

Le scandale qui éclate à la Société générale permet de pointer du doigt le **système mis en place par les banques, depuis de nombreuses années, en vue de toujours plus siphonner les marchés, grâce à la sophistication d'instruments hautement spéculatifs** qui, petit à petit, ont totalement perverti le système capitaliste, au point de le rendre incontrôlable et par conséquent incontrôlé. Nous voici rendus dans le laboratoire du *Docteur Folamour* de Stanley Kubrick. Sauf que, cette fois, il ne s'agit ni d'une farce ni d'une fiction.

Libéral convaincu – peu soupçonnable d'un quelconque lien de pensée avec les altermondialistes et les divers courants de la gauche anticapitaliste –, ma connaissance de l'enfer où se meuvent les apprentis sorciers de la finance m'oblige à dire tout haut ce que ces fous furieux en col blanc semblent convenus de taire.

Pour que la Société générale ait perdu 4,9 milliards d'euros ces derniers jours (et dans le plus grand secret), lors du débouclage en catastrophe des positions insensées de son trader indélicat, engagé dans des opérations sur produits à fort effet de levier, permettant de ramasser ou de perdre dix fois sa mise, c'est bien que son opérateur avait une position ouverte, spéculative, d'au moins **50** milliards d'euros.

Excusez du peu !

Dès lors, devant vendre dans l'urgence ces tonnes de bouts de papier pourris, la banque « victime » ne pouvait qu'amplifier la baisse des cours déjà bien engagée.

« Indétectable » fraude, camouflée derrière des opérations « fictives », nous dit Daniel Bouton, digne représentant de l'énarchie française... qui vient de mettre à pied cinq des supérieurs de son trader, mais qui se garde de rendre lui-même son tablier. Apprendre que ce monsieur abandonne **6** mois de son salaire fixe (soit 625 000 euros) et son bonus 2007 nous la fait belle. Quid du « variable » ?

De qui se moque-t-on ?

Que devons-nous penser, nous les usagers et l'ensemble des PME françaises, à qui les banques refusent le plus petit découvert et sommes tourmentés, harcelés, et parfois même signalés à la Banque de France, pour un débit de quelques centaines d'euros ?

Mieux encore : on nous apprend que le voltigeur de pointe, détenteur à la Générale du record du monde de la fraude bancaire, court toujours ; et le P-DG Daniel Bouton – qui l'a laissé filer (et n'a pas encore porté plainte, ce qu'il fera plus tard) – ne sait même pas où il est passé.

Ben dis donc !

Les jours passent. L'affaire qui agite l'opinion a mis le Président Sarkozy très en colère. On le serait à moins. Comme d'ordinaire, tout le monde lui tombe dessus. Qu'il pleuve ou qu'il neige, depuis plusieurs mois, parce qu'il est de droite, le président de la République est forcément l'allié – que dis-je ? l'obligé – des P-DG voyous et des chevaliers d'industrie du capitalisme sauvage. Et s'il fustige ensuite l'attitude de Daniel Bouton avec des mots qui font mal, c'est trop tard, voire hypocrite, si ce n'est pour se rattraper. Ces philippiques rituelles sont le plus souvent injustes ou stupides.

Les hommes et les événements qui ont vandalisé la Société générale ont foulé aux pieds les règles du capitalisme qu'avec d'autres je souhaite vertueux. Poursuivant ma chronique du désastre qui atterre le monde de la finance – tandis que celui de la politique en reste bouche bée et que la presse s'enflamme –, le 28 janvier (quatre jours après ma première intervention), il me faut me remettre à l'ouvrage pour expliquer, sur le site iconoclaste animé par Nicolas Beau :

- pourquoi la version officielle du P-DG de la banque sur son trader isolé et incontrôlé ne tient pas ;
- qu'elle cache une crise plus grave et des responsabilités plus larges ;
- que des risques financiers ont bien failli faire sauter la banque ;
- que la Banque de France et les autorités des marchés en savent forcément plus long qu'on ne le croit.

Nul, me semble-t-il, n'a vraiment pris la mesure du cataclysme financier qui vient de survenir, amplifié par les déclarations invraisemblables de Daniel Bouton, le P-DG de l'établissement... sauvé in extremis de la banqueroute par ceux-là mêmes qui ont pour mission d'empêcher les gymnastiques frauduleuses. Monde pitoyable de la finance... où les autorités de contrôle – une nouvelle fois ! – montrent leur incapacité à appliquer aux plus puissants intervenants les règles strictes qu'elles imposent au commun des mortels. À commencer par la Banque de France qui, cinq jours durant – du 19 au 23 janvier 2008 (au matin) –, n'a pas informé le président de la République Nicolas Sarkozy et le Premier ministre François Fillon des risques encourus par l'une des plus grandes banques françaises, avec en toile de fond des dommages immenses pour la Bourse française et ses homologues européennes.

La version des événements donnée au public, en milieu de matinée du 24 janvier, par le P-DG Daniel Bouton, ne paraît pas coller à la réalité, du moins celle qui ressort de mes connaissances et recherches actives : « Les transactions sur lesquelles la fraude a porté étaient banales – une position à la hausse des marchés actions – mais dissimulées par des techniques extrêmement sophistiquées et variées », écrit-il à ses actionnaires et clients, le 24 janvier. Non sans ajouter une information qui fait tilt : « J'ai bien évidemment informé monsieur le gouverneur de la Banque de France et monsieur le secrétaire général de l'Autorité des marchés financiers [AMF] dès que j'ai eu connaissance de la situation, le dimanche 20 janvier. La perte subie est très importante. Toutes les mesures ont été prises sur-le-champ pour la circonscrire. Les failles des procédures de contrôle ont été identifiées et corrigées pour éviter tout nouveau risque de nature comparable. »

Explication un tantinet courte, et pour le moins fantastique, voire inquiétante.

Et histoire incroyable présentée dans un flou artistique impressionniste qui ne résiste pas à l'analyse : il n'est guère besoin d'aller perquisitionner tel ou tel, ni d'appartenir aux sections des investigations financières de la police judiciaire, pour établir... **indiscutablement** que de sérieux dysfonctionnements ont permis les errements de la Société générale.

En premier lieu, la version des événements donnée au public, le 24 janvier, par le P-DG de la Société générale – quatre jours après la découverte des faits ! –, est non seulement tardive, mais ne me paraît pas conforme à la réalité relative à ce que Daniel Bouton appelle – sans plus de détails ! – « une position à la hausse des marchés actions », assortie de « techniques extrêmement sophistiquées et variées » pour les « dissimuler ».

Nous entrons là dans un des maquis de la technique boursière que d'habiles intervenants peuvent utiliser pour faire fortune ou se ruiner. Interprétant les mots du patron de la Générale, tout financier connaisseur des mécanismes boursiers croit comprendre que son trader a :

• **acheté** des quantités monstrueuses de « futures », c'est-à-dire de contrats à terme portant sur les principaux indices boursiers européens. On apprendra peu après que Kerviel a acheté pour : **30** milliards de « futures » sur le « Dax », l'indice des trente principales valeurs allemandes ; **18** milliards sur l'Eurostock des cinquante premières valeurs européennes ; et pour **2** milliards sur le FFSE, le « Footsie » des cinquante premières valeurs britanniques.

• et **vendu** fictivement un égal volume de contrats à terme sur ces indices pour équilibrer son engagement financier, jusqu'au dénouement (paiement pour des achats ou encaissement pour des ventes).

Tel est forcément le cas ici, puisque la Société générale affirme avoir été trompée par son trader... qui lui a « dissimulé » ses « fraudes » en recourant à des « techniques extrêmement sophistiquées et variées », c'est-à-dire de fausses opérations de couverture (à la vente) sur le marché des options (« futures ») à très intense effet de levier en cas de crise (retournement de marché).

Or, de mes recherches actives, une étrangeté singulière me saute aux yeux : nul n'a songé à se pencher attentivement sur les dispositifs de contrôle mis en place – en amont et en aval – pour empêcher qu'un ou plusieurs aigrefins (ou écervelés) puissent polluer les écritures des grandes industries financières, en charge de transactions multiples, hypersophistiquées, qu'il s'agisse de Paris, Londres, Amsterdam, Francfort, ou autres.

Appartenant à la galaxie des départements spécialisés de la Banque de France, ces satellites espions complètent les instruments équivalents des banques intervenantes... avec pour mission de les surveiller, de jour comme de nuit. Et de repérer, par des observations permanentes et croisées, tout manquement aux règles de prudence et de bonne gestion. A fortiori quand il s'agit d'opérations portant sur des montants faramineux.

Ainsi donc, si des « failles » ont affecté les sévères « procédures de contrôle » de la Société générale, comment expliquer que celles (réputées inviolables) de la Banque de France n'aient pas fonctionné ? Difficile à croire ! À moins que la Générale n'ait décidé de les ignorer... pour n'en faire qu'à sa tête, ou peut-être protéger ses secrets de fabrication ! Ce qui, à première vue, paraît douteux, étant donné la nature et le sérieux des dispositifs mis en place par la Banque de France à grands frais.

Arrêtons les non-dits... et venons-en à ce qui fâche : au-delà de la Société générale, tout un réseau ramifié est sur la sellette.

Remontant dans le temps, j'observe que par la grâce de la Banque de France et de l'AMF, le pire aura été évité... avec une perte « limitée ». Toujours est-il que le trou béant dans la caisse de la Générale est la conséquence d'engagements démentiels – présumés « frauduleux » –, que j'évaluais, le jour même de la révélation du scandale (le 24 janvier), à au moins **50** milliards d'euros. Chiffre au demeurant confirmé par la suite. Une somme astronomique, supérieure de **20** milliards d'euros aux fonds propres de la banque !

Là, en l'espèce, est le problème ! Car Kerviel n'est pas – loin s'en faut – le seul trader de la banque. Des centaines d'autres s'activent dans ses salles des marchés, à Paris et New York, notamment. Permettre à ces gens de spéculer avec l'argent des déposants – sans qu'ils le sachent – dans des paris de satrapes, susceptibles de mettre l'établissement en faillite, est irresponsable, intolérable, impardonnable ! Apprendre, de surcroît, que les engagements de Kerviel sont intervenus sur des marchés hautement spéculatifs laisse pantois.

Comment se fait-il qu'une banque – de cette dimension – puisse mettre ses machines à sous à la disposition d'un novice (Jérôme Kerviel, trente et un ans... et toutes ses dents) pour qu'il puisse la gaver – pendant des mois, sans qu'elle s'en aperçoive ! – de bouts de papier empoisonnés au curare ?

Enregistrées, les pertes sont là, bien réelles... dont aucun des protagonistes ne peut se laver les mains.

Examinant le dossier à la loupe, je constate – la Générale s'est gardée de le chanter sur les toits – que sans le bon vouloir des autorités de contrôle de la Bourse et des institutions financières, elle n'aurait pu échapper à une chute aux enfers. Dans le plus grand secret, lors de réunions tenues pendant le week-end des 19 et 20 janvier 2008, la Banque de France et l'AMF lui ont donné leur aval pour que soit cachée aux investisseurs l'étendue des prises de risques engagées par le trader Jérôme Kerviel.

Au matin du lundi 21 janvier, avant l'ouverture des marchés et après des séances de fortes baisses partout dans le monde (à New York le vendredi, puis sur toutes les places asiatiques), la journée boursière commençait avec un avis de grande tempête. Dans ces circonstances, annoncer à l'improviste la situation réelle, désastreuse – découverte durant le week-end – de la Société générale (un des phares du CAC 40 !) aurait immanquablement provoqué, à Paris et par contagion dans toute l'Europe, un vent de panique effroyable. Dans un tel contexte – où les rapaces ne s'encombrent pas de bonnes manières –, la plupart des intervenants, à commencer par les autres établissements bancaires, auraient évité de se positionner à l'achat sur des marchés en pleine ébullition, sachant la Générale contrainte de liquider les folles positions spéculatives de son trader. Tous auraient eu beau jeu d'attendre que soit apuré le carnet d'ordres de ventes, gonflé à l'hélium, de la Générale. Plus grave, la sachant paralysée par son obligation de vendre les « options sur indice » achetées par Kerviel, à hauteur de **50** milliards d'euros – record battu ! –, les prédateurs n'auraient pas manqué de se positionner dans le même sens (à la vente sèche ou à découvert, puisque le marché le permet !), pour accompagner le mouvement de baisse, tenter de « se refaire » dans l'œil du cyclone boursier, autant dire se remplir les poches à bon compte... dans un « cycle de Bethe », comme disent les astronomes pour désigner les réactions nucléaires dans les étoiles. Prise au piège, la grande banque aurait eu toutes les peines du monde à se délester de la cargaison Kerviel, face à des salles des marchés excitées par l'odeur du sang versé, des centaines de milliers de titres spéculatifs (à fort effet de levier) accumulés par Jérôme Kerviel (le jeune homme sachant qu'en cas de coup dur, il pouvait multiplier ses gains ou ses pertes à la vitesse d'une météorite).

À n'en pas douter, si – conformément au règlement qui régit les institutions financières – la Société générale s'était vu imposer par ses pairs, sur-le-champ, d'informer les investisseurs des risques suspendus au-dessus de sa caisse, ce noir scénario, réglé comme un métronome, lui aurait fait connaître l'abîme, une bonne part de ses 30 milliards d'euros de fonds propres se trouvant condamnés à partir en fumée.

Tel est le désastre qui serait intervenu si, au long des trois journées fatidiques des 21 au 23 janvier 2008 – déjà fort perturbées par la crise naissante des subprimes –, était venue s'ajouter l'annonce des difficultés dantesques de la troisième banque française, au demeurant connue comme la première intervenante sur les marchés mondiaux des produits dérivés.

Tel est le massacre à la tronçonneuse auquel la Société générale a échappé... grâce à la Banque de France et à l'AMF, sans que ni le marché ni les autorités gouvernementales soient avertis, en temps et heure. C'est pourquoi, ce lundi 21 janvier, la Bourse de Paris baissait seulement de quelque 6 %, à l'unisson avec ses homologues européennes. Et les mêmes secousses telluriques se sont répétées jusqu'au mercredi 23... tandis que la Générale continuait de vendre à tour de bras, en catimini et à perte, les tonnes d'actions accumulées par son golden boy suspendu. Par peur des fuites, certes ! Mais en contravention avec les règlements ordinaires du marché. C'est à ce prix, en prenant des libertés avec les textes légaux, que la Générale a sauvé sa peau.

Nous passons là au second volet de l'affaire, avec de nouveaux non-dits. Et non des moindres !

À dessein, des dispositifs ont été mis en place... dont – par une autre extraordinaire étrangeté – on évite de parler. Les documents officiels l'attestent. Soulignée ici en italique, leur lecture est instructive, essentielle !, pour comprendre la suite... qui n'est pas triste :

• L'Autorité des marchés financiers (AMF) se doit de « *veiller à la protection de l'épargne investie dans les instruments financiers et tout autre placement donnant lieu : à appel public à l'épargne ; à l'information des investisseurs ; au bon fonctionnement des marchés d'instruments financiers* ».

• De son côté, la Banque de France a pour « *mission, principalement, de veiller à la sécurité des dépôts du public et plus généralement à celle des banques* ». Ses statuts le précisent : « *Dans le cadre des missions du Système européen de banques centrales,* [...] *la Banque de France veille à la sécurité des systèmes de compensation, de règlement et de livraison des instruments financiers.* » En outre, « *pour que cette sécurité soit assurée, il est essentiel que le système ban-*

caire et financier français soit géré de manière rentable et prudente [sic] ».

Pour enregistrer, comptabiliser, vérifier et superviser, contre-expertiser leurs règlements sans délai, il existe bel et bien, au-dessus des banques, deux yeux de lynx, qui scrutent vingt-quatre heures sur vingt-quatre tous les établissements financiers :

Ce sont les deux grandes chambres de compensation internationale :

• Euroclear SA/NV, installée à Bruxelles, avec son rejeton français Euroclear France SA ;

• Le groupe LCH-Clearnet, basé à Londres, avec en France LCH-Clearnet SA.

Tous deux sont en relation constante avec la Banque de France et surveillés par elle. C'est écrit ! Il n'est qu'à se référer aux indications de cette vénérable institution pour savoir qui est qui dans la longue chaîne des transactions boursières et de leur supervision par le système « Euroclear-Clearnet ».

Enquêtant à tâtons, je recherche les précisions qui manquent. Et je les trouve : pour l'officielle AFTI (Association française des professionnels des titres), Clearnet SA est l'une des premières chambres de compensation en euros et une « infrastructure post-marché » qui « joue un rôle attractif déterminant pour la domiciliation des banques d'investissement et de marchés, et des gestions d'actifs ». Dans tous les cas de figure ! Son rôle ? Malgré son caractère technique, le texte suivant, estampillé « Banque de France », est on ne peut plus explicite : « LCH-Clearnet SA joue le rôle de contrepartie centrale pour les instruments financiers qu'elle admet à ses opérations (actions cotées sur les marchés Euronext, instruments dérivés et options, titres d'État français et allemands négociés de gré à gré via certains courtiers [...]. »

Ainsi, imposé aux banques comme leur intermédiaire obligatoire, Clearnet se porte acquéreur ou vendeur des titres qu'elles ont achetés ou vendus. Pour bien fixer les responsabilités, il est stipulé expressément : « Une fois l'opération prise en compte par la chambre de compensation, Clearnet SA devient la contrepartie unique du vendeur et de l'acheteur », jouant ainsi le double rôle d'intermédiaire et de surveillant de la bonne exécution des transactions. À charge pour elle dc fournir sa « garantie » qui « inclut le paiement, mais aussi la livraison des titres [*à la banque acheteuse*] au cas où le vendeur serait défaillant ». Mieux encore – et c'est là que, dans l'affaire Société générale, tout se corse –, la Banque de France certifie dans ses propres écritures, qu'étant « contrepartie centrale, LCH-Clearnet SA contribue à réduire les risques de crédit et de liquidité associés à la transaction et à la livraison des instruments qu'elle prend en charge ».

Voulue par les autorités des marchés européens, « la constitution du groupe Euroclear a pour objectif de mettre en place une plate-forme de "règlement-livraison" unique pour l'ensemble des dépositaires centraux du groupe ». Euroclear Group est doté de six filiales un peu partout en Europe.

En d'autres termes, cet organisme ramifié supervise les règlements des divers titres achetés ou vendus par les établissements financiers. Et s'assure de leur livraison immédiate. Pour parfaire son « intégration » et « rationaliser » ses infrastructures techniques de règlement, la maison mère Euroclear a mis en place (en mai 2006 pour le marché français, en août suivant pour le britannique) « un moteur unique de règlement-livraison (*Single Settlement Engine*) pour l'ensemble des entités du groupe ».

Les frontières d'intervention de ses entités territoriales étant fixées, la filiale française Euroclear supervise toute transaction effectuée depuis Paris et qui passe obligatoirement par elle.

Je l'ai bien lu et compris : tout passe (ou à tout le moins doit passer) par Clearnet. Sauf si un petit malin parvient – on ne sait comment – à lui fausser compagnie.

Dans ces conditions, comment expliquer qu'un obscur Kerviel ait pu travestir les écritures de son employeur, en mettant, face à des achats réels d'options (forcément payées), des ventes fictives qui, par la force des choses, ne pouvaient être ni enregistrées ni réglées ?

Telle qu'exposée, la version officielle du déroulement de l'affaire Kerviel ne tient pas. Quelqu'un (ou bien une singulière défaillance) a bien permis au loup de ravager la bergerie. Il n'a pu s'y inviter tout seul, en se jouant d'une hiérarchie aveugle (ou complaisante ?) et de systèmes de contrôle passoires. Mais qui ? La volonté de la Générale de faire cavalier seul, avec ses propres structures de contrôle, qui semblent singulièrement détraquées ? Et comment expliquer l'absence de déséquilibres dans les règlements... qui s'effectuent chaque jour, lesquels ne peuvent théoriquement échapper à Clearnet ? Accumuler des achats effectifs (forcément répertoriés, comptabilisés et payés à terme échu) est une chose. Agir de même avec des « ventes fictives » – dixit la Générale – pour cacher ses pertes potentielles en est une autre... qui ne colle pas dans le tableau présenté. Pour deux raisons évidentes : si d'aventure, trompée (ce qu'elle fut effectivement !) par les écritures savantes de son trader, la Générale n'a pu repérer la supercherie, de son côté Clearnet n'aurait pas dû manquer d'observer que la position spéculative acheteuse de la banque ne correspondait pas à ses ratios, aucune vente réelle n'étant intervenue pour les compenser. D'autant que ces « achats d'options » seraient porteurs de pertes potentielles considérables en cas de retournement du marché, à la baisse, et alors qu'aucune vente d'options correspondante n'a été effectuée pour, sur la balance, équilibrer les comptes du trader azimuté.

En conclusion : œil infaillible, Clearnet existe pour savoir qu'aucune opération de couverture à la vente, se soldant par un règlement enregistré et visé par elle, n'a été passée par le trader de l'infortunée Générale.

De surcroît, comment a-t-il pu se faire que, passant des ordres d'achats massifs, correspondant à des débits constants et importants, sans nulle contrepartie à la vente, Jérôme Kerviel n'ait pas été arrêté... en plein vol périlleux ?

Mais ce n'est pas tout. Voici maintenant l'ultime étape du contrôle technique : « Afin d'assurer un fonctionnement solide de son mécanisme de garantie, LCH-Clearnet SA a mis en place d'importantes mesures de contrôle du risque, notamment des critères de participation exigeant : une réévaluation quotidienne des positions de ses membres, des appels de marges [*couverture immédiate des sommes perdues*], et un fonds de compensation. »

Arrêtons là ! Non sans mentionner un détail qui fait désordre : devant moi, estampillés « Banque de France (Eurosystème) » – je précise qu'il s'agit de l'organisme suprême censé tout savoir et tout prévenir –, des documents nous informent que la Société générale est bien inscrite, à la date **22 janvier 2008**, sur la liste des « banques affiliées » au réseau de « Clearnet SA, Banque centrale de compensation ». À cette date, le scandale est déjà découvert. Mais on a décidé de le garder secret... pour permettre à la Générale (en péril) de liquider « au mieux », sur des marchés qui n'en peuvent plus, les wagons de titres spéculatifs d'un unique trader... saisi par la folie des grandeurs. Jeune homme qui, sans esprit de lucre nous assure-t-on, s'est prêté à la danse du scalp... au nez et à la barbe de son employeur et de ses puissantes autorités de surveillance.

Ainsi fonctionne votre monde, messieurs les banquiers du diable !

Dois-je rappeler – ce qui semble aujourd'hui curieusement oublié – qu'en 2002, avec des marchés financiers en crise à la suite de l'éclatement de la bulle Internet, le P-DG de la Société générale – le même Daniel Bouton ! – avait accepté la mission du MEDEF et de l'AFEP-AGREF[1] de « réfléchir à une meilleure gouvernance des entreprises cotées ». Président d'un groupe de travail, Daniel Bouton leur avait remis, le 23 septembre 2002, un rapport de vingt-huit pages qui n'a rien perdu de sa saveur. Ah ! comme il est dommage que le président de la Société générale n'ait pas

1. MEDEF : Mouvement des entreprises de France, organisation patronale qui représente les dirigeants des entreprises françaises. AFEP : Association française des entreprises privées, qui réunit la plus grande partie des grandes entreprises françaises. AGREF : Association des plus grandes entreprises françaises.

adopté, pour la gestion de sa propre banque, ce qu'il recommande ici pour l'ensemble des grandes entreprises, sous le titre « Pour un meilleur gouvernement des entreprises cotées » ! Tout y est, les « hors bilans », les cachotteries qui tuent la confiance et les combines diverses... Voici, signé Daniel Bouton, l'éditorial qui me semble le mieux convenir pour clore tout ce que le lecteur a lu depuis la première page de cette *Lettre ouverte* :

« Il convient que chaque entreprise veille à avoir une politique très rigoureuse de communication avec les analystes et le marché. Certaines pratiques de "révélations sélectives" destinées à aider les analystes dans leurs prévisions de résultats doivent être abandonnées. La méthode normale de communication est le communiqué qui met la même information à disposition de chacun, en même temps. Aux yeux du groupe de travail, un point essentiel est celui du "hors bilan" et des risques de l'entreprise. Le "hors bilan" peut englober un grand nombre de droits et d'obligations et recouvre des éléments souvent disparates, de nature financière, sociale, commerciale... Son contenu varie également selon les référentiels comptables utilisés. Cette situation conduit parfois à ne pas porter suffisamment d'attention aux engagements et risques qui résultent des obligations non constatées au bilan pour diverses raisons, voire à considérer le "hors bilan" comme une "zone de non-droit" qui serait soustraite aux règles d'évaluation et d'information. L'application sincère des principes comptables généraux de prudence et de prééminence du fond sur la forme est la première exigence qui s'impose en ce domaine à l'entreprise. [...] Chaque société cotée doit disposer en son sein de procédures fiables d'identification et d'évaluation de ses engagements et risques, et assurer aux actionnaires et investisseurs une information pertinente en ce domaine. »

Qu'avez-vous donc fait, monsieur Bouton, de ces belles résolutions qui devaient assurer à vos actionnaires et investisseurs « une information pertinente » ? Que n'avez-vous renoncé aux « hors bilans », dont vous mesurez aujourd'hui les résultats, plutôt que de proposer de les « regrouper dans une rubrique spécifique », aujourd'hui léproserie ?

Quoi qu'il en soit, l'affaire de la Société générale – qui ne se limite pas à la ténébreuse « affaire Kerviel » – met en lumière le risque systémique, pour l'ensemble des marchés mondiaux, de laisser perdurer des mécanismes financiers ultrasophistiqués que plus personne ne maîtrise ni ne comprend. Ne pas vouloir voir que l'interconnexion des grandes places boursières ne fait qu'amplifier les mouvements de hausse et de baisse devient criminel : il n'est pas besoin d'être prix Nobel d'économie pour savoir que l'implosion de ces machines infernales – conçues par des banquiers irresponsables dans une course folle au profit – menace de se produire à tout instant, avec des effets radioactifs. Seule une intervention urgente et concertée des pouvoirs politiques, à commencer par ceux du G 8, peut interdire aux banques de continuer à spéculer avec l'argent de leurs clients. Et leur imposer, avec s'il le faut un grand coup de poing sur la table, d'en revenir à ce pour quoi elles existent : assurer le financement de l'économie, des entreprises et gérer les fonds de leurs clients en bons pères de famille. Et non comme les croupiers de casinos borgnes.

Pour l'heure, aucun homme d'État ne s'est levé pour siffler la fin de ces matchs-combines qui menacent le devenir des peuples, et pour ordonner que soient nettoyées de fond en comble les écuries d'Augias.

Ce qui est arrivé à la Société générale aurait pu affecter d'autres banques dont les systèmes de contrôle sont souvent des passoires.

Tiens, par exemple ce matin, voici l'histoire tombée dans ma boîte aux lettres... dont BNP Paribas ne s'est pas vantée. Le 10 mai 2007, sa discrète filiale anglaise BNP Paribas Private Bank – spécialisée dans la gestion de fortune de haut niveau (avec ramification dans le paradis fiscal de Jersey, via la société BNP Paribas Jersey Trust Corporation Limited) – fut condamnée à une amende (symbolique) de 350 000 livres sterling (environ 350 000 euros) par les Financial Services Authority, le gendarme de la Bourse de Londres. La raison ? Un manque de vigilance de la banque... qui a permis à l'un de ses employés – un directeur ! – de siphonner **1,4** million de livres sterling dans les comptes de la clientèle. L'opération fut répétée **13** fois, de février 2002 à mars 2005. Utilisant de fausses adresses, le cadre indélicat s'était autorisé à imiter la signature des clients.

Pour le gendarme de la Bourse anglaise, qui reproche à la banque française – déjà prévenue des sérieuses défaillances affectant son système de contrôle – d'avoir repéré trop tard l'entourloupe, cette fraude dénote de « sérieuses faiblesses » dans les systèmes de surveillance de BNP Paribas.

Fin de l'année 2008, voici enfin Bernard L. Madoff, le culot fait homme, le grand prêtre du Nasdaq, marché de toutes les arnaques, dont je parlais dans l'entame de mon livre, à propos de l'escroc médiatique Jack Kachkar.

Madoff, dont les escroqueries sont découvertes au plus fort de la panique boursière de la fin 2008.

Madoff, le filou qui fait déborder le vase et a accentué, jusqu'à n'en plus pouvoir, la méfiance des investisseurs partout dans le monde. Et pour cause...

De son propre chef, dépassé par l'ampleur de ses vols, l'homme a pris peur. Il a tout avoué à ses fils qui ont prévenu le FBI... devant lequel il s'est immédiatement mis à table, vomissant ses larcins qui achèvent d'estourbir les marchés.

Pensez donc ! Comment cette crapule accomplie aurait-elle pu garder plus longtemps à l'abri des regards, en pleine débâcle boursière mondiale, les secrets d'une escroquerie, d'un type banal mais aux dimensions titanesques – dépassant, de très loin, les plus grands records répertoriés depuis la nuit des temps –, vol cosmique qui lui a fait engloutir des cargos de milliards, appartenant à des gens connus pour n'être pas des tendres ?

Que pouvait-il répondre aux clients soucieux de récupérer leurs avoirs déposés dans sa société d'investissement, alors qu'il avait vidé ses caisses ?

Rien d'autre que de leur faire savoir, par communiqué des autorités judiciaires interposé, qu'il les avait arnaqués, et de telle manière qu'il ne leur restait plus un centime !

À la meilleure place, vénéré par les autorités de contrôle du marché de New York, cofondateur du Nasdaq, propriétaire d'un groupe ramifié au-delà des frontières américaines – avec antenne à Londres, plus une foultitude de rabatteurs à Paris, Genève, Madrid, Milan, Vienne... et j'en passe –, Bernard Madoff, dit Bernie, a prioritairement carbonisé les fonds de ses plus proches amis, puis les capitaux de tout ce que la terre compte comme VIP, héritiers, financiers, têtes couronnées, capitaines d'industrie, grandes banques et même les économies de dizaines d'institutions juives, dont il se présentait comme le bienfaiteur et qui étaient à mille lieues d'imaginer – les malheureuses – qu'elles confiaient leur argent à un traître. L'insulte est immense. Elle touche aussi d'éminents représentants des communautés chrétiennes, jusque du côté du Vatican où, à l'heure où j'écris ces lignes, un pauvre cardinal se morfond de chagrin sous sa pourpre...

Ah ! mes bons amis, décidément rien ne vous aura fait reculer. Sur le front des troupes, sous uniformes variés, vos soldats enfoncent et repoussent toutes les lignes. Aux ravages de l'armée des « quants », des agences de notation, des sections de hedge funds, le voltigeur de pointe Bernard Madoff ajoute un palmarès attilesque : avec lui, les milliards dégringolent à la chaîne et disparaissent à jamais dans ses coffres, comme autant de trophées secrets.

50 milliards de dollars pulvérisés (et, me dit-on, bien davantage !), réduits en poussière par un seul homme, aidé de quelques petites mains planquées dans un atelier clandestin de faux relevés de comptes, qui délivraient à ses clients – les plus huppés soient-ils ! – des performances mirifiques et constantes, mais fabriquées de toutes pièces, **aucune** opération (à l'achat ou à la vente) n'étant réalisée sur les marchés !

50 milliards de dollars barbotés par un financier autodidacte, gérant de hedge funds promettant à ses clients réputés des retours sur investissements élevés, grâce à l'utilisation de modèles mathématiques savants !

50 milliards de dollars volés par la simple utilisation du vieux « schéma de Ponzi[1] » !

Avouez que là, messieurs les banquiers du diable, vous êtes largement dépassés !

Dépassés ? Pardon, je me reprends. Après tout, bien que talentueux, le vieux Madoff (soixante-dix ans d'artères, pour dix-huit années à tromper son monde) n'est pas un petit garçon jouant aux billes au pied de vos colossales carcasses.

Vous me pardonnerez d'avoir à vous le dire ici, avec la joyeuse franchise du pied-noir qui n'a pas oublié son pataouète : « Bernie vous a bien niqués ! »

Vaillant Madoff, aujourd'hui sous les verrous... et vous, toujours libres sur le carreau !

---

1. Du nom de Charles Ponzi qui utilisa ce système en 1920 à Boston. En six mois, il fit de ce personnage anonyme un millionnaire. Ses profits étaient censés provenir d'une spéculation sur les « International postal reply coupons » (coupons-réponse internationaux), avec un rendement de 50 %... en 90 jours. 40 000 personnes investirent quelque 15 millions de dollars, dont seulement un tiers leur fut redistribué. Avec Madoff, ce sera... à peu près rien ! La chaîne de Ponzi repose sur des promesses de profits inédits, entraînant un afflux de capitaux. Le système est viable tant que la clientèle est attirée en masse par les promesses financières, les premiers investisseurs satisfaits assurant au placement Ponzi une formidable publicité. Eux-mêmes reviennent dans la chaîne, ajoutant de nouveaux fonds. Le phénomène fait boule de neige et, tant que l'argent rentre, permet de payer à 100 % les retraits éventuels. Ponzi, comme Madoff, prend une commission, justifiée par ses résultats factices. La chaîne peut durer en se multipliant par 2, 4, 8, 16, 32, et ainsi de suite... aussi longtemps qu'arrivent les nouveaux clients. Lorsque la chaîne se rompt, la bulle éclate : les derniers investisseurs sont ruinés. Miraculés, ceux qui ont quitté le navire à temps prennent l'avion pour Lourdes.

M'adressant à vous confidentiellement, messieurs les banquiers qui vous êtes fait plumer par Madoff, j'observe que ce héros de l'arnaque suprême qui vous dispute la vedette depuis la découverte de ses escroqueries pyramidales – vieilles comme le monde, mais ô combien plus faciles que vos combines – n'est, somme toute, qu'un pâle imitateur de vos propres hold-up.

À votre place, messieurs, je lui rendrais hommage :

• lui, au moins – une fois ses méfaits sur le point d'être découverts –, s'est résolu à coopérer avec la police et à plaider coupable sur toute la ligne, après quelque quarante-huit années de brigandage sans cagoule ni postiche ;

• lui, encore, vous a défiés, raflant – à lui tout seul ! – le jackpot dont vous rêviez collectivement... en prenant plus de risques ;

• lui, enfin, a fait fortune mais en s'attaquant surtout aux plus riches, aux milliardaires et aussi aux banques... les plus en vue du marché aux voleurs.

Madoff ? C'est votre Robin des Bois. Sauf que le lascar ne donnait pas aux pauvres. Il gardait tout pour lui ! Une grande pointure !

Intrépide Bernard Madoff... qui, pour moi, n'est pas un inconnu. Il y a tout juste vingt ans, en 1989, son nom figurait déjà – en toutes lettres – dans un livre, *Le Piège de Wall Street*[1]. Madoff y apparaissait comme l'un des acteurs du retentissant « délit d'initiés » qui éclaboussa, à la fin de 1988, le groupe nationalisé français Pechiney et le régime de François Mitterrand, dont il faillit faire chavirer le second septennat.

1. *Le Piège de Wall Street*, de François Labrouillère et Gilles Sengès, collection « Jean Montaldo présente », Albin Michel, 1989.

Quelque peu oublié aujourd'hui, le scandale fut énorme. Selon le rapport d'enquête de la COB (Commission des opérations de bourse), signé le 30 janvier 1989 par le juge Jean-Pierre Michau – rapport qui figurait, in extenso, en annexe –, Bernard L. Madoff appartenait au petit groupe d'une vingtaine d'intervenants qui avaient acquis sur le Nasdaq (son marché de prédilection) des actions de la société américaine Triangle, quelques jours avant qu'elle soit la cible, le 19 novembre 1988, d'une OPA de Pechiney. Offre publique d'achat... qui avait multiplié par cinq la valeur des actions Triangle achetées à Wall Street par les initiés.

D'après les relevés du juge Michau, Bernard Madoff avait acquis 13 760 actions de la firme Triangle, les 16, 17 et 18 novembre 1988, au long de la période suspecte, durant les quelques jours qui avaient précédé l'OPA. Deux fois plus que les sept mille titres ramassés par l'homme d'affaires Roger-Patrice Pelat, ami le plus intime et compagnon de virées de François Mitterrand, surnommé à l'Élysée « monsieur le vice-Président », et dont le décès était survenu quelques semaines plus tard, le 7 mars 1989, peu après son inculpation pour délit d'initié.

Plusieurs autres proches de l'Élysée – acheteurs eux aussi d'actions Triangle – se retrouvèrent poursuivis devant les tribunaux, accusés d'avoir bénéficié d'informations privilégiées lors de cette lucrative fraude boursière... réussie grâce à des informations confidentielles reçues au plus haut niveau de l'État.

Pour sa part, Bernard Madoff avait été blanchi, au prétexte qu'il était un broker (agent de change) professionnel américain, agissant dans le cadre de ses activités d'opérateur de marché.

Tu parles !

Toutefois, ajoutée maintenant à la révélation de sa gigantesque escroquerie, le timing de ses achats d'actions Triangle – concentrés pour l'essentiel sur une seule séance de Bourse – laissait planer de sérieux doutes sur son rôle exact dans l'affaire Pechiney.

Vieille histoire... enterrée !

Étrange Madoff : le 22 février 2009, sous le titre « Notre ami l'escroc », un de ses intimes (depuis plus de quarante ans) raconte au *New York Magazine* comment cet ancien maître nageur n'avait qu'une obsession : devenir riche !

Comme tous les bandits de la finance !

Symbole de sa réussite frelatée, décoré par les meilleurs designers, son luxueux duplex de la 64e Rue, à New York, est sa grande fierté, de même que sa maison de Montauk, à Long Island, et sa villa de milliardaire à 10 millions de dollars à Palm Beach en Floride (où il a lessivé les membres de son club de golf), ses deux yachts, son jet privé (gris noir, comme il se doit) et sa propriété du Cap-d'Antibes sur la Côte d'Azur. Bracelet électronique au pied, l'escroc a été assigné à résidence pendant plusieurs semaines dans son appartement new-yorkais, avant d'être expédié, menotté, à la maison aux cinq cents couverts. Bernie était un garçon soigné... avec, dans quatre tiroirs disposés en quatre rangées, seize chemises bleues identiques, assorties à la couleur de ses yeux. Semblables aussi, ses douze costumes de coupe anglaise sont gris charbon. Comme ses comptes ! Sombres encore, sa douzaine de paires de chaussures. Bref, la garde-robe d'un passe-muraille, nommé Bernard Madoff... surnommé par les tailleurs de la City : « Fumée de Londres ».

Son souci maniaque de discrétion (et de respectabilité) transparaît dans un étonnant débat organisé par Justin Fox, chroniqueur économique du magazine *Time*, avec pour thème « L'avenir des marchés financiers ». Filmée de bout en bout, la scène se passe le 20 octobre 2007, au début de la crise des subprimes, dans les locaux de Philoctetes, une petite association de réflexion new-yorkaise. Bernard Madoff en est l'invité d'honneur, aux côtés d'un de ses collaborateurs, d'autres financiers et de professeurs d'université, flanqués de leurs élèves. En col amidonné, Bernie Madoff pontifie, dispensant ses divines leçons sur le ton docte de l'expert qui sait tout. Et qui rassure !

L'animateur de la conversation à bâtons rompus le présente comme le « président de Bernard L. Madoff Investment Securities LLC, société qu'il a fondée en 1960 ». Son importance à la Bourse de New York est soulignée, d'emblée : « Bernard Madoff, ce nom ne vous est peut-être pas familier, mais **10 %** des transactions sur les actions aux États-Unis passent par sa société. Aujourd'hui, il est un acteur majeur du marché financier américain et mondial. »

Fichtre ! Mais tant pis si personne n'est allé s'enquérir de sa véritable activité : l'escroquerie sur toute la ligne, puisque – pour parler vrai – Madoff s'interdit toute transaction. Le meilleur choix, soit dit en passant... qui lui garantit de ne pas risquer de perdre le magot qu'il a piqué aux gogos.

Vautré dans son fauteuil, le bandit de grand chemin joue le modeste, mais non sans s'afficher en chevalier blanc de la « transparence » des marchés financiers :

« Jusque dans les années 1970, les opérations de bourse n'étaient pas automatisées. Vers 1971, sont arrivés les ordinateurs. Aussi, avec mon frère, nous avons compris qu'il y avait là l'opportunité de créer une réelle visibilité et une transparence des marchés, en les automatisant. C'est ainsi que ma société s'est associée à des firmes renommées telles qu'Allen & Co, Merrill Lynch, Prudential Bache ou encore Goldman Sachs, pour créer un système automatisé des transactions boursières qui a abouti à la création du Nasdaq. »

Nous y voilà !

Pour Bernard Madoff – qui sait de quoi il parle, puisque tous les jours, il en transgresse les règles –, les marchés financiers sont étroitement surveillés et croulent sous un trop-plein de règlements :

« Le niveau de régulation a énormément augmenté ces dernières années. Chaque fois que je vais à Washington et que je rencontre les gens de la SEC pour déplorer la "sur-régulation" des marchés ou l'énormité des charges qui pèsent sur la profession, ils lèvent les yeux au ciel. Cela dit, bien que Wall Street ait traîné les pieds, ils ont adopté les changements, non sans difficulté. [...] Les gens m'ont amplement critiqué, car nous avions introduit le trading automatisé [*échange des actions cotées*], qui tirait les commissions [*de courtage*] à la baisse et qui facilitait les opérations des courtiers discount [*à bas prix*], comme Schwab [*important et sérieux établissement financier*]. À l'époque, la profession détestait les sociétés de discount. »

Voilà pour le baratin du braconnier qui prend les pigeons à la glu du rabais. Vient maintenant le gras du cochon : la fraude ! Pour Bernard Madoff – main levée, il le jure mordicus ! –, elle est quasiment impossible à Wall Street :

« Je ne dis pas, bien sûr, qu'il n'y a pas d'abus, mais,

en règle générale, dans l'environnement réglementaire actuel, il est virtuellement impossible de transgresser les règles. C'est quelque chose que le public ne comprend pas. Quand vous lisez dans les journaux que quelqu'un a violé la loi, vous vous dites que c'est toujours la même chose. Mais il est impossible qu'une violation reste non détectée. En tout cas, jamais pour longtemps ! Si vous comparez le volume des échanges sur le marché, les milliers de milliards de dollars qui transitent chaque jour à Wall Street – à elle seule, ma propre société traite plus d'un millier de millions de dollars par an ! – avec le nombre des infractions [*punies*], vous voyez que celles-ci sont relativement petites, en raison principalement des contrôles mis en place. La plupart des entreprises essaient d'appliquer la loi. »

Sauf la sienne... qui, depuis le début, ne s'est jamais fait prendre au jeu du gendarme et des voleurs. Plaisant sous-entendu, voulant dire dans un formidable pied-de-nez : avec mes vols continus, depuis plus de quarante ans et à une échelle industrielle jamais atteinte à Wall Street, je suis Bernard Madoff, le recordman du monde de l'arnaque, toutes catégories confondues. Confession secrète... pour psychanalyste cathodique.

Fringant Madoff, qui a – bien sûr ! – son avis sur tout ; par exemple, sur l'évolution des marchés financiers. En ces temps difficiles, le maraud tient à rassurer les « petits épargnants », dont – c'est vrai ! – il ne brigue pas les maigres sous... leur préférant la cassette des Crésus :

« Que le marché monte ou baisse de 300 points, cela peut faire peur et vous pensez toujours que quelque chose se passe, sans que vous le sachiez. Mais croyez-moi : en général, vous pouvez rester indifférent à ces mouvements. Si l'on prend une approche historique [*des marchés*] et que l'on regarde leur performance à long terme, cela n'a vraiment pas d'importance que ce soit 1987 ou 1998, ou la dernière crise, au mois d'août dernier. À condition que vous n'ayez pas vendu [*cédant à la panique moutonnière*]. [...] J'ai des clients qui se préoccupent de ce qui se passe chaque jour ; mais pour l'investisseur lambda, ce n'est pas nécessaire. Si vous investissez pour votre retraite, vous n'avez pas à vous impliquer dans les mouvements fous du marché. »

En d'autres termes : si vous avez beaucoup d'argent sur lequel vous dormez, confiez-le-moi. Je m'occupe de tout. Avec, de surcroît, la confiance et l'amitié des gendarmes de Wall Street : « Je suis très proche des régulateurs, assure-t-il. Donc je n'essaie pas de dire que ce qu'ils font est mauvais. En fait, ma nièce vient d'en épouser un. »

Calé au milieu d'un parterre d'apprentis financiers et d'économistes distingués, honorés d'être admis dans l'intimité du grand sage, pionnier du Nasdaq, Madoff jubile. À ces mots, venant des travées qui boivent son discours doctoral, le cri du cœur d'un des intervenants le laisse imperturbable : « Toutes mes condoléances ! »

Madoff opine du chef. Interloqué, un autre se veut plus pertinent : « La SEC a-t-elle approuvé ? »

Mieux vaut botter en touche ; en Amérique, la consanguinité fait mauvais genre. La réponse est laconique : « C'est un avocat. Le problème, c'est la façon dont ils [*les gendarmes de la Bourse américaine*] ont tendance à considérer notre industrie. Ils pensent que si vous gagnez de l'argent, il y a quelque chose de mal. »

En fait, Shana Madoff – la nièce de notre requin – a épousé Eric Swanson, en 2007. Pendant une dizaine d'années à la SEC, cet avocat y a fait office de « superviseur des programmes d'inspection ». Eric Swanson a quitté la Securities and Exchange Commission des États-Unis en 2006 ; l'année où il a commencé à fréquenter Shana Madoff, avant de la prendre pour femme. Mais Eric Swanson a effectivement supervisé l'une des équipes d'investigation de la SEC, lors d'une enquête sur les opérations boursières de Bernard Madoff. Sans rien détecter d'anormal ! Fâcheux ! Surtout quand on découvre maintenant – à l'épicentre du tremblement de terre qui vient de laminer les marchés – que dans sa boutique, sous l'enseigne étincelante Bernard L. Madoff Investment Securities, tout était bidon : les transactions ; les relevés d'opérations ou de comptes ; les flux financiers ; les rapports de gestion ; la comptabilité ; les bilans et résultats certifiés ; les bénéfices.

Tout... de A à Z !

Madoff est une star, un magicien de la fauche. Son coup de maître ? Il l'a de longue date mijoté. Force est de constater qu'il n'a pas démérité... pour réussir à sévir pendant plusieurs décennies, sans se faire pincer. Si d'ordinaire les estropiés de la morale financière fourbissent leurs complots dans les caves profondes de coins malfamés, lui a compris qu'en s'installant dans les quartiers les plus en vue, il s'offrait, au contraire, un faux passeport pour la vie.

Remarquablement agencée, la firme Bernard L. Madoff Investment Securities a pignon sur rue, en plein centre de Manhattan, à New York, au 885 de la Troisième Avenue. Avec filiale à Londres.

Relié dans un élégant cartonnage noir gaufré, imprimé en quadrichromie, avec photos pleine page du maître de Wall Street, de ses directeurs et équipes de traders marrons, le document de présentation est d'une britannique distinction. En page de garde et gros caractères, le slogan ronflant du geai paré des plumes du paon :

« Madoff Securities : le service
et la qualité d'exécution,
à travers l'innovation technologique. »

La suite – seize pages d'autopromotion finement ciselée – est fabriquée dans le style passe-partout cher aux rédacteurs des publicités « corporate ». Se disant « un leader global [*sic*] dans le commerce des actions américaines », l'entreprise Madoff – ouvrez le ban ! – est « **le teneur de marché numéro un dans le monde** [*resic*] **pour les actions hors cote du marché américain** ». Elle garantit à ses clients de pouvoir « **acheter ou vendre** [*reresic*] **plus de 5 000 titres de n'importe quelle société inscrite à l'indice Standard & Poor's 500 de la Bourse de New York, au meilleur prix possible** ».

Les investisseurs regardants sur les prix n'ont pas à s'inquiéter : sans distinction, les clients de Madoff Securities ont droit à « **des tarifs compétitifs, pour des offres et des volumes plus importants** ».

Madoff Securities cite parmi ses clients « les plus grandes banques et sociétés boursières des États-Unis et tout autour du monde ».

À examiner de près cette brochure, porte-avions publicitaire du groupe Madoff – sachant de quoi retourne sa véritable activité –, je suis frappé par la ressemblance avec le scénario de *L'Arnaque*, le film culte de George Roy Hill sorti en 1974, avec, pour têtes d'affiche, les acteurs Paul Newman et Robert Redford, interprètes (dans une fausse salle de jeux des années 30, à Chicago) d'une vaste escroquerie conçue pour mettre sur la paille un dangereux gangster de New York, lui faisant croire qu'ils obtiennent à l'avance les résultats de courses de chevaux truquées. Le plus grand faussaire financier de Wall Street agit de même, dans un décor à vous couper le souffle. Permettez, messieurs les P-DG des plus grandes banques de France et de Navarre qui vous êtes fait joyeusement madoffiser, que je reproduise, in extenso, les passages de cette prose alléchante... à laquelle – y croyant dur comme fer – vous avez fait crédit, au point de passer pour de fieffés crétins :

• « Le service de qualité supérieure de Madoff Securities est rendu possible par un personnel sophistiqué, appuyé par les techniques les plus avancées. Il est soutenu par l'implication personnelle de son fondateur Bernard L. Madoff, de son frère Peter B. Madoff, qui est le directeur opérationnel et le chef du trading, par l'équipe des cent cinquante salariés de la société. »

• « Leur souci d'offrir les meilleurs prix et les délais d'exécution les plus rapides a permis à la société de devenir – et de loin – la première société de Bourse sur le "troisième marché" américain où sont échangées les actions américaines, en dehors du marché officiel. »

• « Madoff Securities est un broker-dealer enregistré auprès de la SEC et du Nasdaq [*National Association of Securities Dealers*], par ailleurs membre du London Stock Exchange [*la Bourse de Londres*] et sous l'autorité de la SFA [*Securities and Futures Authority, organisme officiel de contrôle des actions et options sur actions (dites "Futures")*]. »

• « Depuis sa fondation, en 1960, Madoff Securities a enregistré une croissance ininterrompue qui lui a permis de toujours s'appuyer sur ses propres ressources financières. Elle se situe, aujourd'hui, au soixante-quinzième rang des sociétés boursières américaines, en termes de capitaux, et elle est parmi les cinquante premières en termes d'excess capital [*excédent de capital*], une mesure de sa solidité financière. »

- « La création à Londres d'une filiale, Madoff Securities International, en 1983, a permis à la société de devenir, rapidement, le teneur de marché le plus important pour les actions américaines cotées à Londres. »
- « Les principaux dirigeants de Madoff Securities à Londres ont chacun plus d'un quart de siècle d'expérience dans les marchés des actions américaines. »
- « Madoff Securities : un tissu étroitement serré de techniques avancées et de traders sophistiqués. »
- « Des ordinateurs sophistiqués sont au cœur de tous les aspects des activités de la société : depuis le passage des ordres jusqu'à leur exécution et leurs règlements ; depuis la supervision des prix jusqu'à la recherche d'opportunités de trading, partout dans le monde. »
- « La société utilise toute une variété d'options, "futures" et autres instruments financiers, pour arbitrer ses positions et limiter ses risques. Tandis que ces stratégies d'arbitrage sont un outil important pour protéger les positions financières de la société, ces politiques de gestion des risques, très prudentes, permettent de protéger, aussi, les intérêts des clients. »
- « Malgré l'importance des ordinateurs chez Madoff Securities, il n'y a pas de boîte noire, pas de machine laissée seule pour effectuer des transactions. Un personnel de traders expérimentés et de directeurs est toujours là pour guider et contrôler les activités de la société, s'assurer que les besoins des clients sont satisfaits. »

Pour ce diamant sans défaut, parfaitement pur, le plus solide et transparent du monde, doté d'un indice de réfraction de la lumière jamais égalé, même par le légendaire Koh-I-Noor (« Montagne de lumière »)

– rapporté du Punjab, en 1849, pour être offert à la reine Victoria –, vous avez plongé, messieurs les banquiers, têtes baissées.

Quel talent !

Et que dire du clou de la brochure : « **L'unité sophistiquée du plan d'activité de reprise d'activité en cas de sinistre**[« *disaster recovery* »] **de Madoff Securities** [*qui*] **reflète une attention portée aux moindres détails** » ? Dans vos services anesthésiés par ce titre racoleur – beau comme l'antique, il brille aujourd'hui à vos boutonnières comme une Légion d'honneur sur canapé doré –, personne ne s'est soucié d'aller visiter ce centre névralgique. Aussi, le texte qui suit achève de vous ridiculiser. À New York, couché dans sa cellule, l'escroc en rit encore... à s'en tordre les tripes :

« Madoff Securities possède l'un des systèmes informatiques les plus sophistiqués de la place [*de New York*] pour assurer la continuité de l'entreprise en cas de sinistre [*sic*]. En plus de ses bureaux à Manhattan, Madoff Securities dispose d'une unité entièrement équipée, avec le personnel adéquat, près de l'aéroport de La Guardia [*de New York*]. Ces bureaux sont la réplique de tous les équipements du siège principal de la société. [...] Sous l'autorité d'un directeur, ces installations, reliées par ordinateurs, sont continuellement testées pour être prêtes à prendre le relais de nos opérations, au cas où un désastre affecterait nos locaux de Manhattan. Des rotations de notre personnel sont organisées dans cette unité de secours. [...] Le centre de récupération des sinistres est branché sur un réseau électrique et un central téléphonique différents de ceux de notre siège central. Depuis sa création, en 1992, ce centre n'a jamais été confronté à un cas d'urgence majeur [*resic*].

Mais son existence montre le haut degré de priorité que notre compagnie met à pouvoir satisfaire les besoins de nos clients, dans toutes les situations. »

Merveilleux !

Pour ce qui est des désastres, Bernie est un as qui innove et ne pourra jamais être égalé.

Arrive enfin, en dernière page de cette brochure, avec sa photo et celle de son frère, la conclusion programmatique, qui déchire vos réputations à belles dents :

« Dans notre ère d'entreprises sans visage, possédées par d'autres sociétés également sans visage, Bernard L. Madoff Investment Securities nous ramène à l'époque ancienne du monde de la finance. **Le nom du propriétaire est sur la porte** [*The owner's name is on the door*]. Les clients savent que Bernard Madoff a un intérêt personnel à maintenir son parcours historique sans tache, fait de valeur, d'honnêteté dans les transactions et de haut degré d'éthique, qui a toujours été l'image de marque de la société. Bernard L. Madoff a fondé la société d'investissements en 1960, juste après ses études de droit. Son frère Peter B. Madoff, diplômé en droit, l'a rejoint en 1970. En même temps qu'ils faisaient de la société un acteur significatif sur le marché des actions, ils se sont tous les deux profondément impliqués dans l'accomplissement des changements sans précédents qui ont eu lieu à la Bourse. Bernard L. Madoff a été une personnalité majeure du NASD, la National Association of Securities Dealers [*Association nationale américaine des agents de change*], le principal organisme autonome pour les firmes de négoce d'actions. La société a été l'un des cinq premiers brokers étroitement associés au développement du marché Nasdaq. Il a été président du conseil d'administration du Nasdaq [*ce qui est pour une fois vrai !*], de même que membre du conseil des gouverneurs du Nasdaq [*ce qui est encore vrai !*] et membre de plusieurs de ses commissions. Une grande publication financière américaine a loué le rôle de Bernard Madoff dans “ses efforts pour faire du Nasdaq un système plus efficace et plus international”. Il a aussi été membre de l'Association de l'industrie de la Bourse [*Securities Industry Association*]. Quand Madoff Securities a ouvert un bureau à Londres, en 1983, il est devenu l'un des premiers membres américains du London Stock Exchange. Lui et son frère ont aussi joué un grand rôle dans le développement de la Bourse de Cincinnati [*important centre industriel, au sud de l'État de l'Ohio*]. Ces positions de leader indiquent le profond intérêt que Madoff Securities a montré pour l'industrie, et reflètent aussi le respect que la société et ses dirigeants ont acquis dans la communauté financière. »

Respect, qui va vous coûter, messieurs les banquiers madoffisés, d'être tournés en ridicule.

Derrière la belle façade de Madoff Securities, d'autres entités amies vous ont correctement blousés : les « feeder funds », ces fonds nourriciers... aux mamelles desquels vous avez goulûment tété. Ne venez surtout pas – s'il vous plaît ! – me reprocher de ne pas avoir caché au lecteur la nature frelatée du lait tiré de ces faux seins, pour vous en repaître.

Dans l'ombre, au service de ces fonds, des experts s'activent comme de beaux diables... pour ramasser le blé qui, lui, n'est pas siliconé. Tandis que partout dans le monde (sur les marchés des actions, obligations, monétaires ou de matières premières), la maison mère donne dans les transactions en tout genre, des rabatteurs professionnels (complices ou aveuglés) font la retape auprès des banques en quête de profits constants, des immenses fortunes et des grandes familles d'Europe, à commencer par celles de sang bleu.

« Les produits Madoff étaient très à la mode parmi les gens fortunés de ce monde, me raconte un financier genevois de mes vieux amis. Pour eux, c'était la Rolls des placements : du 8 à 10 % nets par an qui tombaient avec la régularité d'une montre suisse. De bouche à oreille, les initiés se transmettaient le tuyau. Madoff était leur "hedge fund" en or massif. Y être admis leur donnait le sentiment d'accéder à un club de superprivilégiés. Rares sont les grandes fortunes, y compris en France, qui n'y ont pas laissé des plumes. »

À Paris, les noms les plus illustres de la banque et de l'assurance passent à la casserole. Au total, **45** institutions financières :

• Vous, bien sûr, messieurs les déménageurs de Natixis (toujours présents dans les bons coups)... pour **450** millions d'euros de pertes sèches ;

• Vous, les dindons déplumés de chez BNP Paribas, à hauteur de **350** millions ;

• Vous, les deux sicav Ortalgos Investissement et Arabelle Investissement de BNP Paribas (via sa filiale Fundquest, rachetée à prix d'or aux États-Unis en 2005) ;

• Vous encore, les chauffards des assurances Axa... pour **100** millions ;

• Vous aussi, les gogos du Crédit mutuel (d'habitude vigilant) lestés de **90** millions ;

• Vous toujours, les habitués des coups foireux chez Dexia (qui n'avait rien à faire dans cette galère)... pour **85** millions ;

• Vous enfin, les jobards de la Société générale et du Crédit agricole (sucés jusqu'à la moelle)... pour **10** millions d'euros chacun ; etc.

Dans la foulée, des investisseurs privés se font allégrement détrousser : environ **40** millions d'euros dérobés en France, selon l'évaluation de l'AMF. Mais douze à treize fois plus, en Europe. « Il n'acceptait que les gros chèques, au moins plusieurs millions d'euros », explique un banquier genevois à François Labrouillère de *Paris-Match* dans les jours qui suivent l'interpellation de Madoff :

« Quand un investisseur voulait souscrire, les commerciaux de Madoff le faisaient d'abord lanterner, lui assurant que le fond était complet. Puis ils lui laissaient entendre qu'il y avait peut-être le moyen de trouver de la place, s'il doublait ou triplait sa mise. »

Par compassion pour ces personnes privées, cocufiées du sérail, alignées au balcon de la honte, passons sur les noms.

Du Madoff, on en trouve partout. Même dans plusieurs sicav et fonds communs de placement, vendus en France par les établissements les plus renommés : Élite de Rothschild et Cie ; Multi Alternatif Arbitrage de la Compagnie Edmond de Rothschild ; Ocedis et VP Alternatif de la banque VP Finance ; Objectis de la banque Fortis (en faillite et reprise par BNP Paribas) ; Noam Optirisk de la banque Neuflize OBC ; Investissement et Partage de la Financière Meeschaert (qui a eu l'élégance de rembourser ses clients) ; Gap Euros de la banque privée Oddo. Et j'en passe. Tous ces fonds ont placé du Madoff dans leurs portefeuilles (en général à hauteur de 3 à 10 % de leurs actifs)... avec des parts de la sicav luxembourgeoise Luxalpha, qui aujourd'hui ne vaut plus un kopeck.

En Europe, Luxalpha est l'une des principales structures grâce auxquelles Bernard Madoff a grugé les investisseurs, pour environ **500** millions d'euros.

Il m'a fallu pousser bien des portes pour enfin retrouver l'un des appâts dont Bernie s'est servi pour ferrer ses gros poissons. À Londres, grâce à une informatrice de choc, je suis tombé sur le volumineux vademecum des vendeurs d'Access, la société américaine chargée de placer chez les pigeons en quête d'argent vite gagné la fameuse sicav Luxalpha... dont on s'est empressé de faire disparaître les joyeusetés.

Installée à New York (509 Madison Avenue) et à Londres (50 Shirley Street), avec un autre bureau à Luxembourg, des filiales en Suisse ou encore au Luxembourg (plus unc succursale à Paris, rue Lincoln, jusqu'en 2006), Access International a été fondée par deux Français, en 1995. Dans le système Madoff qui repose sur les relations de confiance et d'amitié, Access a un rôle prépondérant. À sa tête, un ancien du Crédit lyonnais, intrépide, mondain et châtelain en Bretagne, catholique pratiquant (ami d'un cardinal diplomate aujourd'hui javellisé) et grand amateur de voile : Thierry de La Villehuchet qui, à l'annonce du scandale, a choisi de se donner la mort, à la veille de Noël 2008, pour sauver son honneur. Aveuglé par l'argent, le malheureux – après avoir démarché tout ce que l'Europe compte de fortunes –, avait placé chez Madoff ses propres sous (50 millions d'euros me dit-on) et ceux de ses amis huppés, sans voir ni jamais suspecter qu'il faisait affaire avec le pire des fripons. Incroyable, mais tristement vrai !

Le 20 février 2009, Ghislain de Montalembert et Sophie Roquelle, du *Figaro Magazine*, livrent le témoignage de Bertrand de La Villehuchet, le frère de Thierry : « Le bouche à oreille a fonctionné à plein. Tout le monde voulait rentrer dans Madoff, qui offrait des rendements de 6 à 7 % [*mais en réalité bien plus, comme nous allons le voir*], alors que la Bourse s'effondrait. Il [*Thierry de La Villehuchet*] a estimé qu'il aurait dû s'opposer et qu'il n'avait pas rempli son rôle. »

Principalement auprès de ses amis... dont beaucoup sont aujourd'hui lessivés, explique Marie-Pierre Gröndahl dans *Paris-Match* :

« Outre sa fortune personnelle – plusieurs millions de dollars – et celle de sa femme, le financier français avait également placé celles de ses proches et de ses amis chez Madoff. Tous, aujourd'hui, sont ruinés. Même une hôtesse de l'air, dont les 150 000 euros d'économies se sont évaporés. Un poids intolérable pour un homme honorable. »

« L'engouement était devenu tel, écrivent les deux journalistes du *Figaro Magazine*, surtout depuis la crise des "subprimes", que toute la jet set et les milieux d'affaires rêvaient d'investir dans ce fonds miracle dont l'accès était présenté comme un privilège. Entrer dans Madoff, c'était être coopté par les membres d'un club hypersélect dont la carte de membre s'achetait plusieurs millions d'euros. »

Un avocat parisien leur raconte : « Un de mes clients s'est entendu répondre : "Je ne peux pas te faire rentrer dans Madoff. Avec 5 millions d'euros, il ne te prendra pas. Il faut plus !" »

Tous fils de grandes familles ou ex-banquiers, les commerciaux d'Access se recrutent en fonction de l'épaisseur de leurs carnets d'adresses et jouent « un rôle clé pour séduire le gotha européen » et « quelques entreprises [*qui*] figurent aussi parmi les victimes », dont « un groupe industriel de tout premier plan [*qui*] aurait perdu 100 millions d'euros, soit entre 25 et 30 % de sa trésorerie, en pariant sur Madoff.

Une affaire suivie de près par Bercy, d'autant qu'il ne serait pas le seul dans ce cas ».

Dans l'organigramme de la société Access en ma possession – sous l'intitulé « Investor Relations » (Relations avec les investisseurs) –, figurent, par ordre décroissant et entre autres, des personnalités singulièrement naïves, toutes tombées des nues à l'annonce des aveux spontanés de Bernard Madoff : Thierry Magon de La Villehuchet (le fondateur et P-DG) ; Patrick Littaye (cofondateur et associé), un dynamique centralien passé par les banques Paribas, le Crédit agricole, Neuflize-Schlumberger-Mallet, Pallas France, puis le Crédit lyonnais ; Philippe Junot, le très urbain premier mari de la princesse Caroline de Monaco ; ou encore le prince Michel de Yougoslavie, plus récemment embauché.

Fort d'un effectif de vingt et un collaborateurs, Access International dit disposer d'une équipe de « recherche » de quatre personnes et de cinq salariés chargés de « l'administration, la finance et la logistique ».

L'épais manuel format 21 × 27, sorte de vade-mecum des vendeurs, par l'intermédiaire d'Access, de Bernard Madoff en Europe sur lequel j'ai mis la main à Londres, est une pièce de collection. Cette brochure (aujourd'hui introuvable !) présente son groupe... et rassemble toutes les réponses qu'il convient de donner au client professionnel. Ce gros dossier à couverture blanche permettant de piéger les candidats investisseurs chez Madoff brille par sa sobriété. Cette fois, pas de plaquette de luxe ni de photos en couleurs. En revanche, un descriptif technique de la sicav Luxalpha et de sa stratégie d'arbitrage « non traditionnelle » est illustré d'un graphique au miel, dessin affriolant de son « rendement cumulatif », représenté par une courbe qui semble monter jusqu'au ciel.

Pour impressionner les pigeons, les vendeurs de Madoff étalent de splendides graphiques de performances avec des courbes montant jusqu'au ciel, censées illustrer des opérations de bourse... qui n'ont jamais existé.

Mais nulle part – sauf quelques rares mentions intitulées BMI (initiales de Bernard Madoff Investments) – n'est indiqué en toutes lettres le nom de l'escroc... J'observe cependant que le nom de l'UBS figure – seul ! – en bonne place, dans de multiples pages. La première des banques suisses y est présentée comme « gestionnaire » et « banque dépositaire » du portefeuille de la sicav Luxalpha. UBS, mais aussi – comme pour mieux rassurer la clientèle ? – le grand cabinet Ernst & Young, en tant qu'auditeur de la sicav, et dans les conditions que j'évoquais plus avant[1].

Ainsi, dans ce document, tout est soigneusement ficelé, avec les références qui donnent confiance, la stratégie qui

1. Cf. *supra*, page 216.

Note confidentielle : Mars 2001

PLACEMENT DE TRESORERIE LIBELLE EN US$
A RISQUE CONTROLE

1) PRESENTATION GENERALE

- La présente note a pour objet de présenter une formule de gestion applicable aux liquidités disponibles des entreprises.

- Cette formule permet de répondre de manière exceptionnelle aux exigences de performance que connaissent les entreprises, dans le contexte économique actuel où l'inflation ainsi que la rémunération courante des liquidités, ont atteint des niveaux extrêmement réduits.

- Les deux traits majeurs de cette formule de gestion sont :

  - **Une technique simple de la gestion,**
  - **Une position exceptionnelle du gestionnaire lui donnant "La" vision de son marché.**

- Sur ces bases les principaux avantages de ce "produit" financier sont les suivants :

  - **Haute performance (i.e. de 8 à 15% par an)**
  - **Risque quasi nul**
  - **Liquidité totale**
  - **Transparence complète**

- Il convient de souligner que cette note est confidentielle, dans la mesure ou elle décrit une formule de placement qui ne vise que des investisseurs qualifiés - i.e. Institutions ou grandes fortunes répondant aux normes de la SEC.
  Il s'agit d'une formule éprouvée, non seulement par ses performances passées, l'importance des montants investis, mais aussi par la qualité des investisseurs ou encore, par la surface de l'opérateur qui a créé ce produit il y a 15 ans.

2) DESCRIPTION DE LA GESTION

2.1. Une technique simple de gestion.
2.2. Une position exceptionnelle du gestionnaire sur son marché.

La première page de la « Note confidentielle » servant d'argumentaire aux courtiers de Madoff et Access International.

éblouit, les résultats qui font baver... et les perspectives qui vous conduisent au septième ciel.

Après une entrée en matière des plus attrayantes, à coups d'autres graphiques et de pourcentages condamnés à monter jusqu'au firmament, voici, dûment reliée (en anglais et français), la « **Note confidentielle**[1] »... conçue pour prévenir toute velléité de résistance. Intitulé, en lettres majuscules, « PLACEMENT DE TRÉSORERIE LIBELLÉ EN US $ À RISQUE CONTRÔLÉ », le titre qui l'accompagne vous donne le sentiment de confier votre argent à un homme du monde, vétéran de la gestion de fortune, connu pour être le gourou qui a porté le Nasdaq sur les fonts baptismaux. Le reste est du même acabit. Comment résister au plaisir de reproduire, in extenso, cette triomphante littérature pour comtes et princesses désireux de voir leur tas d'or fructifier au soleil, pendant la sieste ?

Vous aussi, messieurs les banquiers, avez pris ces billevesées pour argent comptant, sans aller y regarder de plus près. Ce qui est pourtant votre premier devoir. Voici donc – tel que je le découvre ! – de quoi vous vous êtes nourris... pour vous retrouver aujourd'hui habillés « en peau d'zébie » :

« Présentation générale : La présente note a pour objet de présenter une formule de gestion applicable aux liquidités disponibles des entreprises. **Cette formule permet de répondre de manière exceptionnelle aux exigences de performance** que connaissent les entreprises, dans le contexte économique actuel où l'inflation, ainsi que la rémunération courante des liquidités, ont atteint des

1. Ces mots sont soulignés par l'équipe Madoff de chez Access.

niveaux extrêmement réduits. Les deux traits majeurs de cette formule de gestion sont :

• Une technique simple de la gestion,

• Une position **exceptionnelle** [*sic*] du gestionnaire [*Bernard Madoff*] lui donnant **"la"** [*resic*] vision de son [*reresic*] marché.

Sur ces bases, les principaux avantages de ce "produit" financier sont les suivants :

• **Haute performance (c'est-à-dire de 8 à 15 % par an)** ;

• **Risque quasi nul** [*rereresic*] ;

• **Liquidité totale** [*rerereresic*] ;

• **Transparence complète** [*rererereresic*].

Il convient de souligner que **cette note est confidentielle**, dans la mesure où elle décrit une formule de placement qui ne vise **que des investisseurs qualifiés** – c'est-à-dire institutions ou grandes fortunes répondant aux normes de la SEC [*rererererereresic*]. Il s'agit d'une **formule éprouvée**, non seulement par ses performances passées, l'importance des montants investis, mais aussi par la qualité des investisseurs ou encore par **la surface de l'opérateur** [*Bernard Madoff*] qui a créé ce produit il y a 15 ans. »

Avant de passer à la suite qui n'est pas moins folichonne, dois-je préciser que ce bel ensemble repose sur du vent... qui va se transformer en ouragan ? Bernard Madoff n'a jamais investi un sou sur les marchés : le gros des fonds qui lui sont remis disparaît on ne sait où... le solde permettant de faire tourner la machine. Récapitulons :

• sa « technique simple de gestion » dont, avec ses démarcheurs, il fait si grand cas ? Elle consiste, ni plus ni moins, en un détournement de fonds ;

• sa « position exceptionnelle »... qui lui donne « la

vision de son marché » ? Pour justifier les performances annoncées, la formule veut indiquer, à mots à peine couverts, que Madoff offre à ses clients le privilège de pouvoir bénéficier de sa position prédominante à Wall Street, en qualité de grand manitou du Nasdaq et d'opérateur, parmi les mieux informés. En termes plus crus : un « initié[1] »... agissant avec le blanc-seing des plus hautes autorités de la Bourse américaine ;

• sa haute performance ? N'achetant et ne vendant aucune action ni aucun titre, Madoff ne peut ni gagner ni perdre. Ses **8** à **15 %** l'an (et non « 6 à 7 % », comme dit précédemment à mes confrères du *Figaro Magazine*) sont le résultat d'une opération simple : dans une arrière-cuisine, il lui suffit, assisté d'une petite brochette de faussaires (hautement rémunérés pour faire diligence et se taire !), d'ouvrir le journal des cotations, d'y relever les cours les plus bas et les plus hauts de l'année de chaque valeur, puis de fabriquer des relevés de comptes et d'opérations... totalement bidons. Technique simple : elle consiste à faire croire que, chez Madoff, l'exceptionnelle « vision de son marché » lui permet d'acheter presque toujours au plus bas et de revendre... au plus haut.

Dans les années 1970, je connus, à Paris, Madrid et Genève, deux loustics – un père et un fils – à la tête d'une société financière suisse, SH et Cie, qui exerçaient avec maestria – mais tout de même moins de profits que l'illustre Bernie – dans la même discipline. Comme de bien entendu, tout ce beau monde finit au dépôt : l'un (le père) finalement incarcéré à Genève ; l'autre, tremblant

---

1. Aux États-Unis, contrairement à la France, le délit d'initié est un crime.

de peur, à la prison des Baumettes de Marseille, après s'être longtemps cloîtré (sans un sou vaillant en poche, dans un hôtel au sortir de la gare Saint-Charles), craignant de finir *ad patres.* Et pour cause : au nombre de ses victimes et sans le savoir, l'audacieux tandem avait détourné les fonds d'un dictateur nord-africain... réputé pour être un maniaque du sourire kabyle. Deux Madoff (père et fils), avant les vrais frères Madoff, dont l'un, Peter – depuis quarante ans numéro 2 de Bernard Madoff Investment Securities –, échappe, pour l'heure, aux foudres de la justice [1].

Dans le cas Bernard Madoff, les résultats sont là, qui accusent la compétence des financiers qui ont bu ses écrits jusqu'à la lie :

- le « risque quasi nul »... promis aux clients d'Access, dans son épais document de présentation, se solde, in fine, par une volatilisation globale des fonds remis au roi autoproclamé de Wall Street ;
- la « liquidité totale » ? Elle s'est pareillement évaporée dans le désert de la mort ;
- la « transparence complète » ? Sur ce point – et sur ce point seulement ! – Madoff n'a pas menti :

1. Peter Madoff était proche de son frère Bernard, au point d'être désigné comme son héritier présomptif. Par souci de sécurité, ils ne voyageaient jamais dans le même avion. Il apparaît peu vraisemblable que Peter ait ignoré les escroqueries monumentales de son frère, bien que celui-ci affirme avoir agi seul. Bernard Madoff avait cependant avoué à son frère l'ampleur de ses larcins, avant d'en avertir également ses fils, peu avant sa première arrestation, le 11 décembre 2008. Pour le procureur de New York, la question est de savoir si Peter Madoff a violé la loi américaine en n'avertissant pas immédiatement les autorités, comme l'ont fait les fils. Sa position dominante au sein de l'entreprise d'extorsion de fonds semble l'indiquer. Mais ses liens de parenté avec Bernie ne l'y obligeaient pas !

aujourd'hui explorées par le FBI, ses écritures révèlent un commerce, certes gigantesque, mais totalement fantomatique.

Dormant d'un sommeil de plomb, saouls de salaires, bonus et parachutes dorés, vous n'y avez vu que du feu, messieurs les banquiers...

À mon âge, après des dizaines d'années de poursuites à la recherche des pires fripons que la France et le monde aient connus, ayant livré toutes sortes de batailles, depuis le début de la Ve République, contre les organisations de la corruption et les réseaux criminels qui lui sont associés, jamais je n'avais encore vu un si talentueux pickpocket. S'attaquer en toute impunité et sans coup férir aux grandes familles sous diadème et aux premières banques du monde relève de l'exploit.

Chapeau !

Dans la même « Note confidentielle » d'Access remise aux « commerciaux » des produits Madoff, on comprend que l'escroc vend ses services avec un aplomb exceptionnel.

Admirons la page 2 ! Sous deux titres, une nouvelle fois des plus alléchants et en parfait rapport (finalement) avec son vrai métier d'arnaqueuse, l'entreprise Bernard Madoff présente une fumeuse stratégie de placement, évidemment factice, mais pourtant jalousée par tous les financiers de la terre... et cautionnée par l'UBS, dont les dirigeants vont devoir s'expliquer, à défaut de vouloir indemniser les victimes :

« **Une technique simple de gestion :**

• La gestion intervient exclusivement sur le marché des actions américaines cotées au New York Stock Exchange.

• La technique de base consiste à acheter d'une part une action, d'autre part à acheter un "*put*" [*option de vente*] et vendre un "*call*" [*option d'achat*] de cette même action, à échéance identique et avec des bases telles que le capital investi soit exactement protégé à l'échéance des options. Les achats du titre et du "*put*" sont simultanés, la vente du "*call*" sera un peu plus tardive (quelques heures) de façon à engendrer un profit résultant de la prévision [*!*] de marché de l'opérateur [*Bernard Madoff*]. [...] »

Gestion simple, jurent les comparses de Madoff, qui tiennent à s'attarder sur la « **position exceptionnelle du gestionnaire** ». Esbroufe totale, dont les animateurs d'Access ne se relèveront pas. Qu'on en juge :

• « L'opération est menée par une des firmes leaders de Wall Street [*Bernard L. Madoff Investment Securities*]. [...]

• Précisément, compte tenu de l'importance de son rôle sur le marché US en tant que trader [*c'est-à-dire opérateur*], cette firme dispose d'une visibilité exceptionnelle [*sic*] de la direction globale [*resic*] de ce marché : en effet, en 1980, le NYSE était en état de monopole de fait. L'opérateur, avec l'accord des autorités américaines [*diantre !*], a créé un marché concurrent, dénommé "Third Market" [*le Nasdaq, présenté ici comme la propriété de Madoff*]. Ce troisième marché représente aujourd'hui environ **40 %** du volume des transactions mondiales des valeurs cotées au NYSE. L'opérateur, à lui seul, représente **15 %** de ce marché. Il effectue **300 000** transactions par jour, représentant **1 400** milliards $ par an, et gère un carnet de **350 000** ordres limités. Il bénéficie donc d'une position exceptionnelle pour anticiper, à terme d'une ou deux heures, le sens et l'ampleur des mouvements du marché. C'est de cette situation avantageuse unique que profite l'investisseur en toute légalité [*sic*]. »

Je ne reproduis pas ici par hasard cette présentation du rôle de Bernard Madoff, telle que conçue (ou fidèlement recopiée ?) par ses mercenaires. Leur document indique que les établissements bancaires auxquels il est présenté confidentiellement peuvent aisément en vérifier la validité. Traiter **300 000** opérations par jour pour **1 400** milliards de dollars par an ne peut pas passer inaperçu. Que je sache, il existe à Wall Street un service de contrôle, la SEC, pour savoir de quoi il retourne, dans une si intense activité de « trading », c'est-à-dire de transactions sur les actions des entreprises introduites en Bourse. Avec les frères Madoff, la SEC a raté le gros lot, alors que tout se passait du côté de leurs partenaires gérants de fortune, dont Access International.

Il n'empêche : ayant accumulé dans ses caisses, au long des années, **50** milliards de dollars... pour être soi-disant investis sur les marchés, suivant le processus d'achat et de vente décrit dans la « Note confidentielle » d'Access – où son identité apparaît en filigrane –, Bernard Madoff n'est pas un petit boutiquier.

Comment a-t-il pu se faire que personne n'ait songé à vérifier les flux d'argent entre son entreprise de « trading » et celle de gestionnaire de fortunes, dont il ne faisait pas mystère ?

Nous dire aujourd'hui – ce que Madoff assure ! – que ces 50 milliards n'ont **jamais** fait l'objet, depuis l'origine, d'**aucune** transaction... et sans que **personne** s'en soit aperçu, relève du surnaturel.

Quoi qu'il en soit, le scandale prend ici une dimension titanesque... en rapport avec la position qu'il disait avoir « pour anticiper, à terme d'une ou deux heures, le sens et l'ampleur des mouvements du marché », et permettre à ses ouailles de profiter de sa « situation avantageuse unique, en toute légalité ». Dans la communauté financière qui sait traduire ce type de message, ces mots ont un sens précis. Écrits (et non téléphonés), ils veulent dire qu'à New York, Madoff fait la loi : la Bourse est à lui ; il sait tout ; il voit tout... et avant tout le monde ; il est le mieux placé... pour acheter, vendre et toujours gagner.

Bonjour, encore une fois, au club du premier des initiés... ami des autorités !

Et par ici la monnaie !

Dans leur argumentaire – sous l'intitulé en majuscules « COMPTE GÉRÉ BMI [*Bernard Madoff Investment*], ANALYSE DES RISQUES », ses comparses (malgré eux ou pas) vont même jusqu'à évoquer les « risques » auxquels s'exposent les investisseurs triés sur le volet qui leur font confiance. Autre littérature attractive – surtout quand on connaît la fin de l'histoire. Je cite : le « risque catastrophique » ; la « débâcle complète (chaos) du marché des actions de New York et de désorganisation simultanée » ; le « risque [...] de la signature [*sic*] de la Réserve fédérale » ; le « risque de malversation [*resic*] (syndrome du trader fou) », etc. Pour Madoff, ces « risques sont identiques dans leur nature ». Aussi, pour les « éliminer [...], BMI s'est organisé de la manière suivante : aucun trader ne peut répondre à un ordre ou initier lui-même un mouvement sans passer par l'ordinateur central de la compagnie. Celui-ci est la seule voie (et la seule voix) qui puisse engager BMI. Bien entendu, ajoute-t-il, cela signifie que BMI ne peut opérer qu'avec des correspondants pour lesquels une liaison informatique a été installée. BMI n'a ainsi que **650** correspondants (clients) de par le monde ».

Donné par Madoff, via l'officine Access de Londres, ce chiffre correspond au nombre de ses riches victimes, rigoureusement sélectionnées... pour être traitées royalement, étant assurées, par écrit, que « le problème du décalage de l'information vis-à-vis de correspondants extérieurs n'existe pas », et que « chaque trader (à son compte ou opérateur de compte géré [*à la place du client*]) est suivi par deux superviseurs », qui supervisent chacun « vingt traders ».

En acier trempé, digne des meilleures défenses anti-sous-marines, ce maillage est sous contrôle... tribal : « Parmi les six superviseurs, on compte deux fils et un neveu du propriétaire de la firme. »

Trois bébés Madoff... d'une grande intégrité morale !

En outre, insiste le document de Thierry de La Villehuchet, « Access International Advisors reçoit la copie de l'ensemble des transactions sur les comptes de ses clients et contrôle en permanence la couverture des paniers de titres [...], ainsi que les opérations [...] de ceux-ci. Ce contrôle n'est toutefois effectué qu'avec un retard de deux jours sur les dates de transaction, ce retard étant lié au mode de transmission de l'information ».

Bizarre, à l'heure de l'électronique... pour quelqu'un qui se présente comme à la pointe de la technologie !

En fait, le temps nécessaire aux petites mains de Madoff, à New York, pour fabriquer les faux relevés d'opérations fictives.

Conclusion des experts d'Access International aveuglés par leurs juteuses rétrocommissions : « Dans la

25 Mars 2005

ADDENDUM AU PROSPECTUS DE LUXALPHA SICAV

La Directive européenne n° 85/611 du 20 décembre 1985 sur les OPCVM instaure des règles communes en vue de permettre la commercialisation transfrontalière des OPCVM qui s'y conforment. Ce socle commun n'exclut pas une mise en œuvre différenciée. C'est pourquoi un OPCVM européen peut être commercialisé en France quand bien même son activité n'obéit pas à des règles identiques à celles qui conditionnent en France l'agrément de ce type de produit.

Le présent addendum fait corps avec le prospectus de la Sicav LUXALPHA SICAV daté d'août 2004.

➢ **Compartiments autorisés à la commercialisation en France**

Seuls les compartiments listés ci-dessous ont obtenu, de la Commission des opérations de bourse, une autorisation de commercialisation en France.

Nom des compartiments	Date d'autorisation
LUXALPHA SICAV – AMERICAN SELECTION (EUR/USD)	25 mars 2005

➢ **Correspondant centralisateur en France**

Le correspondant centralisateur en France de la Sicav LUXALPHA SICAV est : IXIS INVESTOR SERVICES, société domiciliée au : 16-18 rue Berthollet, 94113 Arcueil Cedex, France.

Les missions du correspondant centralisateur sont notamment les suivantes :
- Traitement des ordres de souscription et de rachat des actions de la SICAV ;
- Paiement des coupons et dividendes aux actionnaires de la SICAV
- Mise à disposition des actionnaires des documents d'information de la SICAV (prospectus, comptes annuels et semestriels…) ;
- Information particulière des actionnaires en cas de changement des caractéristiques de la SICAV.

En 2005, Ixis Investor Services, à l'époque filiale des Caisses d'épargne françaises, est le « correspondant centralisateur » de la sicav Luxalpha avec laquelle Madoff escroque le monde.

limite de la pérennité du marché des actions, le risque maximum de la gestion BMI est inférieur à 4 % des actifs gérés, confirmant ainsi la grande sécurité de ce programme. »

Fermez le ban !

La brochure des équipes du filou ne manque pas de souligner qu'étant enregistrée au Luxembourg et de droit européen, la sicav Luxalpha, agréée à Paris « le 25 mars 2005 par la Commission des opérations de bourse au compartiment "American Selection", [...] peut être commercialisée en France, quand bien même son activité n'obéit pas à des règles identiques à celles qui conditionnent en France l'agrément de ce type de produit ».

Tiens donc !

Pour couronner le tout, le lecteur ne s'étonnera pas d'apprendre que la sicav Luxalpha a pour « correspondant centralisateur en France » la filiale Ixis de la Caisse des dépôts et de la Caisse d'épargne (16-18, rue Berthollet, 94113 Arcueil Cedex, France). Ixis qui appartient pour partie à l'État ! Et qui donnera naissance, fin 2006, à la banque Natixis dont je viens de relater les exploits... sur le marché américain des subprimes.

Décrit dans la brochure interne des commerciaux d'Access pour convaincre les investisseurs, le rôle d'Ixis dans la structure Madoff et de sa sicav Luxalpha n'est pas mince. Elle prend ici la dimension d'un scandale majeur... qui peut expliquer pourquoi Natixis s'est retrouvé avec 450 millions d'euros – excusez du peu ! – de produits Madoff dans ses comptes. De l'argent envolé... à tout jamais. À elle revient, je cite encore :

LUXALPHA SICAV

	Montant minimum de l'investissement initial: 100.000 USD ou 100.000 EUR Frais de souscription : 5% de la valeur nette d'inventaire par action Frais de rachat : sans frais Frais de conversion : sans frais Le paiement du montant de la souscription doit parvenir au dépositaire du Fonds dans un délai maximal de 3 jours ouvrables au Luxembourg à compter du Jour d'Evaluation. Le paiement du produit des rachats d'actions du Fonds s'effectue en situation normale dans les 10 jours ouvrables suivant le Jour d'Evaluation.	
Informations complémentaires importantes	Forme juridique :	Compartiment de LUXALPHA SICAV, une société d'investissement à capital variable de droit luxembourgeois.
	Société :	LUXALPHA Sicav
	Promoteur :	UBS AG
	Gestionnaire de portefeuille :	UBS (LUXEMBOURG) S.A.
	Conseiller de portefeuille au Gestionnaire de portefeuille :	Access International Advisors, LLC
	Organisme de surveillance:	Commission de Surveillance du Secteur Financier (Luxembourg)
	Banque dépositaire :	UBS (Luxembourg) S.A., Luxembourg
	Réviseur d'entreprises :	ERNST & YOUNG, Luxembourg
	Date de lancement:	19 mars 2004
	Valorennummer:	Actions de «catégorie A» : actions en USD Actions de «catégorie B» : actions en EUR
	Code ISIN:	Actions de «catégorie A» LU0185938668 Actions de «catégorie B» LU0185941027
Autres renseignements	Pour tout autre renseignement , veuillez contacter UBS Fund Services (Luxembourg) S.A., 291 route d'Arlon, L-1150 Luxembourg Tél.: +352 44 10 10 1 Fax: +352 44 10 10 66 22 E-mail: ubsfslinfo@ubs.com UBS (Luxembourg) S.A., 36-38, Grand-Rue, L-1660 Luxembourg Tél.: + 352 45 12 12 152 Fax: + 352 45 12 12 744	

Le présent prospectus est une traduction française du prospectus en anglais et en cas de divergence entre le texte anglais et le texte français, la version anglaise fera foi.

La notice de présentation de Luxalpha, entièrement composée de placements Madoff, où apparaissent l'UBS, Ernst & Young et Access International.

• le « traitement des ordres de souscription et de rachat des actions de la sicav » ;

• le « paiement des coupons et dividendes aux actionnaires de la sicav » ;

• la « mise à disposition des actionnaires des documents d'information de la sicav (prospectus, comptes annuels et semestriels...) » ;

• les « informations particulières en cas de changement des caractéristiques de la sicav ».

Enfin, pour les questions administratives et bassement financières, les pigeons (banquiers et têtes couronnées) sont avisés de la marche à suivre :

• les « bulletins de souscription » de la sicav Madoff doivent être renvoyés à UBS Fund Services (Luxembourg SA), Agent d'administration centrale, 291, route d'Arlon, L-1150 Luxembourg ; les souscripteurs sont priés d'y joindre la copie de leurs statuts (pour les sociétés), de leur passeport ou carte d'identité (pour les particuliers), pour se conformer – chez Madoff, on ne rigole pas ! – à la... « législation contre le blanchiment d'argent » en vigueur en Europe ;

• les paiements en dollars (qui vont disparaître) sont du ressort de « UBS AG, Stamford Branch », à New York ;

• les règlements en euros passent par « UBS Investment Bank AG, à Francfort, Allemagne ».

Extravagante affaire Madoff qui, des deux côtés de l'Atlantique, touche le gratin de la finance, si ce n'est de la politique. Mais aussi des clients qui ne pourront jamais porter plainte, s'agissant de mafieux, de trafiquants et d'oligarques russes de tous poils. D'où la fuite, en catastrophe, d'une importante banquière autrichienne, dépositaire de fonds appartenant à des

Russes. Des gens qui ne plaisantent pas. Même chose en Amérique du Sud.

Comment a-t-il pu se faire que des intervenants de haute renommée – l'UBS helvétique ; Ixis ; Ernst & Young ; grands établissements français et étrangers –, acheteurs ou vendeurs des produits de la « Madoff connection », et grassement commissionnés pour récolter l'argent des investisseurs et assurer le suivi de leurs placements, n'aient pas décelé qu'ils remettaient leurs fonds, parfois par paquets de milliards, à un voleur professionnel ?

S'agissant de vous, messieurs les banquiers, la faute est gravissime. Mais soyons bon prince : que vous vous soyez fait rouler par plus malin que vous, par un Bernard Madoff dont le génie de l'escroquerie n'aurait pu exister sans sa longue patience, après tout, pourquoi pas ? Un accident peut arriver, a fortiori quand on appuie trop fort sur l'accélérateur.

En revanche, avec les subprimes et combien d'autres jambes de bois, vous vous êtes faits les acteurs de fraudes institutionnelles, autrement plus ruineuses. Pardon d'avoir à vous le dire comme je le pense : ce crime – l'importance des sommes en jeu l'indique – devrait vous valoir, au minimum, de l'accompagner au mitard.

Voyez l'exemple éclatant du Liban. Infortuné Liban meurtri par les guerres, mais seule nation dont le système bancaire est épargné par la crise. Gouverneur de sa Banque centrale, Riad Salamé – qui participe aux réunions annuelles de la Banque mondiale et du Fonds monétaire international – est aujourd'hui un homme heureux : « La crise a épargné le pays, nous avons même eu des afflux d'avoirs financiers, dès les faillites des banques américaines », vous dit-il en buvant du petit-lait.

La scène se passe en octobre 2008, à l'hôtel Four Seasons de Washington. Riad Salamé vous y reçoit, pour un petit déjeuner dont vous ne conservez pas un très bon souvenir. Sans vous y attendre, vous recevez à cette occasion une raclée de premier ordre... ô combien cherchée. Vous m'autoriserez à en livrer ici au lecteur le résumé, histoire de mieux l'éclairer, tout en vous rafraîchissant la mémoire :

« La conjoncture internationale difficile que vit le monde à l'heure actuelle ne nous réjouit point. Mais ni le Liban ni son secteur bancaire ne sont affectés par la crise financière internationale et ils ne le seront pas. Au cours des dernières années, nous avons adopté les mesures adéquates pour consolider la capitalisation des banques, rationaliser leur travail et les mettre à l'abri des pratiques qui vous ont tous ébranlés, mes chers confrères, obligeant maintenant les gouvernements et les banques centrales à injecter des trillions de dollars et d'euros pour vous renflouer. »

Hauts responsables des banques internationales, vous avez moyennement apprécié les remontrances du patron de la Banque centrale du Liban. Sauf que lui a réussi le tour de force de protéger ses établissements financiers et d'y réduire les risques. Arc-bouté depuis ces quinze dernières années à l'émission de centaines de circulaires et règles préventives, Riad Salamé vous l'a dit froidement, quitte à vous donner des acouphènes :

« La quasi-faillite du système financier international dont vous êtes responsables, messieurs, découle principalement de vos spéculations par effets de levier ; elles ont abouti à un octroi excessif de crédits, puis à la titrisation de ces mêmes crédits, et enfin à la création de "produits dérivés" liés à ces crédits, alors que vous saviez tous que les principaux produits financiers "dérivés de crédit" comportaient des "subprimes"... dont le succès était dû à leur taux d'intérêt bien plus élevé que celui pratiqué dans l'activité bancaire usuelle. Voilà pourquoi la Banque du Liban a tenu à adopter une politique de taux d'intérêt réaliste... empêchant tout désir de rentabilité excessive, à hauts risques, et réglementé de longue date les activités relatives à ces produits, en les soumettant à une autorisation préalable de son Conseil central. Ce faisant, nous avons formellement interdit à nos banques de s'engager dans les "subprimes". »

Si d'aventure la traduction que je viens de donner des propos du patron des banques libanaises – qui ne comptent pas pour rien dans le riche golfe Persique – ne semble pas vous convenir, veuillez, messieurs les banquiers faillis, sortir de vos réserves. Je vous y invite, restant à votre disposition pour autant de fessées qu'il vous plaira.

Le gouverneur de sa Banque centrale est catégorique : au Liban – où la croissance économique est de 6 % en 2008, où les managers de la haute finance ne pratiquent pas les parachutes dorés, et où la liberté du marché ne saurait contrarier l'application des réglementations prudentielles draconiennes –, la crise mondiale de 2008 et 2009 ne touche pas la stabilité du crédit. Et ne pourra pas l'atteindre.

Imbus de vos propres personnes, entendez aussi, messieurs les banquiers américains, français, anglais, allemands, espagnols ou italiens, vous les éminences de l'argent fou qui tue le monde, ce que vous lance Fadi Osseiran, sage directeur général de Blom Invest, une des principales banques d'affaires de Beyrouth... où je vous conseille de vous rendre d'urgence pour des cours intensifs de recyclage :

« Au Liban, les actionnaires ne sont pas dispersés, comme en Europe ou aux États-Unis ; c'est un facteur très important ; les dirigeants des banques pensent à plus long terme, plutôt qu'à fournir des dividendes maximums, immédiatement. »

Chez nous, bercés par le court terme et le chant des billets qui virevoltent au vent, vous vivez, messieurs, vos derniers jours à Pompéi, emportés par les laves de vos larcins... dont le capitalisme ne pourra se débarrasser qu'au terme d'une radicale révolution culturelle.

Ma pomme en garde rouge ?

À cause de vous, bandits de la finance, mes lecteurs auront tout vu !

11.

L'apothéose... sous l'arc de triomphe de Jean-Marie Messier, palme d'or de l'imposture

VENANT de passer au crible les escroqueries qui vous ont fait sombrer, messieurs les bandits de la finance et banquiers du diable, c'est vers vous que je me dois de me retourner, Jean-Marie Messier.

Justice immanente !

La lecture de votre dernier ouvrage, *Le jour où le ciel m'est tombé sur la tête*[1], m'a singulièrement hérissé le poil. Autour de moi, l'indignation n'est pas moins grande. Il fut un temps où, pris la main dans le sac, les hommes de votre trempe avaient au moins la pudeur soit de rentrer dans les ordres et de se faire moine... pour expier, soit de s'exiler dans de lointaines contrées tropicales... pour se faire oublier.

Vous, monsieur Messier, gonflé de vanité, n'avez honte de rien. Menteur sans vergogne, vous osez prendre prétexte en 2009 de la terrible crise qui affecte le monde pour narguer avec délectation vos propres victimes, et tenter de fausser la conscience publique dans le même flot de contre-vérités grossières qu'au temps de votre irrésistible chute en 2002.

Un peu de dignité, que diable ! Ce sont précisément

1. Cf. *supra*, page 26.

des hommes comme vous qui ont perverti le système, lancé la mode de la financiarisation à outrance et commencé à démolir des pans entiers de l'économie réelle, à coups d'opérations hautement spéculatives, d'endettements délirants, de fusions-acquisitions sans queue ni tête et... de rémunérations fastueuses.

Plutôt que de pleurnicher sur les cendres fumantes de votre glorieux passé, dont nous conservons un si amer souvenir, vous seriez plus convaincant en reconnaissant, la tête basse, à la manière d'un Bernard Madoff, les tripatouillages et mensonges patents découverts dans vos comptes... dont vous n'avez d'ailleurs pas contesté la réalité face aux autorités américaines qui vous ont sévèrement sanctionné, ainsi qu'en attestent des documents officiels.

Alors, bas les masques !

En réalité, profitant des circonstances qui nous accablent, votre discours sur la crise, en expert des affaires, n'est qu'un alibi... pour justifier votre action à la tête de Vivendi Universal, assorti d'un exposé aseptisé sur vos « erreurs ». De la même manière et avec les mêmes mots que dans un précédent pensum publié en 2002. Souvenir cruel de « trois erreurs », dites-vous, qui vous serait revenu en 2009, « avec le recul du temps » ? Ce même « aveu » figurait aussi dans *Mon vrai journal*[1], livre écrit au lendemain de votre Waterloo et publié le 14 novembre 2002 pour tenter, déjà, d'organiser votre retour en nous dispensant vos leçons savantes de capitalisme. Il vous servait de paravent pour ne pas avoir à admettre vos méfaits. Trois erreurs vénielles, monsieur Messier, au regard

1. Éditions Balland, 2002.

de vos fautes réelles, gravissimes, irrémissibles... dont vous ne soufflez mot.

Mais cette fois, vous faites encore plus fort : vous prenez en otage l'heureux volontarisme du Président Nicolas Sarkozy, parti en guerre « dans la tourmente de la fin de l'année 2008 » contre les banquiers faillis en – je vous cite, Messire Messier – « tenue de sauveur de l'économie mondiale ».

Beau numéro de liposuccion ! Qui vous permet de vous hisser dans le premier cercle du chef de l'État... en conseiller visionnaire, profitant de la débâcle des marchés et économies du monde pour confondre – dans des rapprochements relevant, ni plus ni moins, de l'escroquerie médiatique – votre propre histoire de P-DG déchu (par votre faute) avec celle du président de la République française :

« "Sarko, tu en fais trop !" Je connais bien cet aphorisme. Combien de fois, dans le passé, ai-je entendu moi-même : "Jean-Marie, tu en fais trop !" Nicolas Sarkozy, en effet, en fait des tonnes. Il ne s'embarrasse pas de convenances, il se fiche des résistances, il pousse, il tire, il bouscule. Bravo, superbe, merci, Président[1]... »

Ah ! le beau cireur de pompes que voilà !... qui s'installe et s'impose opportunément dans le parcours du président de la République. Et qui, de cette lourde manière, s'inscrit dans la démarche salutaire du pre-

1. Variation littéraire... sur un même thème : « Moi, Jean-Marie Messier, Maître du Monde Incompris. » Et avec les mêmes mots – *bis repetita placent* – que dans votre *Vrai journal* de 2002... où vous écriviez : « Je n'ai pas écouté les mises en garde répétées de mes collaborateurs, de mes amis et d'Antoinette. Combien de fois ma femme ne m'a-t-elle pas dit : "Jean-Marie, tu en fais trop. C'est inutile et dangereux" ? Je n'ai pas suffisamment écouté la force de son bon sens. Voilà. Ce sont mes erreurs, sans aucun doute. »

mier des Français... afin de se laver les mains de ses propres frasques et se couvrir de lin blanc, tout en reprochant à ses homologues du monde des affaires les turqueries désespérantes qu'il a lui-même commises, avec la plus insolente des gourmandises !

Ah ! le superhomme... qui se présente en faiseur de miracles. Vous me rappelez Enver Hodja, l'inoubliable dictateur stalinien qui, ayant précipité son pays – l'Albanie – au cœur des ténèbres, lui assurait, lors de ses vœux annuels, à la fin de 1967 : « Malheureusement, l'année qui commence sera pire que la précédente... mais meilleure que la prochaine ! », non sans ajouter qu'il était « parvenu à vaincre les tremblements de terre », et que, mieux encore, « par la force de la loi communiste albanaise [*qu'il avait fait promulguer*], Dieu est enfin mort ! ». Comme Jean-Marie Messier, en somme, qui ressuscite à l'aube de l'année 2009 dans la peau d'un aussi talentueux marabout... et par la force de son culot en acier trempé.

Dès lors, du haut de votre mirador de battue, tel un chasseur sans permis, vous vous autoglorifiez de ne pas avoir agi à la manière des patrons braconniers que vous vous fixez pour mission d'envoyer aux assises. De la même manière que dans *Mon vrai journal*, votre livre de 2002, vous affirmiez : « Il n'y a pas eu chez VU de manipulations comptables, ni de dirigeants qui s'en sont mis plein les poches sur le dos de leurs actionnaires », vous le répétez dans celui de 2009 : « Des erreurs, j'en ai commises, et je viens d'en rappeler quelques-unes [...]. Jamais par intérêt personnel. Jamais pour "piquer dans la caisse". Je n'ai jamais touché, rappelons-le, un euro de parachute doré. Cela me rend aussi légitime pour reprendre la parole. »

Légitime ? Nous y sommes !

Puisqu'il en est ainsi, ouvrons le dossier de notre justicier marbré, alias « J6M » : « Jean-Marie Messier, Moi-Même Maître Menteur », dont nous venons d'admirer les récentes prestations, surpayées par la Caisse nationale des Caisses d'épargne à sa boutique de conseil Messier Partners, lors de la création et de l'introduction en bourse de Natixis, le 17 novembre 2006, à **19,55** euros (pour valoir aujourd'hui **1,4** euro[1]).

Dois-je préciser que, par la suite, en France et à New York (où Messier s'est retiré pour se refaire une santé, avec Messier Partners), notre saint homme fit appel à toutes les juridictions possibles et imaginables pour obtenir, à l'arraché, l'encaissement du honteux paquet de **20,5** millions dont je viens de parler, après que son ancienne compagnie eut finalement décidé d'y surseoir.

« Faites ce que je dis, mais ne faites pas ce que je fais » : telle est, en quelque sorte, la maxime de ce nouveau monsieur de La Rochefoucauld, devenu la coqueluche des radios et télévisions... où l'on se garde d'opposer à son prêchi-prêcha la sanction qui lui fut infligée à Paris par l'Autorité des marchés financiers (l'AMF), le 3 novembre 2004, avec cette conclusion en forme de coup de massue :

« Considérant qu'[...] il demeure que, durant la période d'octobre 2000 à avril 2002, où les difficultés financières du groupe augmentaient au rythme de ses acquisitions et se traduisaient par une incapacité croissante à générer la trésorerie indispensable à sa compétitivité, **monsieur Jean-Marie Messier, président-directeur général de Vivendi Universal, a délibérément diffusé au nom de cette société [...] des informa-**

1. Cf. *supra*, page 270.

tions inexactes et abusivement optimistes ; qu'il a trompé le public, surpris la confiance du marché et porté préjudice aux actionnaires[1] ; que seront prononcées, à son égard et à celui de la société Vivendi Universal qu'il représentait, des sanctions proportionnées à la gravité des manquements [...] qui ont été commis ; par ces motifs, [...] la Commission des sanctions [...] décide de prononcer une sanction pécuniaire d'un million d'euros à l'encontre de M. Jean-Marie Messier ; [...] d'un million d'euros à l'encontre de la société Vivendi Universal[2]. »

À l'impudent, pétri d'une morgue qui le préserve de toute retenue, il aurait été pourtant facile de mettre sous son nez les écrits officiels du gendarme de Wall Street. Si les extraits suivants suffiraient à faire rougir n'importe quel justiciable équilibré, pour lui ces choses-là ne semblent pas avoir existé. Et pourtant :

• le 23 décembre 2003, la SEC avait bel et bien déclenché des poursuites contre « Vivendi Universal, son ancien P-DG, Jean-Marie Messier, et son ancien directeur financier, Guillaume Hannezo », pour avoir « commis plusieurs infractions au droit fédéral des valeurs mobilières », entre décembre 2000 et juil-

---

1. Passage souligné par moi.

2. Par un arrêt du 28 juin 2005, la cour d'appel de Paris a réformé la décision rendue le 3 novembre 2004 par la commission des sanctions de l'AMF à l'égard de Jean-Marie Messier et de la société Vivendi Universal et a ramené les sanctions pécuniaires à, respectivement, **500 000** euros pour Jean-Marie Messier et **300 000** euros pour la société Vivendi Universal. Par un arrêt du 19 décembre 2006, la Cour de cassation a rejeté le pourvoi formé par Jean-Marie Messier. La décision de la cour d'appel du 28 juin 2005 devient donc définitive à son égard.

let 2002, ayant, « entre autres choses, publié des informations gravement erronées et trompeuses concernant le niveau de liquidités et la situation de la trésorerie » de Vivendi ;

• la SEC demandait au tribunal de condamner les prévenus à rembourser tous profits ou produits mal acquis reçus par eux en conséquence des actes incriminés et d'acquitter de fortes amendes ;

• le 9 janvier 2004, tous trois avaient « accepté de régler le différend, en payant des amendes civiles et une indemnisation combinées pour un montant total d'environ 51 millions de dollars, aux fins de distribution aux investisseurs lésés ».

Dix mois plus tard, le 3 novembre 2004, l'AMF rendait donc à son tour sa sentence... en termes non moins sévères, mais assortis, comme à l'accoutumée, d'une condamnation homéopathique.

Tel est l'homme providentiel revenu subitement d'Amérique, de Londres ou de Tombouctou (?), pour nous sauver des mauvais génies de l'industrie de la finance et des affaires, oubliant au passage que lui aussi, comme les gangsters qu'il dénonce maintenant, « a trompé le public, surpris la confiance du marché et porté préjudice aux actionnaires »... avec des « informations inexactes et abusivement optimistes ».

Qu'importe ! À une foule de faire-valoir et intervieweurs dociles, notre petit Tartuffe ose se présenter en conscience ! Et sans exprimer le moindre acte de contrition à propos de ses péchés.

20,5 millions d'euros réclamés comme cadeau de départ (forcé) en 2002 et **300 000** euros d'amendes, in fine, en décembre 2006 : à ce tarif, le menteur éhonté qui s'illustra dans la déconfiture de Vivendi

Universal aurait tort de se priver. Nous dire aujourd'hui, pour justifier son plaidoyer *pro domo*, qu'il n'a pas empoché ce parachute doré relève de la pitrerie et de la tromperie sur la marchandise. Messier l'a bel et bien demandé, avant de devoir y renoncer sur la pression de la justice et de l'opinion.

J'ai sous les yeux les six pages du *Termination agreement* (Convention de fin de contrat) en date du 1er juillet 2002 que Jean-Marie Messier avait réussi à se faire octroyer par la direction de Vivendi... en échange de son départ précipité. Signé à New York (et non au siège du groupe, à Paris !) par le numéro deux et éminence grise de Vivendi, Éric Licoys, cet accord organisait jusque dans les moindres détails le coup de pied au cul ascensionnel administré, en catastrophe, au golden parachutiste Messier.

Ainsi, monsieur Messier, pour se donner le droit de vous exclure, le groupe Vivendi s'engageait à vous fournir, pendant deux ans, une assistante de direction... aux mêmes conditions et salaire que ceux dont vous aviez disposé jusqu'alors. En outre, dans sa dispendieuse générosité, la maison dont vous veniez de dynamiter les fondations acceptait de vous faire cadeau de ***936 000*** dollars... censés représenter vos dépenses pour l'aménagement de votre somptueux appartement du 515 Park Avenue, à New York, acquis avec les fonds de Vivendi. Gagne-petit, vous aviez poussé la mesquinerie jusqu'à faire figurer dans ce contrat de divorce l'octroi de vos installations de bureau et informatique. De plus, ne négligeant rien, vous obteniez de conserver, payé par Vivendi jusqu'en mars 2003, votre personnel de sécurité, à New York et en France, ainsi que le chauffeur-garde du corps d'Antoinette, votre chère épouse d'alors, aujourd'hui remplacée avec ostentation. Prudent, prévoyant, redoutant un conflit ultérieur en France avec le nouveau P-DG, Jean-René Fourtou, son conseil d'administration ou les actionnaires en colère de Vivendi, vous aviez pris soin de faire figurer, à l'article 8 de l'accord, qu'en cas de contestation ultérieure le litige devrait être tranché « exclusivement » par une juridiction américaine du district de Manhattan, à New York.

Fossoyeur en chef de Vivendi Universal, pour un montant de pertes longtemps cachées et pharaoniques (**25,6** milliards d'euros !), assorties d'une dette de **19** milliards, notre prêcheur fait aussi mine d'oublier qu'il est :

- le P-DG qui, peu de jours avant que ne soit constatée la quasi-faillite du fleuron de la Bourse française dont il tenait les rênes, nous assurait, la main sur le cœur, en présentant ses résultats, le 5 mars 2002, que son « groupe allait mieux que bien ! » ;
- le monsieur « Mieux-que-bien », démolisseur d'un empire qui lui fut offert par son prédécesseur Guy Dejouany, sur un plateau d'argent, garni de diamants, tel le géant de la communication Havas (troisième au monde) dont il fit un amas de gravats ;
- le bluffeur qui savait parfaitement que son entreprise cotée à Paris et New York était au bord de la cessation de paiement, tout en jurant mordicus le contraire ;
- le flambeur qui courait secrètement, de banque en banque, pour trouver d'ultimes financements, afin de pouvoir boucler ses fins de mois... jusqu'à ce que la vérité des comptes tombés à zéro finisse par l'emporter ;
- l'énarque déboussolé qui donnait ordre à ses services de jouer avec les actions de Vivendi Universal, fai-

sant racheter d'une main ce qu'il vendait de l'autre... dans des conditions qui ont été décrites par son directeur financier, Guillaume Hannezo ;

• le mandarin qui publiait des bilans annuels cousus main et dorés sur tranche, mais dont on allait vite finir par découvrir qu'ils étaient fardés comme une cantatrice chauve, enjolivés à coups d'artifices comptables pour gagner du temps et appâter les gogos ;

• le grand patron mégalomane qui, durant ses deux années de mandat, réussit à faire effondrer le cours de son groupe de **150** euros en mars 2000 à **8,62** euros le 16 août 2002, au plus fort du scandale dont il avait composé la partition ;

• le pontife qui jetait dans sa corbeille à papier les messages de détresse de son grand argentier Guillaume Hannezo, ainsi libellés... pour ne pas être oubliés : « J'ai le très désagréable sentiment d'être à la place du mort dans une voiture conduite par quelqu'un qui accélère dans les tournants. [...] Tout ce que je demande, c'est que tout cela ne se termine pas dans la honte[1] » ; « Nos emplois et notre réputation sont en jeu. Ce que les investisseurs veulent savoir, maintenant, c'est la suite : est-ce que Vivendi Universal est un autre Enron ? Est-ce que Vivendi Universal est menacé par ses dettes ? Est-ce que Jean-Marie Messier en a perdu le contrôle ? [...] Ce ne sont pas nos affaires qui sont en cause, c'est plutôt nous ou, plus précisément, c'est toi. Le problème auquel nous sommes confrontés, c'est que plus personne ne croit que tu puisses t'en sortir[2] » ;

---

1. 13 décembre 2001.
2. Autre SOS de Guillaume Hannezo, directeur financier de Vivendi Universal, envoyé par Internet à Jean-Marie Messier, le 4 mars 2002. Cf. *Le Marché aux voleurs, op. cit.*, p. 244.

• le dangereux P-DG qui, délibérément, continuait de tromper son monde : outre ses millions d'actionnaires, les centaines de milliers de salariés de son groupe, n'hésitant pas à déclarer (cinq mois avant son naufrage, dans un long e-mail en date du 6 février 2002) : « Nos résultats 2001 peuvent-ils réserver de mauvaises surprises ? Non. [...] Y a-t-il une incertitude majeure sur le niveau de notre dette ? Non. [...] Y a-t-il des hors-bilans cachés du groupe ? Non » ;

• le paon mégalomane et chevalier d'industrie dont il faudra attendre le départ précipité, le 3 juillet 2002, et les aveux tardifs de son directeur financier Guillaume Hannezo pour que son successeur, Jean-René Fourtou, révèle (dans un rapport secret de juillet 2002) que notre donneur de leçons n'avait rien ignoré, depuis plusieurs mois, de la gravité de la situation[1]. Jean-René Fourtou dont j'ai conservé cette confidence : « J'ai une pile de notes alarmistes rédigées à l'attention de Messier, pour le mettre en garde sur la dégradation des finances. Mais, visiblement, Messier n'en tenait aucun compte. »

Jean-René Fourtou qui avouera le 26 septembre 2002, devant la commission des Finances de l'Assemblée nationale, qu'au départ du transparent Jean-Marie Messier « les échéances de remboursement et délais de remboursement des banques, [*de même que*] les délais de règlement des fournisseurs faisaient littéralement de la faillite du groupe une question d'heures ».

1. Voir *Le Marché aux voleurs, op. cit.*, pages 249 à 280 et annexes, pages 357 à 395. J'y reproduisais le texte intégral du rapport confidentiel remis au P-DG Jean-René Fourtou, successeur de Jean-Marie Messier. Ce document rédigé par Guillaume Hannezo est intitulé « Vivendi Universal : les origines de la crise ».

Formidable affaire Messier et... miracle typiquement français – propre à tous nos scandales politiques et financiers – consistant à faire traîner les affaires dans le labyrinthe des cours de justice, jusqu'à ce que l'on n'y comprenne goutte et que tout se termine en eau de boudin, avec des peines indolores, des « non-lieux » à répétition, de miraculeuses réhabilitations.. comme dans une multitude de dossiers gigognes, tels ceux du Crédit lyonnais ou de l'ancien ministre et affairiste, l'illustre Bernard Tapie, grassement dédommagé en 2008 pour le préjudice qu'aurait subi sa morale à grande élasticité !

Différence notable avec l'appareil judiciaire américain, doté de tous les instruments pour dire qui est coupable et qui est innocent, au terme d'instructions sans secret et menées tambour battant, dans la plus grande des transparences, tous les éléments du dossier étant mis contradictoirement sur la place publique afin que chacun soit informé et sur ce qui s'est passé, et sur l'entier déroulement des débats judiciaires. Justice implacable des États-Unis qui – comme dans la tentaculaire affaire Enron [1] – sait neutraliser les aigrefins, en les jetant en prison pour de longues peines, tout en les frappant là où ça leur fait le plus mal : à la caisse !

Anciens ou récents, les exemples sont multiples où

1. Je rappelle, encore une fois, que ce courtier en énergie et géant américain venait de sombrer dans une monumentale faillite frauduleuse, avec des actifs surévalués, des comptes et bilans trafiqués, des chiffres d'affaires gonflés grâce à de faux marchés, des pertes dissimulées derrière des sociétés écrans dans des paradis fiscaux. Énorme scandale Enron qui ébranla Wall Street et l'ensemble des Bourses du monde... comme le symbole du capitalisme d'esbroufe et de poudre aux yeux.

l'on a vu les vedettes des plus grands scandales financiers sanctionnés avec la plus extrême des sévérités : lourdes amendes, incarcérations se comptant en dizaines d'années. Il y eut, dans les années 80, les barons des junk bonds, dont la déchéance fut à la mesure de leur clinquant triomphe. Pris en flagrant crime, ces escrocs de haut vol avaient amassé sans bourse délier des fortunes d'émirs par le recours à des techniques ultra-sophistiquées, assorties d'une amoralité et d'un cynisme absolus...

Culotté Jean-Marie Messier... qui ne doute de rien. Si ses chances pour l'obtention du prix Nobel de l'économie semblent définitivement compromises, notre moraliste a bien mérité d'être honoré en 2001 du prix de l'Académie de la Carpette anglaise puis, en 2003, pour l'ensemble de son œuvre chez Vivendi Universal, du prix Iznogoud... créé pour récompenser « une personnalité qui a tenté de devenir calife à la place du calife, qui s'est vantée et a lamentablement échoué, à l'image du personnage de la bande dessinée ».

Voilà bien ce que vous êtes devenu, monsieur Messier, vous qui, dans votre livre, persistez à affirmer avoir toujours agi en patron exemplaire. Vous le fûtes en effet, mais dans un seul domaine : en n'exerçant jamais aucune pression sur les organes de presse que votre groupe contrôlait. Exemplaire ? Tel n'est cependant pas l'avis, le 1er octobre 2004, de Laurent C., lieutenant de police de la brigade financière près le tribunal de grande instance de Paris, mandaté par le parquet pour enquêter sur l'usage que vous faisiez de la flotte aérienne pléthorique de Vivendi Universal. Dans le procès-verbal où il décortique par le menu « les dossiers commerciaux saisis lors d'une perquisition chez Aero Services Executive » (en charge, à l'aéroport du Bourget, des coucous de milliardaire du P-DG), les chiffres et les noms cités sentent à plein nez l'abus de bien social. Bien que le secret de l'instruction soit levé, par charité j'éviterai de vous infliger ici cette piqûre de rappel relative aux avantages en nature dont vous étiez friand. Au lecteur, je me contente de livrer les conclusions de cet enquêteur minutieux : « Sur les vols examinés en 2001 et 2002, constatons que monsieur Jean-Marie Messier a *également* [...] effectué plusieurs vols dont la composition des passagers et (ou) la destination soulèvent des interrogations sur l'objet personnel ou professionnel du déplacement... » Il y en eut tout de même pour **1,095** million d'euros, monsieur ne lésinant pas avec la bouteille quand, accompagné de sa smala, il se parfumait au kérosène.

Beau travail, monsieur Messier... qui légitime notre refus de recevoir votre discours comme celui d'un parangon de vertu. Bonimenteur vous étiez ! Bonimenteur vous demeurez !

Certes, les grands P-DG déchus ont droit au pardon et à l'oubli ; et – pourquoi pas ? – à celui de rebondir.

Mais, de grâce, monsieur Messier, vous qui, dans cette histoire d'avions, avez eu la chance de ne pas avoir à répondre de vos frasques devant un tribunal – faute de poursuites, grâce à la volonté d'un ministère public toujours prompt à exonérer les fautes des P-DG en col blanc –, cessez donc de nous jouer la scène du sage assis sous son figuier... et d'encombrer les rayons de nos libraires pour tenter de vous refaire une (petite) vertu sur les dépouilles de vos semblables. À moins que tout ce remue-ménage médiatique n'ait été qu'une m'se en scène pour préparer le « non-lieu général » dans l'affaire Vivendi – dont j'apprenais, ébahi, en janvier 2009, qu'il venait d'être demandé par le procureur de la République de Paris, Jean-Claude Marin –, pendant que vous continuez de pérorer sur les antennes des radios et les plateaux de télévision... pour – tout en même temps – assurer la campagne promotionnelle de votre livre, justifier votre réhabilitation et assouvir votre fatuité.

Formidable République... où les gouvernants annoncent sur les estrades des châtiments exemplaires à l'encontre des « patrons voyous », tandis que les parquets à leur main s'emploient à prolonger les instructions pour, au final, passer l'éponge. Au grand dam des actionnaires floués, des employés trompés, des policiers mobilisés à grands frais, pendant plusieurs années... sur commission rogatoire de magistrats humiliés !

Dès lors, moqués, placés entre le marteau et la plume à l'heure des vêpres judiciaires, les juges d'instruction sont invités à se soumettre, se démettre, ou renoncer à renvoyer les prévenus devant le tribunal correctionnel... pour jugement définitif.

Ainsi va notre France... habituée à voir ses éminences défaillantes se vautrer dans une insupportable impunité.

Pauvres personnels de justice, sommés d'enterrer les milliers de pages de leurs enquêtes, de manger leur pain blanc, en s'en remettant, pieds et poings liés, aux leçons d'« éthique, de responsabilité et de bon sens » dispensées par monsieur Jean-Marie Messier, dans un chapitre approprié de son missel, dont la jaquette illustrée nous vante les qualités : « Vivant et visionnaire. Tel est ce livre, indispensable pour comprendre la crise et savoir comment s'en sortir. »

Je rêve !

Laissons là le cirque Messier pour revenir à vos choux, messieurs les bandits de la finance, et convenez qu'en remettant à sa place le clown qui se sert d'un livre pour vous administrer des leçons d'*éthique*, je ne fais que dire ce que vous pensez tous, sans pouvoir le lui écrire... ayant aujourd'hui d'autres chats à fouetter.

Je dois vous l'avouer : toutes vos vilaines actions ici contées, je les ai rassemblées et écrites, m'étant revêtu de la « robe grecque de moire noire » (rare vêtement de maison offert par l'ancien Premier ministre socialiste hellène, Andréas Papandréou) et chaussé des fameuses « pantoufles Church's » en velours noir, brodées d'une rose rouge (emblème des socialistes français), paire de mules uniques de notre ancien président de la République François Mitterrand.

Tandis que vous-mêmes vous disputiez les derniers restes des maudits subprimes « titrisés », je les emportais (avec d'autres précieuses reliques) au feu des enchères le 29 janvier 2008, madame Danièle Mitterrand, sa veuve, ayant décidé de s'en séparer. L'ancienne première dame de France étant dans la gêne, il me fallait faire un geste : j'ai mon musée et ne suis pas un ingrat. Ni un spéculateur, comme vous tous ! Disons plutôt un collectionneur éclairé.

Grâce à ces achats charitables conservés au panthéon de mes trophées, je pouvais disposer de la tenue d'intérieur (au demeurant la plus authentique et emblématique de la garde-robe de l'ancien chef de l'État) appropriée pour m'accompagner dans la confection de cette *Lettre ouverte* à vous adressée.

Ainsi, mieux habité par les forces de l'esprit de celui qui (en expert de la question) fit de « l'argent roi, de l'argent qui tue, de l'argent qui corrompt... jusqu'à la conscience des hommes », le thème récurrent de ses sermons, suis-je parvenu à l'heure du point final qu'il me faut lui donner... avec le cri du cœur – que j'avais déjà lancé en 1995, au terme de mes grandes enquêtes sur la corruption politique –, cri du cœur qui retournera le vôtre, messieurs les banquiers, et vous tous, bandits de la finance qui vous en êtes mis plein les poches... et nous avez tous plumés :

« Rendez l'argent ! »

Val-d'Isère, le 1er juin 2009
Jean Montaldo [1]

Post-scriptum : pressentant d'expérience que cet argent, vous ne le rendrez pas, sachez, messieurs les banquiers, que je vous garde sous haute surveillance. Au moment où je dois rendre ma copie, j'apprends que, toujours plus malins, toujours plus cupides, ne pouvant plus vous distribuer stock options et bonus à volonté – les gouvernements l'interdisant à ceux d'entre vous qui les ont appelés au secours –, vous contournez l'obstacle en continuant de licencier vos personnels, en coupant à la machette les crédits de vos clients, tout en augmentant vos salaires, les rendant inversement proportionnels à vos résultats.

Chapeau, les gars !

Bon appétit, messieurs !

1. Détestant les corbeaux, j'avise mes correspondants que je rejette automatiquement tous les envois anonymes.

Pour me joindre, merci de m'écrire à mon adresse Internet (sécurisée) :

jean.montaldo@gmail.com.

Table

1. Au bord de votre tombe... sans fleurs ni couronnes 9
2. Sous la douche à l'acide chlorhydrique du parrain des subprimes 31
3. Dans l'enfer de votre grand banditisme... en bandes organisées 69
4. Banquiers faillis, le FBI vous avait prévenus dès 2004 95
5. Le filtre de mort de votre cocktail Molotov : la titrisation 123
6. Avec les mathématiques... de votre saint-père le diable 163
7. Notaires de l'Apocalypse, vos agences de notation cèdent à la corruption 189
8. À trop en faire, le grand singe de Lehman se condamne à finir en cage 223
9. En France... ici reposent les plus riches du cimetière 247
10. Quand l'appât du gain et la folie des grandeurs vous font sombrer dans l'escroquerie 291
11. L'apothéose... sous l'arc de triomphe de Jean-Marie Messier, palme d'or de l'imposture 357

Composition Nord Compo
Impression CPI Bussière en juin 2009
à Saint-Amand-Montrond (Cher)
Editions Albin Michel
22, rue Huyghens, 75014 Paris
www.albin-michel.fr

N° d'édition : 25630. – N° d'impression : 091810/4.
Dépôt légal : juin 2009.
ISBN 978-2-226-18678-2
Imprimé en France.